Das reformierte Pfarrhaus

T V Z

denkMal – Standpunkte aus Theologie und Kirche

Herausgegeben von Claudia Kohli Reichenbach, Matthias Krieg, Ralph Kunz, David Plüss, Sabine Scheuter und Matthias Zeindler.

Band 7 – 2013

Die Buchreihe *denkMal* ist ein Gemeinschaftsprojekt der Evangelisch-reformierten Landeskirche des Kantons Zürich und der Reformierten Kirchen Bern-Jura-Solothurn sowie der Theologischen Fakultäten Bern und Zürich. Ihr Ziel ist es, zu aktuellen Themen in Kirche und Gesellschaft Materialien und Reflexionen vorzulegen.

Sabine Scheuter, Matthias Zeindler (Hg.)

Das reformierte Pfarrhaus

Auslauf- oder Zukunftsmodell?

TVZ
Theologischer Verlag Zürich

Bibliografische Informationen der Deutschen Nationalbibliothek

Die Deutsche Nationalbibliothek verzeichnet diese Publikation in der Deutschen National-
bibliografie; detaillierte bibliografische Daten sind im Internet über http://dnb.d-nb.de abrufbar.

Umschlaggestaltung
Simone Ackermann, Zürich,
unter Verwendung von Paul Klee, EIDOLA: weiland Philosoph, 1940, 101
Kreide auf Papier auf Karton, 29,7 × 21 cm, © Zentrum Paul Klee, Bern

Cover-Neugestaltung nach einer Idee von Johannes Stückelberger

Druck
ROSCH BUCH GmbH, Scheßlitz

ISBN 978-3-290-17704-1
© 2013 Theologischer Verlag Zürich
www.tvz-verlag.ch

Inhalt

Einleitung

Das Pfarrhaus ist «kein Haus wie jedes andere».[1] Zahlreich sind die Vorstellungen, die sich mit diesem Haus verbinden: Seine Tür steht allen Hilfesuchenden offen, im Pfarrhaus brennt auch dann noch Licht, wenn andere Menschen schlafen, fast immer sitzt mittags ein Gast am Tisch. Dieses Haus ist ein Hort der Bildung und der Muse, seine Bewohner haben eine hohe ethische Gesinnung, und von ihnen wird erwartet, dass an ihrem Leben christlicher Glaube ablesbar wird. Man weiss, dass während langer Zeit überdurchschnittlich viele Wissenschaftler und Künstler aus Pfarrhäusern kamen, aber auch manchmal politisch Radikale – als prominentestes Beispiel die RAF-Terroristin Gudrun Ensslin. So ist das Pfarrhaus und das Leben im Pfarrhaus umstellt von Mythen und Klischees. Kein Wunder, handeln viele Filme und Kriminalromane in diesem Umfeld.

Veränderungen und Fragen

Auch beim Pfarrhaus sah und sieht die Realität freilich immer etwas anders aus als die Mythen und Klischees. In den vergangenen Jahrzehnten ist auch dieses spezielle Haus in einen Strudel von Veränderungen geraten. Es haben sich in dieser Zeit die Gesellschaft, die Kirche und die Menschen tiefgreifend gewandelt, und da das Pfarrhaus ein «Haus in der Zeit» ist,[2] konnte es nicht ausbleiben, dass auch es, das Pfarrhaus, und seine Bewohner/innen sich wandelten. So sind die Kirche und ihr Personal seit längerem einem Geltungsschwund in der Gesellschaft ausgesetzt, der in hartem Widerspruch steht zur herrschaftlichen Symbolik älterer Pfarrhäuser. Das Verständnis des Pfarrberufs hat sich geändert: Viele Amtsinhaber/innen möchten stärker trennen können zwischen Beruf und Familie. Teilzeitstellen, von denen es auch in der Kirche immer mehr gibt, lassen sich oft nur schwer verein-

---

1   Christine Eichel, Das deutsche Pfarrhaus. Hort des Geistes und der Macht, Köln 2012, 11.
2   Richard Riess (Hg.), Haus in der Zeit. Das evangelische Pfarrhaus heute, München 1979.

baren mit einer vollzeitlichen Verfügbarkeit, wie dies im Pfarrhaus erwartet wird. Auch unter Pfarrerinnen und Pfarrern gibt es neue Lebensmodelle, die mit dem traditionellen Bild der Pfarrersfamilie nicht mehr übereinstimmen: Singles, Alleinerziehende, Patchworkfamilien, gleichgeschlechtliche Partnerschaften.

Zu diesen gesellschaftlichen Veränderungen kommen ökonomische Herausforderungen. Manche Kirchgemeinden stehen vor der ernsthaften Frage, ob sie sich so kostenintensive Liegenschaften, wie es Pfarrhäuser oft sind, noch leisten können. Deshalb wird seit einigen Jahren die Pflicht, als Pfarrer oder Pfarrerin im Pfarrhaus zu wohnen (die sog. Residenzpflicht) stark diskutiert. Der Kanton Bern hat im Jahr 2012 die Residenzpflicht deutlich gelockert, anderen Landeskirchen stellen sich ähnliche Fragen. Ein Blick über die nördlichen Landesgrenzen hinaus zeigt übrigens, dass die Schweizer Kirchen nicht allein mit diesem Problemkreis ringen.

Beiträge zur Diskussion

Wir verstehen den vorliegenden Band aus der Reihe *denkMal* als Beitrag zu dieser Diskussion. Die Herausgebenden sind der Auffassung, dass die Problematik des Pfarrhauses mehr als eine finanzielle Frage ist. Sie sind vielmehr überzeugt, dass die Kirche hier vor der sehr weitreichenden Frage steht, in welcher Weise sie heute und in Zukunft in ihren Gemeinden präsent sein will. Damit verbindet sich die noch grundsätzlichere Frage, welche Gestalt die Verkündigung des Evangeliums unter gewandelten gesellschaftlichen Bedingungen haben soll. Wir möchten deshalb in diesem Buch neben ökonomischen und juristischen auch kulturelle, sozialwissenschaftliche und vor allem theologische Gesichtspunkte ins Gespräch einbringen. Dies soll nicht abgehoben von der Wirklichkeit geschehen. Vielmehr ist uns wichtig, dass auch unterschiedliche Erfahrungen sichtbar gemacht und bisher vielleicht nicht bekannte Modelle des Lebens im Pfarrhaus vorgestellt werden. Davon erhoffen sich die Herausgebenden eine differenzierte Orientierungshilfe für die Verantwortlichen in Kirchenleitungen und Kirchgemeinden, eine Orientierungshilfe angesichts schwieriger Entscheidungen.

Das Buch wird eröffnet mit Beiträgen, in denen unterschiedliche Menschen ihre Erfahrungen mit Pfarrhäusern schildern. Dabei zeigt sich schlaglichtartig die ganze Bandbreite von Beglückendem bis Beengendem, von Bewährtem bis Experimentellem, von Leid und Freud sowohl innerhalb der Tradition als auch innerhalb des Neuen. Ein Blick auf Film und Literatur dokumentiert die bleibende Faszination des Phänomens Pfarrhaus und eröffnet zusätzliche Einblicke in das ambivalente Erbe dieses Hauses, das nicht «wie jedes andere» sein soll. Auf dem Hintergrund dieses Panoramas von Erfahrungen und Einstellungen werden vertiefende Reflexionen aus mehreren Perspektiven entwickelt – nicht mit dem Ziel, eine *unité de doctrine* zu vermitteln, sondern durchaus divergierende Gedankenanstösse zu geben. Abgerundet wird der Band mit einem Kapitel, das über Nutzungsmöglichkeiten, über juristische und finanzielle Aspekte informiert und Überlegungen zur Umnutzung von Pfarrhäusern bietet.

Neue Herausgeberschaft

Die Reihe *denkMal* ist seit den 1990er Jahren von der Evangelisch-reformierten Landeskirche und der Theologischen Fakultät Zürich herausgegeben worden. Ab dieser Nummer erscheint die Reihe nicht nur in einem neuen, zeitgemässeren Layout, sondern auch in einer erweiterten Kooperation, zu der nun neu die Reformierten Kirchen Bern-Jura-Solothurn und die Theologische Fakultät Bern hinzugekommen sind. Die beteiligten Kirchen und Fakultäten sind überzeugt, dass sich Probleme der Kirchen heute nur noch selten in einzelnen Kantonen stellen und dass man sich deshalb am sinnvollsten kantonsübergreifend mit ihnen auseinandersetzt.

Sabine Scheuter
Matthias Zeindler

1. Das Pfarrhaus – erlebt

Alfred Aeppli, Ella de Groot, Stephan Haldemann, Lukas Spinner,
Christian Moser

Leben im reformierten Pfarrhaus – ein Gespräch

Eine Pfarrerin und vier Pfarrer haben sich im Haus der Kirche in Bern getroffen und sich über das Leben im reformierten Pfarrhaus unterhalten. Miteinander ins Gespräch gekommen sind Ella de Groot (Muri-Gümligen), Alfred Aeppli (Jegenstorf), Stephan Haldemann (Signau) und Lukas Spinner (ehemals Meilen). Geleitet wurde die Diskussion vom Journalisten Christian Moser, Redaktor und Dienstleiter bei der Nachrichtenredaktion von Radio SRF in Bern.

Christian Moser: Frau de Groot, meine Herren, einleitend wollen wir eruieren, welches zurzeit Ihre Wohnsituation ist.

Alfred Aeppli, wie ist das bei Ihnen?

Alfred Aeppli: Ich bin Pfarrer in Jegenstorf und wohne seit 2007 privat in einem Einfamilienhaus. Seinerzeit, 1986, bin ich mit meiner Familie in Burgdorf ins Pfarrhaus eingezogen. Unsere vier Kinder waren damals zwischen drei und zehn Jahren alt. Das war eine erste Phase im Pfarrhaus während elf Jahren. Und dann sind wir umgezogen nach Jegenstorf in ein noch grösseres Pfarrhaus, und dort wohnten wir von 1997 bis 2007.

Weshalb wohnen Sie nun nicht mehr im Pfarrhaus?

Alfred Aeppli: Das Pfarrhaus in Jegenstorf ist sehr gross und hat einen gewaltigen historischen Umschwung. Nachdem unsere Kinder ausgeflogen waren, hatten meine Frau und ich die Idee, dass man sowohl den Platz im Haus als auch unsere Kräfte viel besser nutzen könnte. Deshalb stellten wir das Gesuch um Residenzpflichtbefreiung. Das wurde sehr schnell bewilligt und wir hatten dann die Möglichkeit auszuziehen.

Sie wohnen aber in der Kirchgemeinde?

Alfred Aeppli: Wir wohnen jetzt 400 Meter weiter oben, etwas weg vom Lärm und von der grossen Strasse, aber immer noch in der Nähe des Kirchgemeinde-hauses.

Frau de Groot, wie und wo wohnen Sie?

Ella de Groot: Ich wohne in meinem eigenem Haus in Wohlen bei Bern. Ich bin 90 Prozent Pfarrerin in der Kirchgemeinde Muri-Gümligen. Als ich im Sommer 2005 nach Gümligen gewählt wurde, bekam ich die Residenzpflichtbefreiung; auf Wunsch des Kirchgemeinderates von Muri-Gümligen. Denn ich hatte gesagt: Entweder nehmt ihr mich mit meiner Wohnsituation in Wohlen oder ihr nehmt mich nicht.

Hatten Sie nie den Wunsch, in einem Pfarrhaus wohnen zu dürfen?

Ella de Groot: Ich hatte diesen Wunsch nie und vor allem hatte ihn auch meine Familie nicht. Die drei Kinder gingen in der Gemeinde Wohlen zur Schule und hatten einen guten Schulweg. Das war die eine Begründung. Zudem ist das Pfarrhaus in Gümligen riesig mit neun Zimmern und einem 2000 Quadratmeter grossen Garten. Das war von den verfügbaren Kräften her gesehen für uns nicht vorstellbar.

Und ihre Präsenz in der Kirchgemeinde markieren Sie mit einem Büro?

Ella de Groot: Ich sicherte damals im Gespräch mit dem Kirchgemeinderat zu, dass ich jeweils morgens zwischen 8.00 und 8.15 Uhr im Büro eintreffen werde; und so mache ich das jetzt auch. Ich radle morgens nach Muri und am Abend wieder zurück. Die Leute haben nicht den Eindruck, dass ich nicht in der Gemeinde lebe. Immer wieder begegne ich Leuten, die fragen: «Was, Sie wohnen nicht in der Gemeinde?»

Lukas Spinner, Sie sind seit fünf Jahren pensioniert. Sie waren jahrzehntelang Pfarrer in Meilen im Kanton Zürich. Wie wohnten sie, als Sie im Pfarramt waren?

Lukas Spinner: Bei mir war es gerade umgekehrt. Als ich angestellt wurde, wusste die Gemeinde, dass ich ledig war und auch keine Frau in Aussicht hatte. Also dachte die Kirchgemeinde, dass ich gar kein Pfarrhaus brauche. Da genüge doch eine kleine Wohnung, ob das recht sei. Doch ich wünschte mir, dass ich das Pfarrhaus bekomme. Ich sagte, ich hätte mir schon als Jugendlicher gewünscht, einmal ein grosses Haus zu führen mit lauter jungen Menschen drin.

Ich hatte die Idee, neben dem Pfarramt eine grosse Wohngemeinschaft zu gründen mit Jugendlichen, die nicht mehr zu Haus wohnen können oder wollen. Und das wurde bewilligt. Es gab eine interessante Diskussion darüber, ob die Kirchgemeinde die Personen in der WG auswähle oder ob ich das mache. Und dann habe ich 32 Jahre dort gewohnt immer mit sieben, meist jugendlichen Menschen.

Und wer wählte diese Leute schliesslich aus?

Lukas Spinner: Ich vertrat immer die Meinung, dass die Leute, die bei mir wohnen, meine Familie seien. Und es würde der Kirchenpflege ja auch nicht einfallen zu entscheiden, wie viele Kinder und welche Frau ins Pfarrhaus einziehen. Ich versicherte der Kirchenpflege, dass sich die Mitbewohner bloss an den Unkosten beteiligen würden und dass ich mich an ihnen nicht bereichern würde. Und so war dann die WG kein Diskussionspunkt mehr.

Wurde dann diese Wohnform in der Gemeinde einigermassen akzeptiert?

Lukas Spinner: Das war am Anfang sicher etwas merkwürdig, da ich damals auch sehr langhaarig war, und Meilen ist eine ausgesprochen konservative Gemeinde. Es gab aber zwei Umstände, die mir, glaube ich, zugute kamen. Zum einen war ich Feldprediger. Das machte offenbar einen konservativen Eindruck. Und zweitens war ich befreundet mit verschiedenen Leuten im Dorf, die relativ viel zu sagen hatten. Das half, und am Schluss war die Gemeinde auch stolz. Ich hatte jedenfalls in den 32 Jahren nie das Gefühl, dass ich mich verteidigen müsste oder dass Gerüchte aufgekommen wären.

Übernahm damals jemand von Ihrer Familie die Rolle der Pfarrersfrau?

Lukas Spinner: Nein. Am Anfang hatte ich überlegt, ob ich eine Haushälterin anstellen sollte. Ich fragte auch jemanden, die hat aber zum Glück abgesagt. Es wäre mit später unvorstellbar gewesen. Wir haben die Hausarbeit jeweils zusammen gemacht. Am Anfang hatte ich nur Burschen aufgenommen aus Angst, es könnte ein Gerede geben im Dorf. Und als ich dann merkte, dass es eher ein Gerede gab nur mit Burschen, fühlte ich mich frei, auch junge Frauen aufzunehmen.

Da spielen Sie mir ja den Ball zu, um Stephan Haldemann zu fragen, wie er in seiner Kirchgemeinde wohnt.

Stephan Haldemann: Ich bin seit gut 20 Jahren Pfarrer in Signau im oberen Emmental. In einer eher traditionell konservativen Gegend. Seit meinem Amtsantritt wohne ich im Pfarrhaus. Es war eigentlich gar nie eine Frage, ob ich im Pfarrhaus leben wolle oder nicht. Zu dieser Zeit, vor 20 Jahren, gab es in Signau noch eine Einzelpfarrstelle. Erst 10 Jahre später mauserte es sich zu anderthalb Stellen. Beim Amtsantritt war es völlig selbstverständlich, dass der Pfarrer ins Pfarrhaus kommt. Und es war auch für mich völlig selbstverständlich, dass ich damals als sehr junger Pfarrer ins Pfarrhaus einziehen wollte. Mit dem Ball, der mir da zugespielt wurde, hat es folgende Bewandtnis: Ich lebe seit fast 20 Jahren mit meinem Lebenspartner im Pfarrhaus. Und da war natürlich das Gerede an der Tagesordnung, dass auch mein Partner im Pfarrhaus lebt oder dass der Pfarrer mit einem Mann zusammenlebt.

Und wenn vorhin die traditionelle Rollenverteilung oder die Haushälterin angesprochen wurden: Mein Partner hat vor fast 15 Jahre aufgehört, auswärts zu arbeiten. Er ist jetzt voll und ganz Hausmann. Er übernimmt die traditionelle Pfarrfrauenrolle, so wie man sie früher kannte und wie sie auch im Emmental sehr verbreitet war. Was spannend ist: Das Gerede geht heute eher in die Richtung, dass es heisst, so eine Pfarrfrau hatte man noch nie.

Kam und kommt Ihnen in dieser Situation zugute, dass Sie dem Jodeln nicht abgeneigt sind?

Stephan Haldemann: Es ist sicher ein Teil der Geschichte, denke ich. Ich würde es aber nicht nur dem Gesang und der Musik oder ganz speziell dem Jodeln zuschreiben, sondern viel mehr meiner Volksverbundenheit. Seit ich als 25-Jähriger nach Signau kam, bin ich sehr nahe bei den Menschen. Das war mir sehr wichtig. Ich bin selber auch Emmentaler und man hat mich auch gekannt.

Der allergrösste Teil der Leute in der Gemeinde hat gesagt oder gedacht: Eigentlich mögen wir dich und deinen Partner, und du machst deine Sache sehr gut. Was ihr hier in euren Räumen im Pfarrhaus macht, geht uns doch eigentlich gar nichts an. Also, wer keine biblisch-theologischen Gründe gegen Männerbeziehungen hatte, fand das eigentlich ziemlich normal. Oder es wurde einfach ignoriert, dass es da neben dem Esszimmer und dem Wohnzimmer auch noch ein Schlafzimmer gab.

Herr Aeppli, es gibt offensichtlich ganz verschiedene Wohnsituationen bei den Pfarrerinnen und Pfarrern. Finden sie diese Vielfalt gut oder wäre es allenfalls das Beste, wenn Pfarrleute im Pfarrhaus leben müssten?

Alfred Aeppli: Ich habe ja selber auch schon ein paar Wohnsituationen erlebt. Für mich ist das Pfarrhaus als solches nicht das Wesentliche, sondern die Frage ist, welche Präsenz eine Pfarrperson in der Gemeinde hat. Damals, als wir nach Burgdorf zogen, war es ganz selbstverständlich, dass wir ins Pfarrhaus gingen. Das war keine Frage, weder für die Gemeinde noch für mich. Ich kam ja damals direkt vom Pfarrer-Sonderkurs für Akademiker. Da war es sehr angenehm, dass die Wohnsituation geklärt war. Und das Pfarrhaus in Burgdorf hatte wirklich den Vorteil, dass es sehr pfarrer- und gemeindefreundlich war. Es hatte einen hinteren Eingang für die Familie und einen vorderen für die Gemeinde und eine Abgrenzung von Pfarramtsräumen und Privaträumen. Also insofern ein hervorragendes Pfarrhaus. Weil meine Frau sich immer mit engagierte, war man eben sehr nahe am Pfarramt und an der Familie.

Im Pfarrhaus in Jegenstorf war es anders. Da kam man zur Tür herein und war gleich mittendrin. Dort empfanden wir die Suche nach Abgrenzung zwischen Pfarramt und Privatleben zunehmend als Belastung.

Jetzt ist es für uns eine sehr komfortable Situation, so nahe bei den kirchlichen Räumen zu wohnen und doch das Pfarramt und das Privatleben durch 400 Meter Distanz trennen zu können.

Meines Erachtens braucht es eine Präsenz der Pfarrperson in der Gemeinde. Wie das baulich organisiert wird, ist zweitrangig.

Alfred Aeppli, Sie waren nicht einfach zuerst Gymnasiast und dann Pfarrer. Sie studierten zuerst Landwirtschaft. Ein Landwirt lebt ja gewöhnlich in einem Bauernhaus. Pfarrpersonen hingegen nicht (mehr) unbedingt in einem Pfarrhaus.

Alfred Aeppli: Ich bin in einer Bauernfamilie aufgewachsen und studierte dann Ingenieur-Agronom. Und die landwirtschaftlichen Wurzeln haben mich tatsächlich auch im Pfarramt begleitet. Im Bauernbetrieb läuft auch alles ineinander. Man hat die Kühe im Stall, die Pflanzen auf dem Feld, die Familie im Haus und die Blumen im Garten. Meine Frau kommt auch aus einer Bauernfamilie. Das hat ihr sehr geholfen, das Leben als integriertes Ganzes zu leben auch in einer Pfarrfamilie. Es stimmt, das Dasein in einer Pfarrfamilie hat viele Ähnlichkeiten mit dem in der Bauernfamilie. Vor allem so, wie wir es damals in Burgdorf lebten, abnehmend dann bis heute.

Frau de Groot Sie haben überhaupt noch nie im Pfarrhaus gelebt. Wenn wir über das Thema «Leben im reformierten Pfarrhaus» diskutieren, können Sie ja eigentlich gar nichts sagen dazu.

Ella de Groot: Ja, stimmt, ich bin hier total falsch am Platz ... Aber über die Präsenz könnte ich natürlich etwas sagen. Ich habe das Gefühl, in der Gemeinde präsent zu sein. Ausser samstags kaufe ich auch in den Läden in meiner Arbeitsgemeinde ein. Ich tue das bewusst, um gewisse Begegnungen nicht zu verpassen. Ich bin entweder zu Fuss oder mit meinem Fahrrad unterwegs und begegne dauernd irgendwelchen Leuten.

Es geht also um Präsenz. Man kann in der Gemeinde präsent sein, ohne im Pfarrhaus zu wohnen. Und man kann auch nicht präsent sein in einem Pfarrhaus. Das ist nun mal so.

Haben sie nie im Pfarrhaus gewohnt, weil es für Sie eine überflüssige Einrichtung ist?

Ella de Groot: Nein, es hat sich einfach nie ergeben. Als ich als Pfarrerin hier in der Schweiz anfing, hatte ich eine Teilzeitstelle und liess mein eigenes Haus bauen. Dann kam diese 90-Prozent-Stelle und da war ich schon in diesem Haus.

Ich kenne die Pfarrhaussituation aus den Niederlanden. Da wechseln die Pfarrleute alle sechs bis acht Jahre die Gemeinde. Dann ist es angenehm, wenn man sich als Pfarrperson nicht immer wieder um ein Haus kümmern muss.

Stephan Haldemann, soll das Büro des Pfarrers im Pfarrhaus sein?

Stephan Haldemann: Ich denke nicht, dass es das sollte. Mein Büro ist im Pfarrhaus mitten im Dorf. Aber ich kann mich den Vorrednern anschliessen. Die Präsenz hängt nicht davon ab, dass ein Pfarrhaus im Dorf steht und der Pfarrer dort wohnt. Die Nähe zu den Menschen, das Verstehen und das Begleiten-Wollen ist wichtig, und nicht, ob man im Pfarrhaus leben möchte oder nicht.

Ich persönlich schätze es sehr, dort arbeiten zu können, wo ich wohne, ich finde das toll. Für uns ist Abgrenzung auch kein Thema. Wenn die Tauffamilien oder die Hochzeitspaare ins Pfarrhaus kommen, ist das gar kein Problem. Im Gegenteil, ich geniesse es sogar.

Wir haben auch sonst sehr viel Besuch. Mein Partner hat eine Klangmassage-praxis und so haben wir auch dadurch viele Leute im Haus und oft auch am Tisch. Also, für uns ist das Thema Abgrenzung gar kein Thema oder jedenfalls für mich nicht. Ich denke, mein Partner wäre hie und da froh, man könnte sich mal etwas abgrenzen. Lukas Spinner hat vorher gesagt, dass die Leute aus der WG seine Familie seien. Familie sind für mich ein grosser Teil der Gemeinde und andere Menschen, die bei uns ein- und ausgehen.

War bei Ihnen, Lukas Spinner, das Büro im Pfarrhaus?

Lukas Spinner: Es war so eine Einheit, ich kann mir gar nicht vorstellen, dass man es anders haben möchte. Und ich finde die Ausstrahlung einer Studierstube im Pfarrhaus etwas anderes als bei einem Büro in einem anderen Haus. Ich bin nur nicht der Meinung, dass man solche Sache gesetzlich regeln sollte, das finde ich immer gefährlich. Bei der Diskussion bisher hat mich ein bisschen gestört, dass man den Sinn des Pfarrhauses auf die Präsenz des Pfarrers beschränkt. Das ist es nicht. Es geht um etwas anderes. Das Pfarrhaus hat eine eigene Ausstrahlung. Völlig unabhängig von der Präsenz des Pfarrers.

Ein Vergleich zur der Kirche: Es ist überhaupt nicht so, dass Gottesdienste nur in einem Kirchgebäude gefeiert werden können. Wenn eine Generation entsteht, die alle Kirchen verkauft und in ganz einfachen Räumen feiert, ist das okay. Aber wenn man Kirchen hat, dann spürt man, dass diese Gebäude eine ganz spezielle Ausstrahlung haben. Und das haben die Pfarrhäuser auch. Und jetzt müssen wir uns überlegen, ob wir hinter dieser Ausstrahlung stehen können oder nicht mehr.

Ich muss den Gedanken zu Ende führen. Das Pfarrhaus ist ein herrschaftliches Haus und es entspricht der herrschaftlichen Stellung des Pfarrers. Es ist ein Haus, das heute in vielen Gemeinden Aggressionen weckt. Weil es zu vornehm ist und weil die Leute nicht realisieren, dass auch Arbeit damit verbunden ist. Deshalb kann man sich wirklich überlegen, ob es die richtige Ausstrahlung hat.

Ich hatte in Meilen in diesem sehr repräsentativen Pfarrhaus versucht etwas zu machen, das der heutigen Vorstellung des Pfarramts entspricht. Ich hielt deshalb auch den Konfirmandenunterricht in meiner Stube ab. Ich hätte mir nicht vorstellen können, diesen Unterricht in einem Unterrichtszimmer abzuhalten.

Braucht es vielleicht bescheidenere, weniger repräsentative Pfarrhäuser?

Lukas Spinner: Ich weiss nicht, ob so ein Haus dann noch die nötige Ausstrahlung hätte. Das ist für mich eine offene Frage. Deshalb finde ich auch die ganze Thematik sehr spannend.

Wenn man schon Pfarrhäuser hat – wie müssten diese aussehen? Kommt hinzu, dass auch die Pfarrfamilie eine Ausstrahlung hatte. Dazu gehörte auch die freigestellte Pfarrfrau, die sich im Pfarrhaus betätigte. Kein Wunder, dass Stephan Haldemanns «Pfarrfrau» so wichtig ist. Aber was, wenn die Pfarrfrau auswärts berufstätig ist, kann dann der Pfarrer überhaupt noch das einlösen, was das Pfarrhaus verspricht?

Ella de Groot: Das Pfarrhaus in Gümligen ist ein modernes Haus in einem Einfamilienhausquartier, das nicht sofort als Pfarrhaus zu erkennen ist. Als ich nicht in dieses Haus zog, wurde es an eine Familie vermietet. Unten in diesem Haus habe ich mein Büro. Diese Familie ist dann weggezogen und da sagte die Kirchgemeinde: Da steht ein grosses 9-Zimmer-Haus leer und wir möchten es für einen sozialen Zweck nutzen, konkret um eine Wohngruppe eines Jugendheims unterzubringen. Dagegen wehrte sich die Nachbarschaft. Die Leute wollten diese Wohngruppe nicht und jetzt wohnt wieder eine Familie in diesem Haus. Welches ist denn nun die Ausstrahlung dieses früheren Pfarrhauses?

Wie fühlten Sie sich, Lukas Spinner, als Sie pensioniert wurden und das Pfarrhaus verlassen mussten?

Lukas Spinner: Es gab Dinge, vor denen ich Angst hatte. Das eine war das Verlassen der WG, das hatte ja bis zum Schluss sehr gut geklappt. Das wurde abgefedert, weil wir uns nachher eine Zeit lang immer noch regelmässig trafen, was jetzt nicht mehr der Fall ist. In einer so langen Zeit des Zusammenlebens sehnt man sich aber auch danach alleine zu wohnen. Und darauf habe ich mich sehr gefreut. Ich hatte aber auch das Gefühl, das gar nicht zu schaffen. Ich hatte nie alleine gewohnt, auch als Student nicht. Und dann hab ich mir gedacht: Diese Sehnsucht ist da und nach fünf Tagen ist sie gestillt. Und wie geht es dann weiter?

Das ist der Grund, warum ich ein Haus auf einer Insel in der Nordsee kaufte mit der Idee, dort etwas Ähnliches zu machen wie die WG im Pfarrhaus. Ich habe dort immer Gäste. Und in Zürich lebe ich in einer Wohnung, in der ich alleine sein kann. Und das ist herrlich. Ich habe meinem früheren Leben keine Sekunde nachgetrauert.

Wollten oder mussten Sie Meilen verlassen, wo Sie so lange Pfarrer waren?

Lukas Spinner: Ich bin überzeugt davon, dass ein Pfarrer, der lange in einer Gemeinde wirkte, im Ruhestand nicht mehr dort wohnen sollte. Das war für mich ganz klar.

Stephan Haldemann, es geht zwar noch ein paar Jahre bis zu Ihrer Pensionierung. Haben Sie sich dennoch schon einmal Gedanken darüber gemacht, dass Sie dieses Pfarrhaus dereinst verlassen müssen?

Stephan Haldemann: Das ist sicher im Moment nicht der erste Gedanke, den ich am Morgen beim Aufstehen habe. Bei mir geht es fast noch 20 Jahre, je nach den Ergebnissen der nächsten AHV-Revision.

Ich muss sagen, dass ich sehr wohl bin in diesem Pfarrhaus. Es ist ein sehr altes, historisches Pfarrhaus aus dem Jahr 1742. Und es hat «nur» sieben Zimmer. Ich könnte mir im Moment nicht vorstellen, irgendwo anders zu wohnen. Aber ich bin mir auch bewusst, dass sich die Wohnsituation in etwa 20 Jahren ändern wird.

Denken sie auch nicht daran, einmal noch in einem anderen Pfarrhaus zu wohnen?

Stephan Haldemann: Wenn im Moment der Gedanke an einen Stellenwechsel nicht vorhanden ist, dann nicht wegen des Pfarrhauses, sondern wegen der Gemeinde.

Ich möchte nicht von Signau wegziehen. Wir beide sind da so stark verwurzelt und zu Hause. In diesen 20 Jahren, das ist ja schon fast eine ganze Generation, hat man wirklich jeden Menschen und viele Familien in der Gemeinde begleiten können und das finde ich wunderschön.

Sie wohnen gerne in diesem Pfarrhaus und werden es wohl verlassen müssen. Werden Sie dann in Signau bleiben?

Stephan Haldemann: Eine schwierige Frage. An der Uni wurde uns gesagt, es gäbe drei Todsünden eines Pfarrers. Erstens eine ehemalige Konfirmandin zu heiraten. Zweitens sich scheiden zu lassen, wenn man in einer Gemeinde wohnt, und die dritte, nach Ablauf der Amtszeit im selben Dorf wohnen zu bleiben. Wenn ich eine dieser drei Sünden begehe würde, dann sicher nur die Letzte.

Ich könnte mir sehr gut vorstellen, in dieser Gemeinde zu leben, ich bin mir aber auch bewusst, dass es für eine Nachfolgerin oder einen Nachfolger sehr schlimm sein könnte. Es käme auf meinen Schatten an und darauf, ob der neue Pfarrer oder die neue Pfarrerin damit umgehen könnte. Man müsste da situativ entscheiden.

Dieselbe Frage nun auch noch an Sie, Alfred Aeppli.

Alfred Aeppli: Das ist eine wichtige Frage, die man sich auch stellen muss, wenn man privat wohnt. Eigentlich ist es für uns klar gewesen, dass wir uns das Haus kaufen für die Amtszeit in Jegenstorf. Und der Vorteil ist, dass ich nicht genau auf den Tag der Pensionierung zügeln muss.

Sie, Ella de Groot, könnten ja dereinst in die Gemeinde umziehen, in der Sie jetzt Pfarrerin sind …

Ella de Groot: Diese Frage hat sich wirklich gestellt. Meine Kinder sind jetzt alle ausgezogen und das Haus ist zu gross geworden. Und auch sonst hat sich meine Beziehungssituation verändert. Ich möchte weg aus diesem grossen Haus. Und dann habe ich mir gedacht: Nein, ich wähle die Stadt Bern, und dort habe ich jetzt eine Wohnung gefunden und werde umziehen. Etwas näher bei Muri-Gümligen, aber nicht in der Gemeinde.

Stephan Haldemann, berichten Sie uns doch bitte von einem besonderen Erlebnis, das im Zusammenhang steht mit ihrem Leben im Pfarrhaus.

Stephan Haldemann: Mir kommen zwei Geschichtchen in den Sinn. Die erste: Ich war wirklich gerade erst zwei Wochen im Pfarrhaus in Signau als junger, 25-jähriger Pfarrer. Da kam so ein Hauspilger und hat geklingelt und wollte den Pfarrer sprechen. Ich sagte «Ja» und dann hat er mich erwartungsfroh angeschaut und noch einmal gefragt, ob der Pfarrer da sei. Ich sagte «Ja» und der Mann erwiderte, ob ich ihn bitte rufen könne. Ich wiederum entgegnete, dass ich der Pfarrer sei. Und dann hat er mich wirklich ausgelacht und gesagt, dass ich sicher nicht der Pfarrer sei. Er machte rechtsumkehrt und zog davon. Und da dachte ich mir: Wenn man jeden Bettler so abwimmeln kann, dann ist es gar nicht so schlecht.

Und die zweite Geschichte, die mir so in den Sinn kommt: Ich habe schon erwähnt, dass ich jeweils die Tauffamilien am Sonntagmorgen ins Pfarrhaus nehme. Ich finde es schön, wenn sie am Morgen in mein Wohnzimmer kommen. So weich sitzen sie dann den ganzen Morgen nicht. Einmal hatte ich am selben Morgen gleich neun Taufen. Da war ich sehr froh über das geräumige Pfarrhaus. So konnte ich alle Tauffamilien samt Patinnen und Paten im ganzen Haus verteilen, mit Ausnahme des Schlafzimmers.

Frau de Groot, wie löst man solche Situationen ohne Pfarrhaus?

Ella de Groot: Die Tauffamilien empfange ich in der Sakristei, das ist für mich kein Problem. Ich möchte eine andere Geschichte erzählen. Ich habe eine Todsünde begangen. Vor sechs Jahre habe ich mich getrennt. Da war ich sehr froh, dass wir diese Trennung praktisch privat durchführen konnten. Einzig die Nachbarschaft in meinem Wohndorf bekam es mit, aber dort war ich ja Privatperson und nicht Pfarrerin.

Die Gemeindemitglieder mussten nicht Solidarität zeigen mit meinem Exmann oder Mitleid haben mit meinen Kindern. Es war auch so, dass mein Exmann sich nie in der Kirchgemeinde gezeigt oder engagiert hatte. Für mich war die Gemeinde in dieser schwierigen Zeit meine Insel, wo ich Kraft tanken konnte. In dieser Situation war die Trennung von Wohn- und Arbeitsgemeinde für mich ideal.

Alfred Aeppli: Es gab wirklich schöne Erlebnisse in den beiden Pfarrhäusern, in denen wir gelebt haben. In der Burgdorfer Zeit denke ich mit Freude daran, wie wir jeweils den Quartierverein Gyrischachen ins Pfarrhaus einluden. Die Leute sagten dann jeweils voller Stolz: Heute Abend sind wir im Pfarrhaus eingeladen.

Ein ganz interessantes Erlebnis war auch unser Amtsantritt in Jegenstorf. Das Haus war moderat renoviert und neu gemalt worden. Auch die elektrischen Leitungen wurden neu verlegt. Als wir dann eingezogen waren, machten wir einen Tag der offenen Tür. Und wir staunten nicht schlecht. Es kamen ungefähr 300 Leute, die einfach wissen wollten, wie das Haus renoviert ist und wer jetzt neu da wohnt. Sehr viele Bewohner von Jegenstorf waren in den vorherigen 20 Jahren nie in diesem Haus. Da spürte ich etwas von dieser Ausstrahlung, die Lukas Spinner erwähnt hat.

Ella de Groot: Ich möchte noch schnell etwas hinzufügen: Damit mein Büro nicht nur ein Büro ist, mache ich es jeden Monat einmal auf zum Quartierkaffee. Die Leute im Quartier wissen: Einmal im Monat am Freitagmorgen sind bei mir zwischen 9 und 11 Uhr niederschwellig Kaffee und ein Stück Brot oder Schokolade zu haben. Das ist etwas von dieser Pfarrhausatmosphäre. Meisten sind wir zwischen 10 und 15 Leuten und haben es gemütlich. Es ist nicht nur ein Geplapper, es entsteht immer ein gutes Gespräch.

Lukas Spinner, Sie waren 32 Jahre im Pfarrhaus in Meilen, da gibt es sicher auch ein paar Anekdoten, nehme ich an?

Lukas Spinner: Ja, da könnte ich ganze Bücher schreiben. Wenn man eine Wohngemeinschaft gründet, muss man sich überlegen: Soll das eine geistliche Gemeinschaft sein oder nicht? Und ich habe mich da für eine nicht geistliche Gemeinschaft entschieden. Ich wollte die WG nicht als Pfarrer führen.

Es war damals Mitte der 70er Jahre so der Anfang des Haschens. Für mich war ganz klar: Wenn jemand bei mir wohnt, dann kein Rauschgift. In dieser Zeit nahm ich einen schwierigen Jungen auf, der nicht mehr zu Hause wohnen konnte, weil ihn den Vater rausgeworfen hatte. Nach zwei bis drei Wochen sagte mir eine Mitbewohnerin, dass dieser Junge hasche und zwar ziemlich viel.

Wenn ich etwas androhe, dann ziehe ich es auch durch, denn sonst verschwindet die Autorität. Und in diesem Fall wusste ich: Wenn ich dem drohe, dass er ausziehen müsse, wenn er noch einmal hasche, würde er draussen sicher trotzdem weitermachen. Nach einer wirklich schlaflosen Nacht änderte ich meine Regeln. Und das war schon etwas kühn. Von da an war es erlaubt, Rauschgift zu konsumieren im Pfarrhaus, sogar Heroin. Das teilte ich der Kirchenpflege mit. Nur so war es mir möglich, diese Leute zu betreuen. Es wäre anders nicht gegangen, da hätte ich die Bedürftigsten alle wegschicken müssen.

Dieser Hascher übrigens, der mich zur schlaflosen Nacht getrieben hatte, ist heute Chefarzt in der Orthopädie und das zeigt doch, dass sich ein solcher Einsatz lohnen kann.

Ein anderes Beispiel: An einem Morgen kam ich in die Stube und da lag auf dem Sofa ein Mensch mit riesigen Haarknäueln. Ich legte eine Wolldecke über ihn und ging dann zur Schule. Den Schülern erzählte ich, es sei eine neue Hausbewohnerin angekommen. Dann ging ich wieder heim und in der Zwischenzeit war die Person aufgestanden. Es war keine Frau, es war ein deutscher Junge mit langen Haaren. Er habe in Griechenland Ferien gemacht und wolle nun in der Schweiz ein bisschen jobben. Weshalb er denn zu mir komme? Jemand habe ihm gesagt, wenn er irgendwo übernachten möchte, solle er ins Pfarrhaus nach Meilen, der Spinner nehme ihn sicher. Und weil ich mein Haus nie abschliesse, kam er nachts rein.

Alfred Aeppli, hat ein Pfarrhaus in irgendeiner Art eine Symbolkraft in einer Kirchgemeinde, wie sie allenfalls die Kirche hat?

Alfred Aeppli: Ja, es hat eine Symbolkraft, und Symbole leben dadurch, dass man sie mit Inhalt füllt. Insofern kenne ich auch Pfarrhäuser, die etwa durch das Verhalten ihrer Bewohner die Symbolkraft verloren haben. Darum würde ich der Symbolkraft als solcher nicht zu viel Gewicht geben, sondern die Frage stellen, wie wir der Kraft, die diesem Symbol innewohnte, auch Gestalt geben können.

Es besteht die Gefahr, dass man die Symbolkraft überbetont und das Pfarrhaus zum Museum wird. Die Fürstenhäuser, die man zum Beispiel in Wien noch besuchen kann, sind wie Museen und das darf mit unseren Pfarrhäusern nicht geschehen. Mir scheint, dass die Symbolkraft und das Leben im Einklang stehen müssen.

Frau de Groot, wie erwähnt, wohnten Sie nie in einem Pfarrhaus. Können Sie dem Pfarrhaus trotzdem etwas Symbolisches abgewinnen?

Ella de Groot: Die Pfarrhäuser in Wohlen oder in Muri sind ganz schöne, grosse Häuser neben der Kirche. Ich hätte aber gerne ein kirchliches Zentrum, das lebt wie ein Bienenhaus mit der Verwaltung und mit Zimmern für den Unterricht. Und die Verbindung zur Kirche könnte zeigen, dass da das kirchliche Leben gelebt wird. Also im Pfarrhaus an und für sich, das zur Kirche gehört, finde ich schon diese Symbolkraft. Aber es müsste anders genutzt werden.

Stephan Haldemann: Ich kann dem Pfarrhaus sehr viel Symbolkraft abgewinnen. Ich möchte sie sogar noch konzentrieren auf ein einzelnes Symbol, und zwar das Symbol der Lampe vor dem Haus. Wir haben Licht vor dem Haus und die Menschen schätzen es, wenn sie das Licht beim Eingang brennen sehen.

Die Menschen wissen, dort brennt Licht, dort ist einer zu Hause. Das kann auch mein Partner sein. Das Licht wird bei uns erst gelöscht, wenn wir ins Bett gehen so gegen halb eins oder eins. Es gab auch schon Leute, die um Mitternacht geläutet haben, Menschen zum Beispiel mit einem Problem, die sahen, dass noch ein Licht brennt und sich getraut haben zu klingeln.

Lukas Spinner: Ich bin überzeugt, dass das Pfarrhaus eine Symbolkraft hat. Aber ich bin nicht überzeugt, dass es die richtige, angemessene Symbolkraft ist. Ich bin weit davon entfernt einem Pfarrer zu sagen, er solle eine WG auftun. Es kann ja nicht das Ziel sein, dass das alle machen.

Ich hatte lange Zeit einen Schauspieler bei mir wohnen. Und ich habe ganz stark den Beruf des Schauspielers mit dem Beruf des Pfarrers verglichen. Und da ist mir etwas aufgefallen. Der Schauspieler lebt in einer unglaublich starken

Unsicherheit, ob er überhaupt noch ein Engagement finden wird und ob er seinen Lohn bekommt. Er ist ein Unternehmer. Er lebt wie wir von der Sprache, vom Auftreten, und sehr viele Sachen sind ähnlich, aber die wirtschaftliche Situation ist grundlegend anders. Könnte es sein, dass mindestens in meiner Generation überdurchschnittlich viele Menschen Theologie studierten, weil die Behäbigkeit und Sicherheit des Pfarrberufes für sie verlockend war? Könnte das der Grund sein, warum der Hauptinhalt der Verkündigung dieser Generation Geborgenheit, Sicherheit, Obhut, Anker, Festigkeit und so weiter ist? Und wie steht das gegenüber dem Bild des Schauspielers mit Aufbruch, Unsicherheit, Wagnis, Mut und so weiter? Wenn wir das jetzt zurückprojizieren auf die Wohnsituation des Pfarrers, dann frage ich mich: Ist das Pfarrhaus nicht das falsche Symbol?

Wir kommen zum Schluss mit der Frage: Wie soll sich Kirche im Dorf und in der Stadt manifestieren?

Alfred Aeppli: Die Kirche zeigt sich vor allem in den Beziehungen, die gelebt werden. Das Pfarrhaus ist im positiven Sinne eine Möglichkeit, das zu unterstützen. Es geschieht jedoch nicht automatisch durch das Haus, sondern durch Pfarrpersonen, welche das Netzwerk ausweiten. Das ist ein Kernstück der Gemeindeentwicklung in einer Gesellschaft, die immer beweglicher wird.

Ella de Groot: Ich habe da drei Stichworte aufgeschrieben. Beweglich, offen und fliessend. In den Beziehungen zu den Leuten immer offen sein, um auf geänderte Bedürfnisse eingehen zu können. Vorausschauend sein und nicht bewahrend und konservativ.

Stephan Haldemann: Für mich ist das Stichwort der Begegnung wichtig. Ich denke, Kirche ereignet sich dort, wo sich Menschen begegnen, und da kann das Pfarrhaus natürlich ein ganz guter Ort sein. Aber Kirche vor Ort, in der Gemeinde, diese Begegnungen geschehen überall, und sie entstehen hoffentlich überall.

Lukas Spinner: Wenn Menschen sich überall an jedem Ort begegnen können, ist es schön und erstrebenswert. Aber die Kirche muss auch deutlich identifizierbare Orte haben. Man muss wissen, aha, das ist jetzt ein kirchlicher Ort, an dem die Menschen sich begegnen, das gibt der Kirche ein Gesicht. Und ich hätte gerne so etwas wie eine Theologie des Ortes. Man müsste darüber nachdenken, wie solche Orte beschaffen sein müssen in einer Kirchgemeinde, damit sie stimmen. Das kann das Pfarrhaus sein, das kann das Büro sein, das kann eine Schenke sein, das kann die Kirche sein. Sorgfältig darüber nachzudenken lohnt sich.

Vreni Mühlemann-Vogelsang

«Zum Glück bin ich keine Pfarrfrau»

Perspektiven von Pfarrpartner/innen

Das Pfarrhaus ist eine Institution – sofern die, die darin wohnen, sie auch tragen. Das Pfarrhaus verspricht Geborgenheit, Trost, Toleranz und tatkräftige Hilfe – alles eben, was man sich unter christlicher Nächstenliebe vorstellt. Der Schriftsteller Reiner Kunze hat es in einem mit *Pfarrhaus* überschriebenen Gedicht so formuliert: «Wer da bedrängt ist findet/mauern, ein/dach und/muss nicht beten». Wenn abends im Pfarrhaus das Licht brennt, dann sind die Gemeindeglieder beruhigt. Sie wissen: Wenn es wirklich schlimm würde, könnten wir dort anklopfen. Der Pfarrer als Stellvertreter Gottes hat schon von Amtes wegen, aber auch aus innerer Überzeugung immer ein offenes Ohr, eine offene Hand und ein offenes Herz. Und weil er viel um die Ohren hat und manchmal etwas abgehoben in seinen Gedanken schwebt, ist die Frau Pfarrer da, man kennt sie von vielen kirchlichen und weltlichen Anlässen als freundliche und zugängliche Frau. Sie weiss, wo einen der Schuh drückt, um guten Rat ist sie nicht verlegen und ihrem Liebsten sagt sie dann schon, wer ihn braucht und dass er doch bitte Verständnis haben soll für das, was da halt krumm gelaufen ist. Soweit das Bild.

Pfarramt im Wandel

Nun aber ist der Pfarrer nicht mehr selbstverständlicherweise ein Mann, sondern immer häufiger eine Frau und die lebt vielleicht allein, oder sie hat einen Mann, der nicht der Herr Pfarrer ist, sondern der Herr Meier, und den kennt man schon weniger gut, weil er natürlich auch arbeitet und nur manchmal im Gottesdienst oder an einem Vortrag auftaucht, er ist auch nett, aber ihn einfach so mit seinen Alltagssorgen zu belästigen, das wäre nicht so ganz passend. Und vielleicht ist alles noch komplizierter, weil die Frau Pfarrer plötzlich verschwunden und im Pfarrhaus eine neue Frau eingezogen ist, die offenbar auch arbeitet, jedenfalls nimmt sie das Telefon nicht mehr ab, wie ihre Vorgängerin, und am Missionsbasar hat man sie überhaupt nicht zu Gesicht bekommen. Frau Pfarrer (die richtige, die, die das Amt innehat) beherbergt plötzlich Kinder bei sich und die Mutter der Kinder, und niemand weiss, ob diese Frau nun ein notleidendes Schäfchen oder vielleicht sogar die Geliebte der Frau Pfarrer ist.

Die Dinge sind kompliziert geworden und nicht nur in der Gemeinde wächst die Verunsicherung. Auch im Pfarrhaus nehmen die Diskussionen zu: «Muss ich es mir gefallen lassen, dass man bei uns ständig Geschirr holt, wenn beim ‹Kirchenzmorge› etwas fehlt?», «Muss das sein, dass die Sonntagsschulvorbereitung immer in unserem Wohnzimmer stattfindet?» «Müssen wir, die wir als Paar so wenig Zeit für uns allein haben, bei jedem Hundespaziergang hundertmal stehenbleiben und uns die Sorgen von unzähligen Gemeindegliedern anhören?» Das fragen auch Pfarrfrauen, die jahrelang willig jedem Bittsteller entgegengekommen sind. Den Drang nach mehr Privatheit spüren fast alle.

Eine Pfarrfrau aus dem Kanton Zürich, die sich von Anfang an klar vom Beruf ihres Mannes distanziert hat, beginnt nach einem Stellenwechsel ihres Mannes aber dann plötzlich doch, sich in der Gemeinde zu engagieren, weil sie realisiert, dass sie nicht nur den Mann, sondern ganz klar eben auch den Pfarrer geheiratet hat. Das verpflichtet. Und schliesslich ist sie ja auch Christin. Sie will ihren Glauben leben, und da bietet sich die Pfarrfrauenrolle natürlich an. Ihren Freundeskreis hat sie dann aber doch nicht in der Kirchgemeinde. Das wäre ihr zu eng. Ganz aufgehen kann und will sie nicht im Beruf ihres Mannes. Aber sie wünscht sich mehr Austausch mit anderen, vor allem mit jungen Pfarrfrauen, um für sich selbst und die ganze Familie einen Weg zu finden, der für sie gangbar und stimmig ist.

Die Suche nach Identität

Ihre Rolle ist für viele Pfarrfrauen ein unerschöpfliches Thema. Was dürfen, was sollen, was können sie tun, dass weder der Mann noch die Kinder noch die Gemeinde noch sie selber zu kurz kommen? Wie gehen sie damit um, dass das Pfarramt fast immer wichtiger ist als ihre Bedürfnisse? Wie leben sie damit, dass sie beobachtet und beurteilt werden? Und wem können sie erzählen, dass sie manchmal am liebsten davonlaufen würden?

Pfarrfamilien haben in der Regel viel Platz im Haus und einen grossen Garten. Andere Leute zahlen ein Vermögen für so ein Zuhause. Aber die Putzerei ist aufwendig. Sind Reparaturen oder Renovationen fällig, ist es oft schwierig, etwas einzufordern, und die Lust am Garten hält sich auch in Grenzen, wenn man mit der Arbeit nie nachkommt und darum gar keine Zeit mehr hat, im Liegestuhl zu liegen und ihn zu geniessen.

Und dann ist da ja natürlich auch noch das Christentum. Daran wird man gemessen. Was am Sonntag in der Kirche gepredigt wird, muss am Werktag im

Pfarrhaus sichtbar werden, sonst ist die Botschaft schnell unglaubwürdig. Dass sich der eigene Lebensstil nicht allzu sehr von den landläufigen Vorstellungen einer christlichen Lebensführung entfernt, ist man sich selber und natürlich dem Partner schuldig. Die private und berufliche Existenz sind miteinander verflochten und hängen zu einem nicht unerheblichen Teil an der Akzeptanz der Pfarrfamilie in der Gemeinde. Wer im Pfarrhaus wohnt, kommt an der Institution nicht vorbei.

Das gemeinsame Dritte

Für viele Frauen ist das durchaus attraktiv: «Es hat schon etwas Edles, Pfarrfrau zu sein», sagt freimütig eine Bernerin. Sie schätzt das schöne Pfarrhaus, in dem sie wohnen darf, und den prächtigen Garten, sie geniesst das Vertrauen der Gemeindeglieder und freut sich, dass gesehen und anerkannt wird, was sie in der Gemeinde macht. Um Kontakte braucht sie sich nicht zu bemühen, die ergeben sich von selbst. In einer Kirchgemeinde gibt es viele Möglichkeiten, sich den eigenen Fähigkeiten und Neigungen entsprechend und je nach den aktuellen Lebensumständen flexibel einzubringen. Das bringt der Pfarrfrau Befriedigung und Ausgleich, es hebt das Ansehen des Mannes und verbessert seine Stellung, und die Gemeinde hat zweifellos einen signifikanten Mehrwert. Viele Pfarrfrauen schätzen es, dass sie relativ eng mit ihren Männern zusammenarbeiten können. Gerade weil sie oft wenig gemeinsame Freizeit haben, ist es für sie wichtig, wenigstens im Beruf da und dort etwas Gemeinsames zu haben. Das stärkt die Beziehung und ermöglicht gegenseitige Wertschätzung. «Wir haben keine Kinder», sagt eine Pfarrfrau aus der Ostschweiz, «aber wir haben ein gemeinsames Projekt.» Als Gesprächspartnerin stärkt sie ihrem Mann den Rücken, als Mitarbeiterin hilft sie, manche Dinge überhaupt erst möglich zu machen, als Bindeglied zur Gemeinde ist sie ihm unentbehrlich geworden. Manchmal stört es sie, dass ihre Bereiche nicht klar getrennt sind. Ihr Mann und sie verbringen viel Zeit miteinander im selben Haus, da kommt man sich gelegentlich auch in die Quere. «Dafür haben wir es dann nach der Pensionierung leichter», meint sie, «weil wir schon daran gewöhnt sind, dass wir uns gegenseitig im Weg sind.» Zum Glück hat sie ja noch ihren eigenen Beruf, der nichts mit Kirche zu tun hat, und in dem sie ausser Haus ganz eigene Erfahrungen macht und sich selber wieder besser als Individuum spürt und erlebt. Diese Arbeitstage tun ihr gut, sie möchte sie nicht missen.

Traditionelle Geschlechterrollen

«Zum Glück bin ich keine Pfarrfrau», sagt der Mann einer Zürcher Pfarrerin. «Niemand verlangt von mir, dass ich zu Hause bin, ich kann frei entscheiden, wie viel oder wie wenig ich am kirchlichen Leben teilnehmen und mitarbeiten will. » Als die Kinder noch kleiner waren, hat er sich stark in der Kinderarbeit engagiert, heute sieht er seine Aufgabe eher darin, seiner Frau Gesprächspartner zu sein. Er nimmt aber auch am Gottesdienst und an Gemeindeanlässen teil. Im Pfarrhaus wohnt er gern. Für seine Frau sei es manchmal eher ein Problem, dass sie keinen Arbeitsweg habe und zu Hause arbeiten müsse. Die Rolle der Pfarrfrau komme eigentlich ihr zu; neben ihren theologischen und seelsorgerlichen Aufgaben sei halt oft auch sie noch diejenige, die Kuchen backe und Tische decke.

Obwohl es heute die verschiedensten Lebensformen gibt und sich der Pfarrberuf massiv gewandelt hat, scheint sich die Institution Pfarrhaus noch immer hartnäckig am längst überholten Bild eines männlichen Pfarrers und seiner ihn unterstützenden, in der Kirchgemeinde sichtbaren und aktiven Frau zu orientieren. Das aber schafft immer mehr Probleme: Was ist, wenn es nicht gut läuft im Pfarramt, wenn der Mann als Pfarrer den Erwartungen der Gemeinde nicht entspricht? Soll seine Frau das übernehmen, was er der Gemeinde schuldig bleibt? Soll sie ausgleichen und den Schaden begrenzen, oder soll sie sich neben ihn stellen und sich mit ihm zusammen der Schmach der Öffentlichkeit aussetzen? Sie sitzt im Glashaus und kann sich nicht verstecken. Es geht um ihr Zuhause und um das ihrer Kinder. Was ist, wenn er abgewählt wird und sie alle (vielleicht schon zum wiederholten Male) aus- und weiterziehen müssen? Und was, wenn es zur Trennung und Scheidung käme? Dann würde ihr Mann allein im riesigen Pfarrhaus bleiben und sie müsste mit den Kindern in eine enge Mietwohnung umziehen ... All das, was sie (unbezahlt natürlich!) in der Gemeinde geleistet und eingebracht hat, würde ihr nichts nützen. Sie ist diejenige, die gehen müsste.

Mut zur Veränderung

Aber auch wenn die Situation weniger dramatisch ist, lassen sich Zeitgeist und traditionelles Pfarrhausbild nicht mehr problemlos vereinbaren. Dass christliche Hingabe auch ihre problematischen Seiten hat, ist längst bekannt. Die hilflosen Helfer können nicht mehr mit Bewunderung und narzisstischem Gewinn rechnen. Persönlichkeiten sind gefragt, Menschen, die fähig sind, ihr Leben in einer stabilen Balance zu halten und gleichermassen Verantwortung für die Gemeinde, die Familie und für sich selbst zu übernehmen. Das ist anspruchsvoll und ein Anspruch, dem nicht alle zu genügen vermögen. Pfarrpersonen müssen heute mit ihren Partner/innen viel differenzierter als früher aushandeln, wie Beruf, Partnerschaft und Familie zusammengehen sollen und wie sie das Pfarrhaus bespielen wollen. Und es ist klar: So lieb und wertvoll die Institution Pfarrhaus der Kirche und ihren Gemeinden auch ist: Wo die, die im Pfarrhaus leben, nicht freiwillig ihren Beitrag zum Wohle der Gemeinde leisten und gleichzeitig fähig sind, sich so abzugrenzen, dass sie gesund, leistungs- und liebesfähig bleiben, da muss zum Wohle aller auf die Residenzpflicht verzichtet werden. Residenzzwang lässt sich in postpatriarchaler Zeit nicht aufrechterhalten. Es kann nicht angehen, dass emanzipierte Frauen sich dem Beruf ihres Mannes wieder derart unterordnen, dass sie deswegen auf finanzielle Selbstständigkeit verzichten und sich in einer Art von ihren Männern abhängig machen, die für andere Frauen längst nicht mehr denkbar ist. Und es kann nicht angehen, dass allein lebende, geschiedene oder homosexuelle Pfarrer und Pfarrerinnen ständig dem Makel der beruflichen Unvollkommenheit ausgesetzt sind, weil ihre Lebensform mit den an das Pfarrhausbild gebundenen Pfarrerbildern kollidieren. Schon die Reformatoren haben darauf bestanden, dass es keine innere Berufung ohne die Bestätigung durch eine äussere Berufung gibt. Heute tun wir gut daran, wenn wir auch der Umkehr dieses Grundsatzes Beachtung schenken. Das traditionelle Pfarrhaus als Institution hat nur dann eine Zukunft, wenn es auf Freiwilligkeit basiert. Das aber heisst zwangsläufig, dass Pfarrhäuser umgenutzt oder verkauft werden müssen und dass eine Vielzahl von Modellen pfarramtlichen Wirkens möglich sein muss. Warum sollen Pfarrpersonen und ihre Familien nicht auch in Wohnblöcken wohnen, wo sie auf ganz andere Art mit Gemeindegliedern das Leben teilen? Würde die Entlastung von überkommenen Rollenbildern nicht auch Energien freisetzen, die der Kirche auf andere Weise wieder zufliessen könnten? Ist es nicht denkbar, dass die Entflechtung von Beruflichem und Privatem auch der Persönlichkeitsentwicklung dienen kann, die dann wiederum in der Seelsorge fruchtbar wird? In einer pluralistischen Welt kann niemand mehr ernsthaft wollen, dass das Bild einer «heiligen Pfarrfamilie» als Urbild christlicher Existenz weitertradiert wird. Aber vielleicht gelingt es, kreative Ansätze zu ganz unterschiedlichen Modellen gemeinschaftlich gelebtem Christentum zu entwickeln, sie auszuprobieren und dabei Erfahrungen zu machen, denen attraktive Visionen kirchlichen Lebens in der Zukunft entspringen können.

Thomas Uhland

«Pfarrhäuser sind kein Kerngeschäft der Kirche»

Die Sicht eines Kirchgemeindepräsidenten

Im Aaretal zwischen Thun und Bern, am südlichen Ausgang des Emmentals, liegt Münsingen. Dank der nahen Zentren Bern und Thun und der guten Verkehrsverbindungen ist das Dorf in den letzten Jahrzehnten zur Stadt geworden. Einfamilienhäuser und Blocksiedlungen bilden einen breiten Gürtel um das historische Zentrum.

Das Wachstum des einstigen Bauerndorfes wirkte sich auch auf das kirchliche Leben aus. «Unsere Kirchgemeinde ist nach wie vor am Wachsen», sagt Kirchgemeindepräsident Ueli Schilt. Die Zuzüger aus der nahen Stadt Bern sind häufig reformierter Konfession. Mit der Zeit entstanden deshalb mehrere Pfarrhäuser: neben dem historischen bei der Kirche drei weitere in Münsingen selbst und eines in Rubigen, das mit dem kleineren Allmendingen ebenfalls zur Kirchgemeinde gehört. Inzwischen macht sich der Kirchgemeinderat intensiv Gedanken darüber, wie es mit den Pfarrhäusern weitergehen soll; Scheuklappen trägt er dabei keine, er ist nach allen Seiten offen. An der Kirchgemeinde Münsingen lässt sich gut zeigen, wie sich die Politik einer Kirchgemeinde in Bezug auf ihre Pfarrhäuser entwickelt und veränderten Gegebenheiten und Ansprüchen anpasst.

Alle Pfarrhäuser in Münsingen werden derzeit von Pfarrpersonen bewohnt. Dies könnte sich in den nächsten Jahren allerdings ändern. Einerseits wurde die Residenzpflicht für Pfarrpersonen mit dem neuen Kirchengesetz gelockert (vgl. Seite ⬜). Andererseits hat sich der Kirchgemeinderat an einer Klausurtagung vertieft mit der künftigen Nutzung der Pfarrhäuser auseinandergesetzt. «Das Pfarrhaus hat als Ort, wo man anklopft, ausgedient», erklärt Ueli Schilt. Dies habe nicht nur mit dem veränderten Berufsbild der Pfarrperson, sondern auch mit der Veränderung in der Gesellschaft zu tun. Statt in der Pfarrstube trifft man sich heute eher im Besprechungszimmer des Kirchgemeindehauses, nachdem man per Telefon oder Mail einen Termin vereinbart hat.

Dazu kommt, dass Pfarrhäuser je nachdem eine kostspielige Angelegenheit sind. «Pfarrhäuser zu finanzieren kann kein Kerngeschäft einer Kirchgemeinde sein», meint Ueli Schilt. Es könne ja nicht sein, dass die Kirche mit der einen Hand von den Kirchenmitgliedern Kollekten sammle, und mit der anderen Hand für Pfarrhäuser Geld verschleudere. Aus diesem Grund sei der Entscheid, Pfarrhäuser zu veräussern, durchaus nicht nur ein Kopf-, sondern auch ein Herzentscheid.

1. Historisches Pfarrhaus: Schwierig zu nutzen

Dass Münsingen strategisch gut gelegen ist, merkten schon frühere Generationen. Ein stattliches Schloss und grosszügige kirchliche Bauten zeugen vom Reichtum der Region und davon, dass die gnädigen Herren hier einst Präsenz markieren wollten. Das historische Pfarrhaus, das auf dem Vorsprung eines Hügels über der Sohle des Aaretals thront, stammt aus dem 15. Jahrhundert und wurde im 18. Jahrhundert umgebaut. Gleich nebenan steht die Kirche von 1709, die aber auf das 12. Jahrhundert zurückgeht; sie ist damit eine der ältesten im Aaretal.

«Ein Fass ohne Boden» sei das Pfarrhaus, meint Ueli Schilt, zu dem die Kirchgemeinde aus historischer Verantwortung aber Sorge tragen wolle. Allein die letzten Renovationen – das Treppenhaus, eine Fassade und teilweise die Böden wurden erneuert – verschlangen eine Viertelmillion Franken. Solche Beträge relativieren den einigermassen günstigen Preis, zu dem die Kirchgemeinde das Pfarrhaus 2005 dem Kanton abkaufte.

Dazu kommt, dass die Nutzung des Pfarrhauses schwierig ist. Bei 25 Zentimeter hohen Türschwellen braucht man sich über Rollstuhlgängigkeit nicht einmal Gedanken zu machen. Romantisch ist das Gebäude nur im Sommer; im Winter pfeift der Wind durch die Ritzen, und die massiven Steinwände machen jeden Versuch zunichte, das Elfzimmerhaus mollig warm zu heizen. Über einen Umbau des Anbaus machte man sich in der Kirchgemeinde Münsingen zwar Gedanken, doch eine sinnvolle Nutzung war auch hier nicht möglich. Hingegen steht die ganze Gebäudegruppe aus Pfarrhaus, Kirche und zwei historischen Gasthäusern unter Denkmalschutz. Das ist zwar eine Auszeichnung für die Kirch- ebenso wie für die Einwohnergemeinde, erleichtert aber eine Nutzung nicht.

Am ehesten, sagt Ueli Schilt, wäre der Umbau zu einem Bürogebäude für die Pfarrpersonen denkbar – auch dies allerdings erst, wenn diese ihre Amtsräume nicht mehr im selben Gebäude wie die Wohnräume hätten, das heisst: Wenn die Residenzpflicht für Pfarrpersonen aufgehoben würde. Immerhin scheint das vorreformatorische Gebäude das ökumenische Denken zu fördern. Neben einer reformierten Pfarrerin wohnt dort derzeit auch eine katholische Gemeindehelferin.

2. Verkauf intern oder extern

Westlich der Bahnlinie, in einem einst eher einfachen Quartier, heute einer bevor-
zugten Wohngegend des Mittelstandes, sind in den 1970er und 1980er Jahren zwischen anderen Ein- und Zweifamilienhäusern zwei Pfarrhäuser entstanden. Eines
der beiden wurde sogar ausserhalb des Pfarrkreises errichtet; einst war es nämlich
die Residenz des Seelsorgers der psychiatrischen Klinik. Neben einem einigermassen modernen Wohnteil bieten sie viel Umschwung, mehrere Parkplätze und
Nebenräume, eines sogar einen geräumigen Gruppenraum. Andererseits besteht
bei beiden Häusern Sanierungsbedarf. Derzeit werden beide Liegenschaften von
Pfarrern bewohnt.

Auf der Traktandenliste der Kirchgemeindeversammlung von Juni 2013 steht
der Antrag, diese beiden Pfarrhäuser zu verkaufen. Die heutigen Bewohner seien
bereits angefragt worden. Die Begeisterung darüber sei bei ihnen allerdings geteilt,
sagt Ueli Schilt. Im einen Haus wohnt ein Pfarrer mit Familie, der das geräumige
Haus durchaus zu schätzen weiss und es auch gerne kaufen würde. Er müsste,
wenn er das Haus zu einem handelsüblichen Preis kaufen würde, künftig allerdings bedeutend tiefer in die Tasche greifen als bisher. Einen Verkaufspreis festzu-
legen, der weder zu hoch noch zu tief sei, sei für die Kirchgemeinde ein Eiertanz,
sagt Kirchgemeindepräsident Ueli Schilt. «Der Preis darf nicht zu hoch und nicht
zu tief sein, denn wir wollen uns weder auf die eine noch auf die andere Seite
Vorwürfen aussetzen.»

Anders ist die Situation im zweiten Pfarrhaus. Dort wohnt der Pfarrer allein
mit seiner erwachsenen Tochter und einem Untermieter. Für ihn kommt der Kauf
des Hauses nicht in Frage, und das Pfarrhaus dürfte wohl auf dem freien Markt
verkauft werden. Trotz Sanierungsbedarf ist es ein interessantes Objekt, etwa für
Gewerbetreibende.

3. Grösse den Bedürfnissen angepasst

Schon vor Jahrzehnten beschloss die Kirchgemeinde Münsingen umfassende
Änderungen rund um ein weiteres Pfarrhaus im oberen Ortsteil, in dem zum grossen Teil Ein- und Zweifamilienhäuser stehen. Zum etwa 100-jährigen Pfarrhaus
gehörte ein riesiger Garten, den die Pfarrleute irgendwann nicht mehr bewirt-
schaften mochten. In den 1960 Jahren wurde das Pfarrhaus abparzelliert und
verkauft. Vom restlichen Grundstück wurde später abermals ein grosser Teil weg-
gegeben und darauf eine Alterssiedlung errichtet. Für die Pfarrperson wurde ein
neues Pfarrhaus gebaut, das bis heute als solches genutzt wird – notabene mit
nach wie vor üppigem Umschwung.

Bewohnt wird das Gebäude von einer Pfarrerin mit einem 50-Prozent-Pensum und Familie; ihr Kollege, der die anderen 50-Prozent-Stelle abdeckt, wohnt weit ausserhalb der Gemeinde in Bern, hat sein Büro aber im Haus seiner Kollegin.

4. Kirche in den Aussengemeinden

Am bergseitigen Ortsrand des Nachbardorfes Rubigen steht ein weiteres Pfarrhaus. In den wachstumsgläubigen 1970er Jahren rechnete man damit, dass sich die Gemeinde bergwärts noch weit ausdehnen und mit der Zeit rund um das Pfarrhaus ein neues Ortszentrum entstehen würde. Zudem war gleich nebenan ein Friedhof geplant.

Inzwischen weiss man es besser – das Pfarrhaus wird wahrscheinlich immer am Ortsrand stehen. Damit aber die Kirchgemeinde selber in Rubigen keine Randerscheinung wird, will sie die Liegenschaft auf jeden Fall behalten. «Wir wollen zu unseren Mitgliedern in den Aussengemeinden Sorge tragen», betont Ueli Schilt, und dazu gehöre eben auch, dass die Kirche mit einer Pfarrperson im Dorf vertreten sei.

Mit der psychiatrischen Klinik gibt es in der Kirchgemeinde Münsingen einen weitere Pfarrkreis, der gegen aussen als solcher oft gar nicht wahrgenommen wird. Einst residierte der Seelsorger der psychiatrischen Klinik in der Wohnung im Schloss, welche die Kirchgemeinde zu diesem Zweck mietete. Später, als die politische Gemeinde die Lokalitäten selber brauchte, baute die Kirchgemeinde für ihn eines der Pfarrhäuser unterhalb der Bahnlinie. Heute ist die Anstaltspfarrperson längst von der Residenzpflicht befreit, sein einstiges Domizil dient einer Gemeindepfarrperson (siehe oben).

So wie Münsingen stehen heute viele Kirchgemeinden vor der Situation, über Pfarrhäuser mit unterschiedlicher Geschichte und Nutzung zu verfügen. Die Kirchgemeinden über einen Leisten zu schlagen oder nur schon innerhalb einer Kirchgemeinde ein einheitliches Konzept für alle Pfarrhäuser zu entwickeln, kann deshalb nicht zum Ziel führen. Für die Kirchgemeinden gibt es nur den anstrengenden, aber notwendigen Weg, offen und unvoreingenommen für jedes Objekt individuelle, pragmatische Lösungen zu finden.

*Judith Giovannelli-Blocher, Samuel Buri, Friederike Osthof,
Stephanie Gysel, Thea Heieck*

«Erst kommen die andern, dann kommen wir»

Erinnerungen von Pfarrhauskindern

«Pfarrers Kinder, Müllers Vieh geraten selten oder nie», weiss der Volksmund. Unabhängig davon, ob er damit recht hat, er legt den Finger darauf, dass eine Kindheit im Pfarrhaus sich unterscheidet von anderen. Wir wollten wissen, wie Betroffene dies erlebt haben, und haben fünf Pfarrhauskinder aus verschiedenen Generationen gebeten, ihre Erinnerungen an die Zeit im Pfarrhaus festzuhalten.

1. Das ländliche Pfarrhaus in der Mitte des letzten Jahrhunderts
Judith Giovannelli-Blocher, Schriftstellerin, Jahrgang 1932

Das Pfarrhaus, das ich als Kind erlebte, fing den ganzen Kosmos des Lebens in einer ländlichen Gemeinde ein. Jubelereignisse wie Hochzeiten und Taufen, Krankheiten und Tod, Ehezerwürfnisse, sogenannte Fehltritte wie eine «aussereheliche» Geburt etc., Armut, Kriegsverfolgung, Arbeitslosigkeit, alles wurde im Pfarrhaus vor Augen und Ohren der Kinder verhandelt.

Die Pfarrfrau spielte die Rolle der Trösterin, Zuhörerin, Helferin, die Kinder verzogen sich hinter den Ofen der Wohnstube und hörten mit halbem Ohr mit. «Privatleben» war ein Fremdwort, die Gemeinde ging allem andern vor, Vater und Mutter zogen am selben Strick. Der Vater regelte das Pfarramtliche, die Mutter widmete sich den Anliegen der Leute, führte den Missionsarbeitsverein und leitete daneben den Haushalt mit elf Kindern. Die Kinder wurden ausgeschickt, um Lebensmittel an Bedürftige und die zur Kriegszeit hoch begehrten Lebensmittelmarken, die der Grosshaushalt entbehren konnte, an Alleinstehende zu verteilen. Einer Witfrau halfen wir in den Reben und führten, als sie krank war, ihr Gemüse auf den Markt. «Erst kommen die andern, dann kommen wir», war die strikte Parole der Eltern, der sie sich selbst rigoros unterzogen. Im Garten grub ein Arbeitsloser den Boden um, im untern Hausgang ass ein Bettler seinen Teller Suppe, sogenannte «Spinner» der nahen Heil- und Pflegeanstalt holten sich für ihren Ausgang den Zweifränkler für das Bier ab. Individuen, die «das Bahnbillett für den Besuch der alten Mutter» verloren hatten, baten um einen Geldschein und lieferten dafür dem Vater, der mit ihnen eine Stunde lang auf dem Treppenabsatz sass, eine blumenreiche Lebensgeschichte ab.

Neurosen und Verantwortlichkeit

Pfarrfamilien steckten vierundzwanzig Stunden pro Tag in der für sie vorgesehenen Rolle. Trotzdem erreichten sie das in der Bibel vorgesehene Ideal der Nächstenliebe nie. Das Schuldgefühl war deshalb der weitaus häufigste Gast an ihrem Tisch und jeder suchte krampfhaft nach einem versteckten Winkel, wo er endlich etwas Verbotenes tun konnte. Vergeblich! «Wie eine Katze streckt sich die Kirche der Länge nach an der Seite des Pfarrhauses aus, ihre Ohren ständig in Bewegung. Aus den Ritzen des Gotteshauses späht der liebe Gott, der Hahn auf dem Turm ist sein Aufpasser. Gott nimmt die Flügel der Morgenröte und fliegt damit ans äusserste Meer. Und im Friedhof setzen sich sogar die Toten auf, wenn die Pfarrerskinder derart ungestüm zwischen den Gräbern herumrennen.» (aus meinem Kindheitsroman, *Das gefrorene Meer*, Pendo-Verlag 1999)

Im Parterre des Pfarrhauses fand der Konfirmanden-Unterricht statt. Am Sonntag probte im selben Raum der Kirchenchor, kam die «Junge Kirche» zusammen. Einmal im Monat war Missionsverein, die Frauen strickten für die Armen in Afrika und hörten Geschichten von Jeremias Gotthelf.

Wer im Dampfkochtopf des klassischen Pfarrhauses aufgewachsen ist, übernimmt später, so sagt es die Statistik, überdurchschnittlich häufig Aufgaben in der Öffentlichkeit, ist darin oft erfolgreich, wenigstens was die Männer anbetrifft. Das Pfarrhaus stellte auch ein Reservoir dar für Frauen, die sich später der Freiwilligenarbeit und der beruflichen Sozialarbeit widmeten, was nicht immer ihren innersten Wünschen und Begabungen entsprach.

Heute ist das klassische Pfarrhaus sozusagen verschwunden, ebenso die Neurosen, die darin gediehen und zu späterem Scheitern führten, wie auch die Menschen mit der Fähigkeit und dem Willen zur Übernahme von Verantwortung und Führung in der Öffentlichkeit.

Es klingelt an meiner Tür: Die zwei hübschen Töchter aus dem nahen Pfarrhaus bieten mir selbstgebastelte Broschen zum Verkauf an. «Wie schön!», sage ich, «für wen macht ihr das?» «Für uns», sagen sie und strahlen übers ganze Gesicht. Sie wollen damit Eintrittskarten für ein Pop-Konzert finanzieren. Ihre Mutter ist berufstätig, der Vater erledigt seine Amtsgeschäfte in einem separaten Pfarramtsbüro, das Familienleben bleibt davon unberührt.

2. Vom Land in die Stadt
Samuel Buri, Kunstmaler, Jahrgang 1935

Ich wurde am 27. September 1935 im Pfarrhaus von Täuffelen am Bielersee geboren. Kaum hatte ich die erste Prise Seeländerluft eingeatmet, stand unser Nachbar, der Spengler, vor der Tür. Der Steinersami hätte im Hinblick auf die bevorstehende Hausgeburt schon lange den Eisenofen flicken sollen. «Jetzt brauchen wir dich nicht mehr», soll mein Vater gesagt haben, «wir haben jetzt selbst einen Sami.»

Arbeit auf der Pfrund

Ich bin in eine ländliche Umgebung hinein geboren worden. Mit meinen drei Schwestern war ich in den landwirtschaftlichen Betrieb, die Pfrund, eingebunden. Bei der Apfel-, Kirschen- und Zwetschgenernte, der Kaninchen- und Hühnerhaltung, der Kartoffel- und sogar bei der Spargelernte waren wir dabei. Mutter wetteiferte mit den Bauernfrauen um die schönsten Stangenbohnen – dies nach ihrem kurz vor dem Staatsexamen abgebrochenen Medizinstudium in Genf, Wien und Berlin! Die Apfelhurden, das Sauerkrautfass und die Mostflasche standen im Keller. Auch der Vater hat Hand angelegt. Er war besonders gefragt, um die längsten Leitern an die alten, hohen Obstbäume anzustellen und zu verschieben. Auch die jeweiligen Lernvikare waren im Einsatz. Gegen Abend brachten wir unsere bescheidenen Erzeugnisse mit dem Leiterwägeli zur Genossenschaft. Der Unterschied von unseren unansehnlichen Biofrüchten zur gedüngten und gespritzten Ware der Bauern war offensichtlich. Dann aber nahm uns der Vater zum Trost aufs Fahrrad zum Baden im See. Eines auf der Querstange vorne, das andere auf dem Gepäckträger. Sein englisches Rad war unser einziges Vehikel.

Der Vater radelte oft zu Kasualien in entlegene Dörfer seiner Gemeinde. Mit seinem grossen Hut und dem langen Rock war er eine auffallende Erscheinung. Nicht selten brachte er von einem Taufmahl, Hochzeits- oder Leichenessen ein Stück Fleisch in der Innentasche seiner schwarzen Kutte nach Hause.

In der Dorfschule hatte ich als «Pfarrers Sämi» eine privilegierte Stellung. Zusammen mit meinem Freund, dem Sohn des Dorfpolizisten, konnten wir uns einiges leisten. Gemeinsame Aktionen waren Feldmäuse fangen und Maikäfer sammeln. Oder den Mädchen im Schilf am Strande nachsetzen.

Vielerlei Gäste

Meine Eltern waren keine Musiker, liessen uns aber das Klavierspielen lernen. Unsere Organistin kam eigens aus Bern angereist, um im Pfarrhaus den Unterricht zu geben. Damit dies besser rentierte, kamen auch die Pfarrerskinder aus dem Nachbarsdorf dazu. Die Wartezeiten zwischen den individuellen Lektionen gaben

Anlass zu wildem Treiben im Haus und Garten. Gesittet ging es für die Kleinen am Sonntagmorgen zu. Sie sassen eng nebeneinander auf dem Bänkli rund um den Stamm der mächtigen Linde im Hof. Die Pfarrersleute erzählten die biblischen Geschichten, der Vater oft mit szenischen und komischen Einlagen.

Der Leichenwagen stand in unserer Scheune. Seine krummen Deichseln lugten aus Platzgründen durch zwei Löcher über dem Tor ins Freie. Für uns waren es die Hörner des Teufels. Als ein Leichenzug am Pfarrhaus vorbeizog, tönte laut Klaviermusik aus dem offenen Fenster. «Es war doch ein Trauermarsch», verteidigte ich mich bei der nachfolgenden Schelte.

Ausser der Scheune gehörten noch ein fensterloser hölzerner Speicher zum Anwesen sowie ein hübsches Stöckli mit Unterweisungszimmer und Waschhaus. Das stattliche Wohnhaus war an der Front mit einer Ründe versehen, die drei Stockwerke durch einen angebauten Treppenturm verbunden. Die Fensterläden schwarz-rot geflammt. Im Erdgeschoss lagen der Wohnbereich und die Studierstube. Diese war «meiehäfelirot» gestrichen. Die Wände aller folgenden Studierstuben hat mein Vater in der braunroten Farbe der Blumentöpfe streichen lassen. Ob der vielen Bücherregale war allerdings nicht viel davon zu sehen. Aber es gehörte zu seinem Ambiente, wie der blaue Pfeifenrauch, die Erinnerungsstücke aus seiner Zofingia-Vergangenheit, Kuriositäten wie ein Totenschädel oder Steinwerkzeug aus den nahen Pfahlbauersiedlungen, die Gemeindeglieder ins Pfarrhaus gebracht hatten. Auf dem Schiefertisch im Esszimmer wurde am Sonntagmorgen von den Kirchgemeinderäten der weisse Abendmahlswein in die Zinnkannen gegossen und auch gekostet. Der besondere Geruch dieser Zeremonie ist mir unvergesslich. Im oberen Stock waren die Schlafzimmer. Dort sind auch wir Kinder geboren. Der Badezimmerofen wurde samstags mit Holz eingeheizt. Damit das warme Wasser reichte, war die Wanne oft mehrfach besetzt. Als ich älter wurde, bekam ich auf dem Estrich ein eigenes Zimmer. Um dorthin zu gelangen, musste ich durch viele Kartonbehälter schreiten. Sie waren voller alter Kleider für die Holland-Hilfe im kalten Kriegswinter. Erst später habe ich gestanden, dass ich einen ungeliebten, kratzenden Wollpullover heimlich dazugelegt hatte.

Zur Kriegszeit gehörten auch die internierten ausländischen Soldaten. Meine Mutter hat sich viel um sie gekümmert, während mein Vater als Feldprediger im Militärdienst war. Bei einem Urlaub ritt er ein arabisches Pferd, das die einquartierten Spahis aus Nordafrika mitgebracht hatten. Die Polen schnitzten hölzerne Vögel, die Italiener kochten schmackhaft und die Franzosen hatten es aufs Weibervolk abgesehen (ein Klischee, zugegeben). Wir Kinder hatten an allem Spass.

Aber das Pfarrhaus lockte auch andere an. Hausierer, Vertreter, Landstreicher, ja sogar einen Kunstmaler, der das Haus abzumalen sich anerbot. «Aber ein solcher willst du doch nicht werden», sagte meine Mutter. Sie hatte meine Schwäche fürs Abmalen entdeckt. Dieses wurde übrigens von meinem Vater gefördert. Sollte ich krankheitshalber im Bett liegen bleiben, brachte er mir dicke Kunstgeschichtsbücher zum Abzeichnen. Auf Sonntagsspaziergängen machte er uns Kinder mit den griechischen und den germanischen Sagen vertraut. Als potenziellem Theologen hat er mir auch hebräische Grundkenntnisse beigebracht.

Pfarrhaus in der Stadt

Zu meiner Gymnasialzeit habe ich dann in Basel ein anderes, ein städtisches Pfarrhaus kennengelernt. Der obere Eingang war an der St. Alban-Vorstadt, der untere am Mühlenberg, von wo aus man die St. Alban-Kirche erreicht, aber vor allem das Rheinbord. So gelangten wir in den Badehosen über die Strasse ins Wasser. Durch die Vorstadt auf der alten Kelten-, dann Römerstrasse direkt ins Gymnasium auf Burg auf dem Münsterplatz. Dies der Bezug zum klassischen Basel. Auf der andern Seite, rheinaufwärts, liegt das Breitequartier, das auch zu Vaters Gemeinde gehörte. In diesem Arbeiterquartier lernten wir andere Leute kennen, beim Austragen des Kirchenboten zum Beispiel oder im Konfirmandenunterricht. Das Pfarrhaus war hier in der Stadt nicht mehr der soziale Mittelpunkt einer Gemeinde. Noch weniger das nächste Pfarrhaus in der Münstergemeinde, das wir bezogen, als mein Vater hier Pfarrer wurde. Es lag an der Augustinergasse und hiess «selbviert». Aus der Dachluke meiner Mansarde war ich direkt konfrontiert mit der Darstellung der Muse der Malerei am hohen Bilderfries des dortigen Museums der Kulturen. Ich bin dann ihrem Ruf gefolgt und habe mich von Pfarrhäusern verabschiedet.

3. Privat und öffentlich – Nachrichten aus dem Pfarrhaus
Friederike Osthof, Hochschulpfarrerin, Jahrgang 1959

In meiner Kindheit und Jugend bildete sich durch die Interaktion zwischen Pfarrfamilie und Gemeinde eine kleine, lokale Öffentlichkeit, in der Fragen zu Gemeinschaft, Lebensstil und christlichem Glauben verhandelt wurden.

Dass diese Öffentlichkeit vom Pfarrhaus her schon immer sehr verschieden bespielt wurde, davon hatte ich mit Eltern, Grosseltern und weiteren Pfarrersleuten in der Verwandtschaft reichlich Anschauungsmaterial.

Während mein Vater am Sonntag voll Stolz, wenn auch nervös die Kanzel erklomm und auch sonst gerne wohlformulierte Sentenzen von sich gab, zitterte meine Grossmutter während des Eingangsspiels, ob mein Grossvater tatsächlich aus der Sakristei komme oder noch immer in seinem verqualmten Arbeitszimmer über der Predigt brüte, die mal wieder nicht fertig werden wollte. Sobald er da war, wurde meine Grossmutter ruhig. Ich entspannte mich erst später, dachte ich doch immer, mein Vater würde im Eifer seiner Predigt gleich von der Kanzel springen. Und ich konnte nicht verstehen, warum ihn die Frauen – wir nannten sie Kanzelschwalben – so anhimmelten.

Mein Grossvater war lieber bei den Leuten, von denen er lustige Geschichten mit nach Hause brachte. Zum Beispiel die von einer alten Frau, die er in ihrem vollgestellten und schmuddeligen Wohnzimmer besuchte. Zwischen ihnen der Tisch mit einem Glas, das von Gebrauchsspuren übersät war: «Schauen Sie, Herr Pfarrer, da hat es noch eine saubere Stelle, da können Sie trinken.» Meine Grossmutter übte sich in der Rolle der klassischen Pfarrfrau. Sie führte neben ihrem Haushalt die Kinderkirche, den Frauenkreis und besorgte die Taufgeschenke. Meine Mutter – beschäftigt mit ihren fünf Kindern – war die Herrin des Pfarrhauses und seiner zahlreichen Gäste. Alle genossen und erlitten ihren öffentlichen Part, der Ehre und Verpflichtung in einem war.

Das Öffentliche drängt ins Private

Oft mussten wir das Wohnzimmer für Berufliches räumen. Die grösste Aktion war die jährliche Weihnachtsfeier für die Gemeindedienstfrauen, bei der wir tatkräftig mithalfen. Dekoration basteln, Essen vorbereiten, das Wohnzimmer herrichten, einen Stuhl für Frau Maier präparieren, um den Schaden ihrer Inkontinenz zu begrenzen. Allen Frauen aus den Mänteln helfen, sie platzieren, das Essen auftragen und dann verschwinden. Aus dem Versteck hörten wir kichernd ihren dünnen Stimmen beim Singen zu, wie auch der traurig-schönen Weihnachtsgeschichte, und hofften dabei, dass sie nicht alles aufassen. Wenn sie endlich wieder weg waren, stürzten wir uns auf die Reste und eroberten uns das Wohnzimmer zurück.

Ein Dauerbrenner auch Folgendes: Ich komme nach der Schule nach Hause mit einem riesigen Loch im Bauch. Hunger. Meine Mutter sitzt mit Frau Salzmann am Tisch, trinkt Kaffee und ist ins Gespräch vertieft. Kein Mittagessen weit und breit. Mama, wo ist das Essen? Muss noch gekocht werden. Die Gemeinde ging vor. Aber als später mein Vater krank und meine Mutter tagelang bei ihm im Spital war, hat Frau Salzmann das fertige Essen bei uns vorbei gebracht: einfach so.

Privat und öffentlich sind verschiedene Welten, die sich gegenseitig beeinflussen.

Wir sitzen am Mittagstisch. Mein Vater kultiviert mal wieder seine derbe Seite und erzählt eine grenzwertige Geschichte. Das Telefon klingelt. Mein Vater schluckt seinen Bissen hinunter, setzt seine offizielle Miene auf und flötet seinen Namen ins Telefon. Wir Kinder beginnen mit dem Besteck auf den Tellern herum zu klappern; Klopfzeichen an die Aussenwelt, die meine Mutter mit strengem Blick zu unterbinden sucht. Genauso wie der Anruf selbst störte mich das blitzartige Wechseln meines Vaters von privat zu offiziell. Machte er nicht denen da draussen etwas vor, während wir ihn privat und deshalb wirklich kannten? Später erst habe ich begriffen, dass auch das Offizielle wirklich war, und dass mir über die

Aussenwahrnehmung Seiten meines Vaters gezeigt wurden, die ich ohne sie nicht kennengelernt hätte.

Man steht unter Beobachtung

Wann morgens das Licht angeht, wie der Garten aussieht, wann und wie man sich auf der Terrasse sonnt … Alles schien würdig, registriert und kommentiert zu werden. Was auf der Seite der Pfarrhausbewohner nicht folgenlos blieb. «Was denn die Leute dazu sagen?» – diesen Satz habe ich, begleitet von besorgten Mutteraugen, während meiner Jugend so oft gehört, bis sein Bedrohungspotenzial einer Immunisierung gewichen ist. Die Freiheit, das zu tun, was ich für richtig halte, hat weiter an Terrain gewonnen, als ich von der defensiven zur offensiven Strategie gewechselt habe. Denn klar kann man sich mit Schaltuhren und weiteren Vertuschungsaktionen Kommentare vom Hals halten. Aber damit sind auch die Leute weg, mit denen man ins Gespräch kommen kann; zum Beispiel über unterschiedliche Lebensrhythmen je nach den anstehenden Aufgaben. Sobald ich gelernt hatte, Kommentare nicht als Urteile über Privates zu verstehen, sondern als Gesprächsangebote über persönliche Haltungen zu interpretieren, hatte der Satz: «Was denn die Leute dazu sagen?», seine Macht verloren.

Zwischen Projektion und Repräsentation

Bei Fragen von Moral und Glauben steht die persönliche Haltung der Pfarrhausbewohner auf dem Spiel. Gelacht haben wir, wenn unsere Grossmutter uns von dem Brief erzählte, unterschrieben von einigen «Weilheimerinnen, die es nicht mehr mit ansehen können». Sie beklagten darin bitter den Abfall von Glauben und Sitte, weil sich die Pfarrerstöchter die Haare hatten abschneiden lassen und im Sommer mit kurzen Ärmeln herumliefen. Wir fanden das spiessig und kleinkariert.

Dass auch wir am Massstab von Glauben und Moral gemessen wurden, haben wir nie in Frage gestellt. Aber wie das konkret aussah, hat uns erbost: Andere Kinder durften sich prügeln, wir nicht. Andere durften Miniröcke tragen, wir nicht. Oder noch schlimmer: Andere bekamen eine gute Note, wenn sie ein Paul-Gerhardt-Lied mit gefühlten hundert Strophen auswendig lernten, wir nicht. Andere wurden gelobt, wenn sie gegenüber Mitschülerinnen solidarisch waren; wir nicht. Es waren die unterschiedlichen Massstäbe, die wir als krass ungerecht empfanden.

Diese Mischung aus Projektion: «Wenn schon nicht die andern, dann doch wenigstens die im Pfarrhaus», und Repräsentation: «Die sollen das auch leben, was sie sagen und glauben», finde ich heute noch schwierig; vor allem, wenn Moralvorstellungen ins Spiel kommen, die ich nicht als christlich empfinde. Das

Gute aber daran war, dass die Frage der persönlichen Haltung und der Verantwortung für die Öffentlichkeit bei uns eine Rolle spielte und diskutiert wurde. Einmal sass ein junger Mann bei uns beim Abendbrot. Er war aus einer Drogenentzugsstation geflohen und hatte sich zu meinem Vater geflüchtet. Wenn er zurückkehrte, drohten ihm Strafen, unter anderem das Kahlrasieren des Kopfes. War das nun richtig oder nicht vielmehr unmenschlich? Konnte man den Drogenentzug nicht anders gestalten? Mussten wir ihm jetzt Asyl gewähren? Aber wie sollte das dann weitergehen? Wir Kinder haben auch darüber diskutiert, ob es unsere Pflicht wäre, die Leute von der RAF zu verstecken, wenn sie denn zu uns kämen. Ich bin froh, dass diese Frage nie konkret geworden ist.

In der heutigen Diskussion ums Pfarrhaus geht es oft um das Private, das vor der Öffentlichkeit geschützt werden muss. Aufgrund meiner Erfahrung möchte ich ergänzen: Das Private soll geschützt werden, ohne dass der Austausch über die persönliche Haltung verloren geht. Und das Private bleibt angewiesen auf eine Öffentlichkeit, in der Fragen verhandelt und Haltungen verantwortet werden. Damit das Private nicht im kleinbürgerlichen Familienmief und anderen Einseitigkeiten hängen bleibt.

4. In Zwinglis und Bullingers Haus
Stephanie Gysel, Theologin, Jahrgang 1972

... wie eine Prinzessin

Ich bin im Pfarrhaus Grossmünster aufgewachsen, von 1976 bis 1993, ein Haus mit elf Zimmern. Meine Eltern, meine beiden Brüder und ich wohnten dort gemeinsam mit drei Untermietern, meistens Studenten und Studentinnen. Die Untermieter mussten nur die Wohnnebenkosten bezahlen, uns Kinder hüten und den grossen Rasen hinter dem Haus mähen. Wir teilten uns zu acht eine Dusche und ein Bad. Die Untermieter hatten oft Gäste, man traf also auf dem Flur auf unbekannte Menschen. Im Pyjama vor die Zimmertür treten, ging zum Beispiel nicht. Vor der Tür des eigenen Zimmers hörte die Privatsphäre auf. Aber das hat mich nicht gestört. Mit vierzehn Jahren zog ich in das wunderschöne Zimmer auf dem Dachboden. Dort war ich für mich alleine, sass jeweils auf dem tief liegenden, breiten Fenstersims und liess meinen Blick über die Dächer der Zürcher Altstadt schweifen. Ich fühlte mich wie eine Prinzessin, konnte mir keinen schöneren Ort zum Leben vorstellen. Sowieso war das Grossmünster mit seiner Geschichte für mich der Mittelpunkt der Welt.

Ich habe ans Leben im Pfarrhaus nur gute Erinnerungen. Als ich im Alter von einundzwanzig Jahren auszog, empfand ich dies als Vertreibung aus dem Paradies. Da mein Vater kurz vor der Pensionierung stand, wusste ich: Es gibt kein Zurück.

Das Haus mit seiner Geschichte, das leise Plätschern des Brunnens vor dem Haus, die spezielle Stimmung der Altstadt, dies alles war für mich verloren.

Zum Glück führten meine Eltern das Pfarrhaus als offenes Haus. Ich habe davon profitiert. Mein Vater lud oft spontan Leute zum Essen ein, unser Tisch war dann jeweils reich bevölkert, sei es in der Küche oder am grossen Esstisch in Gang. Für uns Kinder war es spannend, den verschiedensten Menschen zu begegnen und ihren Geschichten zuzuhören. Leider durften wir aber nicht immer dabei sein, wenn Gäste da waren. Es gab für uns die Regel der geschlossenen Tür. Um dies zu erklären, muss ich ein bisschen ausholen. Meinem Vater stand für seine Arbeit ein wunderschönes Studierzimmer zur Verfügung. Die Bezeichnung «Studierzimmer» gefällt mir sowieso besser als das heute übliche «Büro». Im Studierzimmer darf noch studiert werden, im Büro wird eher verwaltet. Wenn also die Tür dieses Studierzimmers zu war, dann mussten wir um sie einen grossen Bogen machen. Dasselbe galt auch für die Wohnstube. Dort fanden Gespräche aller Art statt. Es war hingegen selbstverständlich, dass wir in dieser Zeit das Telefon bedienten. Wir mussten jeweils selber entscheiden, ob die Person am anderen Ende des Drahtes wichtig genug war, um meinen Vater stören zu dürfen. Wie es früher üblich war, hatten wir nur ein Telefon und eine einzige Nummer. Diese Nummer war gleichzeitig die Amtsnummer meines Vaters sowie die Privatnummer der Familie und der Untermieter. Ich erinnere mich gut an die Schweissausbrüche meines Vaters, wenn ich nach der Schule eine Stunde oder länger mit meinen besten Freundinnen telefonierte. Mein Vater zog dann Kreise um mich und den Apparat, zeigte besorgt auf die Uhr, und flüsterte: «Und wenn jemand wegen einer Beerdigung anrufen möchte? Und immer nur das Besetztzeichen hört?»

Wir Kinder mussten oder durften recht viel mithelfen, zum Beispiel bei Kirchgemeindeanlässen. Wir baten Besucher in die Stube und servierten ihnen Kaffee, wenn mein Vater sich verspätete. Im Dezember verteilten wir den Kalenderblock «Wort zum neuen Tag». So konnte ich viele schöne Altstadthäuser von innen betrachten. Die Betreuung des Telefons habe ich schon erwähnt. Manchmal begriffen die Anrufer nicht, dass ich nur die Tochter und nicht der Pfarrer war. Dann kam es ab und zu vor, dass ich Seelsorge machen musste.

Ökumene zu Hause

In guter Erinnerung habe ich die Ökumene, die meinen Eltern ein grosses Anliegen war. Offenheit auf beiden Seiten lag in der Luft. Man hatte das Gefühl, die beiden Kirchen würden je länger je näher zusammenrücken und dieser Prozess ginge immer so weiter. Katholische Würdenträger waren oft bei uns zu Gast, und da gibt es eine lustige Begebenheit zu erzählen. Manchmal hütete meine Grossmutter uns Kinder und das Haus. Sie war ein wenig ängstlich, geprägt von ein paar Schauergeschichten, die meine Mutter bei Gelegenheit erzählte. Sie liess nicht einfach jeden ins Haus. Einmal klingelte es und meine Grossmutter hob den Hörer der Gegensprechanlage ab. Sie fragte: «Wer ist da?» Unten an der Tür antwortete ein Mann: «Hier ist der Bischof von Chur.» Mein Vater hatte einen Termin mit Johannes Vonderach, bis 1990 Bischof von Chur, war aber noch nicht zu Hause. Darauf meine Grossmutter: «Das kann ja jeder behaupten», hängte den Hörer wieder ein und liess den Bischof nicht herein. Der Arme musste vor der Tür warten, bis mein Vater nach Hause kam.

Die Ökumene prägte auch meine Freizeit. Meine beste Freundin war Katholikin, und da wir alles gemeinsam unternahmen, begleitete ich sie manchmal in den katholischen Unterricht. Da war ich als reformierte Pfarrerstochter schon fast eine Attraktion.

Habe ich wirklich nur gute Erinnerungen? Ich gebe zu, ich freute mich jeweils auf die Skiferien, dann quetschten wir uns als Familie in eine kleine, übersichtliche Ferienwohnung und genossen das nahe und ungestörte Beisammensein. Aber ich war ehrlich gesagt auch immer wieder froh, ins grosse Pfarrhaus zurückkehren zu können. Zu viel Nähe wäre für uns wohl auf die Dauer nicht gut gewesen. Das Pfarrhaus ermöglichte uns Kindern einerseits viele verschiedene Menschen in unserer Nähe zu haben, immer mit jemandem sprechen zu können. Andererseits konnten wir uns auch zurückziehen, wenn wir wollten.

Nach meinem Theologiestudium und dem Vikariat zog ich alleine in ein grosses Pfarrhaus in einer kleinen Landgemeinde. Ich wollte das Pfarrhaus meiner Kindheit dort wieder auferstehen lassen. Auch wenn vieles gelungen ist: Die Menschen getrauen sich nicht, einer alleinstehenden Frau einfach so ins Haus zu fallen. Sowieso nimmt unsere Generation mehr Rücksicht auf die Privatsphäre der Mitmenschen. Spontane Besuche sind seltener geworden.

Seit sechs Jahren wohne ich nicht mehr in einem Pfarrhaus, sondern nun im Haus meines Ehemannes. Wir versuchen ebenfalls, ein gastfreundliches Haus zu leben. Das gelingt uns recht gut, denn mein Mann ist in einer Dorfschreinerei aufgewachsen und kennt das offene Haus ebenfalls von seiner Kindheit her. Grosse lebendig geführte Häuser können eine Chance sein für unsere Gesellschaft und die reformierte Kirche, getragen aber nicht mehr ausschliesslich von der klassischen Familie, sondern auch von anderen Gemeinschaftsformen.

5. Anregung zu eigenem Denken
Thea Heieck, Maturandin, Jahrgang 1993

Es hört sich für das Umfeld eher ungewöhnlich an, wenn man das erste Mal erzählt, man sei ein Pfarrerskind. Obschon der Pfarrberuf eigentlich ein Beruf wie jeder andere ist, haftet ihm, so scheint mir, dennoch etwas Aussergewöhnliches an. Dies schliesse ich aus den Reaktionen meines Umfelds. Wie das Pfarrerskind-Dasein auf mich persönlich Einfluss genommen hat und wie ich es erlebt habe, möchte ich in den folgenden Zeilen erzählen.

Meine Kindheit unterscheidet sich wahrscheinlich kaum von derjenigen von Kindern, die nicht in einem Pfarrhaus aufgewachsen sind. Dies hat meiner Meinung nach damit zu tun, dass meine Eltern stets Wert darauf gelegt haben, meinen jüngeren Bruder und mich in einer Weise zu erziehen, die uns zu eigenem Denken anregte und uns keine religiösen Richtlinien aufzuzwingen versuchten. Natürlich wurde mir das erst in den Jahren bewusst, da ich in der Pubertät davon ausging, schon zweimal im Jahr in die Kirche gehen zu müssen, sei eine Folter und müsse dringend boykottiert werden. Dieser Zwang, der mir heute ganz klein vorkommt, ist, zusammen mit der Verpflichtung zur Konfirmation, auch der einzige geblieben, zum Glück. Diese Freiheit dem religiösen Leben gegenüber hat mich, so denke ich, auch dazu gebracht, heute gläubig zu sein, wenn auch mit anderen Ansichten als denjenigen meiner Eltern.

Obschon ich eine ganz normale Kindheit erfahren durfte, bringt eine Pfarrfamilie dennoch gewisse Unterschiede zu anderen Familien mit sich. So wird man beispielsweise früh daran gewöhnt, dass ständig Leute im Pfarrhaus ein- und ausgehen, manchmal sogar Menschen für eine kurze Zeit aufgenommen werden. Denn das Pfarrhaus ist immer offen, und die Arbeit der Eltern spielt sich oft auch zu Hause ab, was dazu führen kann, dass Familie und Arbeit ineinander übergehen – das ist nicht immer einfach. Dieses Verschmelzen von Familie und Beruf kann sehr interessant sein, da man einerseits einen Einblick in die Arbeit seiner Eltern erhält, andererseits auch ganz verschiedene Menschen kennenlernen kann.

Spagat zwischen Familie und Arbeit

Dennoch: Schattenseiten gibt es auch hier. So wird beispielsweise die Weihnachtszeit zu einer Stresszeit: Dass meine Eltern den Spagat zwischen Familienidylle und Arbeit geschafft haben – denn da steht immer eine noch vorzubereitende Feier auf dem Programm –, finde ich bis heute bemerkenswert. Jedoch sieht man, je älter man wird, wie angespannt die Eltern zur Weihnachtszeit eigentlich sind – und bei einer Freundin von mir, deren Eltern ebenfalls Pfarrer sind, wird Weihnachten schon gar nicht mehr gefeiert. Dies scheint mir ein wenig paradox. Dennoch sind Pfarrereltern auch bloss Eltern, die nicht immer alles unter einen Hut bringen können. So kommt bei uns der Frieden nicht an Weihnachten ins Haus, sondern erst danach, wenn alles getan ist.

Im Allgemeinen schien mir, als ich noch jünger war, das Dasein als Pfarrerskind mühsam zu sein, und ich wünschte mir Eltern mit einem anderen Beruf. Dies hat auch damit zu tun, dass man von seinem Umfeld oft schief angeguckt und als brave Pfarrerstochter beschrieben wurde, was mich aufs Äusserste nervte. Heute werde ich zwar auch noch überrascht angeschaut, wenn jemand erfährt, dass ich aus einem Pfarrhaus komme. Meist fällt dann der Satz: «Das hätte ich dir aber nicht gegeben!» Darauf meine Frage: «Wie müssen Pfarrerskinder denn deiner Meinung nach aussehen?» Heute aber kommt eine solche Frage im Gegensatz zu früher nicht mehr auf eine abfällige Art und Weise daher.

Als ich in der fünften Klasse war, musste ich den Präparandenuntericht bei meiner Mutter besuchen – es war für uns beide äusserst mühsam und anstrengend. Meine Mutter als Lehrerin, nein noch schlimmer: als Lehrerin für das Fach Religion, das alle sowieso nicht besonders spannend fanden – und ich als ihre Tochter befand mich mittendrin. Zudem bekamen wir uns beide auch des Öfteren in die Haare, womit diese wöchentliche Stunde immer ein «Geschenk des Himmels» war. In den Konfirmandenunterricht musste ich dann zum Glück nicht zu meiner Mutter, was bestimmt eine noch grössere Hürde für uns beide gewesen wäre.

Mittlerweile sehe ich die meisten dieser Erlebnisse ganz anders, wahrscheinlich deshalb, weil diese Verpflichtungen der Vergangenheit angehören. Mir fallen heutzutage hauptsächlich positive Aspekte in Bezug auf das Pfarrerskind-Dasein ein, wie beispielsweise die Nutzung unseres Gemeindesaales, gleich gegenüber von unserem Haus, für gemütliche Abende mit Freunden. Auch kann, obwohl ich den Einsatz von «Vitamin B» eher kritisch sehe, der Beruf meiner Eltern mir gewisse Türen öffnen, die mir sonst wahrscheinlich verschlossen bleiben würden. Um ein Beispiel zu nennen: Kürzlich musste ich meine Maturaarbeit schreiben, und dank der guten Verbindungen meines Vaters durfte ich mit renommierten Professoren und Musikern sprechen. Auch habe ich schon Zugang zu Arbeitsstellen erhalten, die eigentlich nicht mehr zur Verfügung standen, wo mir mein Vater jedoch durch seine dortige Arbeit und seine Beziehungen einen Ferienjob vermitteln konnte.

Ganz zum Schluss möchte ich noch über eine Erfahrung berichten, die ich des Öfteren mache und der ich eher belustigt gegenüberstehe: In ganz verschiedenen Situationen werde ich von älteren Leuten angesprochen und gefragt, ob ich nicht das Pfarrtöchterchen von xy sei. Tochter von … ja, aber weshalb *Pfarrers*tochter von …? Man würde ja auch nicht sagen, jemand sei «Lokführertocher». Manchmal ärgere ich mich auch über solche Aussagen, da ich mich als eigenständige Person sehe und nicht in Abhängigkeit meiner Eltern und schon gar nicht in Abhängigkeit von ihrem Beruf. Dennoch, wie ich am Anfang bereits erwähnt habe: Der Pfarrberuf scheint etwas Spezielles zu sein, sonst würde man nicht *Pfarrers*tochter genannt werden.

2. Das Pfarrhaus – gestaltet

Hans Hodel

Kritik – Wandel – Vergebung

Das Pfarrhaus im Film

Es gibt wohl über 250 Kino- und Fernsehfilme, in denen die Rolle des Priesters, Pfarrers oder der Pfarrerin im Mittelpunkt steht. Darunter befinden sich Dramen, d. h. Problemfilme, genauso wie unterhaltende Komödien oder Horrorfilme; nicht eingerechnet sind Kriminalgeschichten, in denen der Pfarrperson höchstens bei einer Beerdigungsszene eine Nebenrolle zukommt. Während über lange Zeit Geschichten von katholischen Geistlichen im Vordergrund des Interesses von Filmschaffenden standen, sind in den letzten Jahren überraschend viele Filme ins Kino gekommen, in denen auch evangelische Pfarrpersonen in unterschiedlichem Kontext und unterschiedlicher Bekleidung die Hauptrolle spielen, vor allem aus dem skandinavischen Kultur- und Gesellschaftsraum.

Bei der Auswahl der für die vorliegende Thematik aufschlussreichen Filme muss ich mich beschränken, und sie ist eher zufällig. Filme, in denen die Pfarrperson bloss in einer Nebenrolle erscheint, werden nur beiläufig erwähnt, beispielsweise der erfolgreiche tragikomische Spielfilm *Die Herbstzeitlosen* von Bettina Oberli (Schweiz 2006), in dem der Truber Dorfpfarrer eine Rolle als Sohn der 80-jährigen Hauptfigur Martha spielt. Oder Christof Schertenleibs Film *Zwerge sprengen* (Schweiz 2010), dessen Geschichte ebenfalls im bernischen Emmental situiert ist. Die Protagonisten des Films, die beiden Brüder Hannes und Thomas Schöni – der eine ein Arzt, der seine Praxis nur wenige Schritte neben dem elterlichen Wohnhaus eröffnet hat, der andere, der sich an verschiedenen Orten mit immer neuen unsicheren «Unternehmungen» beschäftigt – treffen sich einmal im Jahr im elterlichen Pfarrhausgarten zu der etwas merkwürdigen gemeinsamen Belustigung, Zwerge zu sprengen. Unschwer ist dabei das Pfarrhaus von Hasle-Rüegsau zu erkennen.

Nur am Rande sei aber auch der Film *In Your Hands* von Annette K. Olesen (Dänemark 2004) erwähnt, in dessen Mittelpunkt das Leben und Wirken einer Gefängnisseelsorgerin steht, ohne dass wir deren Wohnsituation kennenlernen. Hier deutet sich an, dass die Frage nach dem Pfarrhaus im Film durchaus vielschichtig ist und konventionellen Betrachtungsweisen nicht zwingend gerecht werden kann.

Hotelzimmer und Mietwohnung statt Pfarrhaus

Das gilt auch für den dänischen Film *Italienisch für Anfänger* von Lore Scherfig (Dänemark 2000), in dem Pastor Andreas neben zahlreichen Nebenfiguren einer von sechs zentralen Protagonisten des Films ist. Er hat gerade seine Frau verloren und soll jetzt in einer tristen Vorstadtgemeinde Kopenhagens vorübergehend den seines Amtes enthobenen Kollegen ersetzen. Weil dieser das Pfarrhaus noch nicht verlassen hat, zieht Pastor Andreas in ein Zimmer eines kleinen Mittelklasse-Hotels. Damit sind zwar Spannungen vorprogrammiert, gleichzeitig aber auch Voraussetzungen für seelsorgerliche Begegnungen besonderer Art geschaffen. Die sechs Helden des Films, die in ihrem Leben auf unterschiedliche Weise mit Einsamkeit und Trauer, Krankheit und Tod, Liebe und Begehren konfrontiert sind, treffen sich alle nach und nach mehr oder weniger zufällig in einem Italienischkurs für Anfänger. Die schicksalhaft wirkende Zufälligkeit ihrer Begegnungen trennt sie gelegentlich wieder, bis schliesslich die Richtigen zueinander finden. Ein Glück für Pastor Andreas, dass er nicht im Pfarrhaus wohnt.

Auch im tragikomischen Kinohit *Miffo – eine Liebesgeschichte* von Daniel Lind Lagerlöf (Schweden 2003) steht dem aus gutbürgerlich-agnostischem Elternhaus stammenden und idealistisch gesinnten, vorurteilsfreien und durchaus auch etwas naiv wirkenden jungen Pfarrer Tobias Carling in seiner ersten Gemeinde kein Pfarrhaus zur Verfügung. Die Gemeinde befindet sich in einer heruntergekommenen und schmuddelig wirkenden Hochhaussiedlung am Rande von Göteborg, wo die Moschee in der Regel voll und die Kirche leer ist. Bei seinen Eltern ist Carling nicht mehr erwünscht, und deshalb wohnt er zunächst bei seiner schönen, aber doch ziemlich langweiligen Exverlobten Jennifer in einem kleinen Zimmer ihres grossen Appartements, und entsprechend unkultiviert und ungepflegt sieht diese Wohnung auch aus – kein Ort für pfarramtliche oder seelsorgerliche Begegnungen und Gespräche. Als ihm dann beispielsweise bei seinen ersten, gut gemeinten Hausbesuchen – er ist bekleidet mit einer zerknutschten Lederjacke über dem Habit des Pastors – die Türen vor der Nase zugeschlagen werden (*Miffo* bedeutet im schwedischen Slang so viel wie «Idiot») und er sich in eine querschnittsgelähmte Sozialhilfeempfängerin verliebt, beginnt sich eine ziemlich turbulente und oft mit unfreiwilligem Humor gespickte, aber immer auch hintergründige Geschichte zu entwickeln, die manche Fragen nach der Funktion der Kirche in einer säkularisierten Gesellschaft zurücklässt.

Die kritisch beobachtende Kinderperspektive

Sonntagsengel heisst der von Berit Nesheim (Norwegen 1996) für das Fernsehen in matten Farben realisierte Jugendfilm, der in den 1950er Jahren in einem kleinen Dorf angesiedelt ist und eine für Kinder bedrückende Pfarrhausatmosphäre schildert, wie sie auch in andern Filmen gelegentlich thematisiert wird. Im Mittelpunkt steht die 15-jährige Maria, die im Begriff ist, ihren Körper zu entdecken, und sich, nicht zuletzt aufgrund der kritischen Distanz zu ihrem Vater, für die Welt ausserhalb ihrer Familie zu interessieren beginnt. Als Tochter eines von einer pietistisch-orthodoxen Religiosität geprägten Pastors lutherischer Konfession hat sie damit mehr Probleme als ihre gleichaltrigen Freundinnen. Der kleinbürgerlich und fast spartanisch eingerichtete Haushalt wird vom autoritären Vater streng kontrolliert. Typisch dafür ist die Eingangssequenz, in der dieser am Sonntagmorgen der Klavier spielenden Tochter jäh den Klavierdeckel zuklappt mit dem Kommentar «Wir spielen am Sonntag kein Klavier». Während der Vater auf der Kanzel über christliche Tugenden und Nächstenliebe predigt, ist er innerhalb seiner Familie kalt, unnahbar und hartherzig. Beim Zuhören macht sich Maria Gedanken darüber, wie viel Zeit sie bis zur Konfirmation noch auf ihrem Platz in der Kirchenbank zubringen muss, und überlegt sich, wie sie sich der Konfirmation entziehen könnte. Als beim sonntäglichen Mittagessen, bei dem natürlich nicht gesprochen werden darf, Marias Bruder wegen eine Lappalie das Esszimmer verlassen muss, fühlt auch sie sich bestraft und in ihrer Opposition gegenüber dem Vater bestärkt.

Noch düsterer zeichnet Michael Haneke die Pfarrhausatmosphäre in seinem vielfach ausgezeichneten Film *Das weisse Band* (Deutschland/Österreich/Frankreich/Italien 2009), der aus technischen Gründen im Original zwar auf Farbfilm gedreht, für das Kino aber auf Schwarzweiss umgewandelt wurde. Dabei mussten zahlreiche nächtliche Innenaufnahmen, die bei Kerzen- und Petroleumlicht entstanden (vor allem auch im stilgerecht karg und schlicht eingerichteten Pfarrhaus), digital nachgeschärft werden. Der Vorgang zeigt, wie wichtig für Haneke die historische Genauigkeit bei dieser Geschichte war, die ein Jahr vor Ausbruch des Ersten Weltkrieges im (fiktiven) norddeutschen Dorf Eichwald spielt. Seltsame Unglücksfälle und rätselhafte Grausamkeiten beunruhigen die streng protestantische bäuerliche Dorfgemeinschaft, deren Leben von wirtschaftlicher Unterdrückung und wechselseitiger Demütigung geprägt ist. Ihre Protagonisten sind unter anderen der Dorflehrer mit dem von ihm geleitete Schul- und Kirchenchor, die in jeder Hinsicht unschuldig und züchtig wirkenden Kinder (die langen Röcke der Mädchen reichen fast bis zu den Knöcheln) und deren Eltern, der Gutsherr, der als Baron angesprochen wird, sein Gutsverwalter, und dann eben auch der Pfarrer, dessen Frau und deren Kinder. In allen Familien (nicht nur im Pfarrhaus) herrschen strenge Sitten. Die Kinder grüssen ihren Vater devot mit Handkuss und sagen zu ihm «Herr Vater». Der Pastor selbst erzieht seine Kinder mit äusserster Härte, bestraft auch kleinste Vergehen gnadenlos mit Prügel und demütigt sie öffentlich, indem er ihnen ein weisses Band um den Arm bindet, wenn er sie bei sündhaftem Verhalten ertappt zu haben meint (z. B. den Jungen beim Masturbieren) – eine wohl pädagogisch verstandene Massnahme, die die Kinder ständig an ihre verlorene oder gefährdete Unschuld erinnern sollte. Inwiefern aber seine eigenen Kinder in die merkwürdigen Vorfälle im Dorf verwickelt sein könnten, ist für den Pastor kein Thema, und er sorgt dafür, dass u. a. auch der aufmerksam beobachtende und kritisch reflektierende Lehrer, der die Kinder und den Pfarrer selbst mit dieser Frage konfrontiert, das Dorf verlässt. Während im Schlussbild von Nesheims *Sonntagsengel* Maria mit offenem Haar und endlich lachend das Weite sucht, lässt Haneke offen, wie die betroffenen Kinder den ersten Weltkrieg überstanden und sich danach dem aufkommenden Nationalsozialismus gegenüber verhalten haben könnten.

Im Rahmen der weltweiten Rezeption sah sich eine italienische Kritikerin beim Betrachten von Hanekes Film an die «Atmosphäre aus düsterem Luthertum wie bei Bergman» erinnert, und sie dachte dabei natürlich nicht nur an *Licht im Winter* bzw. *Abendmahlsgäste* von Ingmar Bergman (beide Schweden 1962), sondern vor allem an *Fanny und Alexander* (Schweden/Frankreich/Deutschland 1982), den letzten, episch angelegten dreistündigen Kinofilm (für das Fernsehen ursprünglich auf fünfeinhalb Stunden konzipiert) des grossen Drehbuchautors, Film- und Theaterregisseurs, der sich als mittleres von drei Kindern eines in Uppsala wirkenden lutherischen Pastors bis zuletzt mit seiner strengen religiösen Erziehung auseinandergesetzt hat. In *Fanny und Alexander*, einem Film, den er als «Liebeserklärung an das Leben» bezeichnet hat, erzählt Bergman (1918-2007) weitgehend aus der aufmerksamen und sensiblen Perspektive von zwei Geschwistern, der zehnjährigen Fanny und der des zwölfjährigen Alexander, der am liebsten mit der magischen Laterne spielt und damit gerne andere Kinder beeindruckt. Gegenstand ist ein in mehrere einschneidende Phasen gegliederter kurzer Abschnitt aus dem Leben der grossbürgerlichen und begüterten Familie Ekdahl in einer schwedischen Provinzstadt anfangs des 20. Jahrhunderts. Im Vordergrund steht zunächst die verwitwete, Wärme und Güte ausstrahlende Grossmutter Helena, eine kultivierte ehemalige Schauspielerin. Als Familienoberhaupt lädt sie traditionsgemäss ihre drei Söhne Oscar, Gustav Adolf und Carl zusammen mit ihren Familien zum festlichen und opulenten Weihnachtsessen ein, an dem auch die Dienerschaft teilnimmt. Für Alexanders Vater Oscar, der das sich im Familienbesitz befindliche Theater leitet, in dem auch seine Frau Emilie auftritt, ist es das letzte Weihnachtsessen. Er erleidet kurz darauf bei der Probe von Shakespeares *Hamlet*, in dem er das Gespenst spielt, das die «Untreue» seiner Gattin bedauert, eine tödliche Herzattacke. In ihrer grossen Trauer findet die Mutter von Fanny und Alexander Trost bei dem mit dem Bischofsamt betrauten Pastor Edvard Vergerus, heiratet ihn und zieht mit ihren Kindern in das asketisch wirkende Pfarrhaus ein. Dabei lässt sie auf Wunsch ihres neuen Gatten, dessen despotisches Verhalten ihr erst allmählich bewusst wird, nicht nur ihre eigene Habe zurück, auch die Kinder dürfen ihre Spielsachen und Kleider nicht mitnehmen. Ihr puritanischer Stiefvater entlarvt sich bald als strenge, lieblose, unbarmherzig kontrollierende und manchmal auch brutal körperlich züchtigende Aufsichtsperson, und das neue Heim wird zum entbehrungsreichen Gefängnis. Jäh sind die Kinder aus einem phantasiereichen und fast paradiesischen Umfeld in ein als höllisch empfundenes Leben geraten, aus dem sie nur noch eine befreiende Entführung retten kann, die dann unter dramatischen Umständen auch tatsächlich erfolgt.

Die versöhnende Kamera des Sohnes: *Celui au pasteur*

Eine befreiende und versöhnende Perspektive mit dem Vater als Pfarrer nimmt der Waadtländer Filmemacher Lionel Baier in seinem Dokumentarfilm *Celui au pasteur* (Schweiz 2000) ein. Er trägt den Untertitel: *Ma vision personelle des choses*. Das Pfarrhaus bleibt freilich auch hier eher Nebensache. Im Mittelpunkt steht die Sohn-Vater-Beziehung. Mit der Kamera in der Hand ist der 24-jährige Sohn seinem 53-jährigen, inzwischen korpulent gewordenen Vater, reformierter Pfarrer in der Waadtländer Gemeinde Cheseaux-Romanel-sur-Lausanne und Waffenplatz-Feldprediger in Bière, unterwegs auf einem Spaziergang buchstäblich auf den Fersen. Als Kind fürchtete er sich vor ihm, als Jugendlicher hatte er für ihn nur Verachtung übrig und trennte sich zornig von ihm. Nie konnte er die beiden ambivalenten Personen zusammenbringen, die er erlebte; einerseits den Mann auf der Kanzel, andererseits den Familienvater, der zwar ziemlich oft zu Hause war, aber eingeschlossen blieb in seinem von Pfeifenrauch geschwängerten Studierzimmer, in dem er nicht gestört werden wollte, und der kaum je über sich persönlich sprach. Acht Jahre nach der Trennung begleitet er ihn bei verschiedenen pfarramtlichen Handlungen (z. B. beim sonntäglichen Gottesdienst, Altersnachmittag, zu Sonntagsschule, Katechese, Taufe) und verwickelt ihn mit direkten Fragen in ein persönliches Gespräch über sein Wirken und Handeln, wie sie es ohne Kamera nie geführt hätten. Dabei lernt er einen sensiblen Mann kennen, der die Veränderungen der 1990er Jahre ebenso kritisch hinterfragt wie sich selbst. Erinnerungen an das Pfarrhaus der Kindheit und Jugendzeit in zwei früheren Gemeinden tauchen - ausser dem Hinweis auf den Rückzug ins Studierzimmer - keine auf. Und das kleinbürgerlich wirkende Pfarrhaus am Rand des jetzigen Wohnortes, wo das Pfarrerehepaar nach dem Auszug der erwachsenen Kinder wohnt, kommt nur relativ kurz ins Bild, als Ort Rückzugs von den pfarramtlichen Tätigkeiten. Es ist nicht übermässig geräumig, vor allem nicht die Küche und das Studierzimmer mit seinem Computer der ersten Generation. Generell wirkt die Innenausstattung mit den weiss gestrichenen Wänden schlicht, die Möblierung ist praktisch und bequem, aber eher zufällig und ohne spezielle Stilausrichtung. Selbst der Wandschmuck lässt keine Rückschlüsse auf eine besondere religiöse Prägung, spezifische künstlerische Präferenzen oder eine traditionsbewusste Herkunft seiner Bewohner zu. Es herrscht eine entspannte und gemütliche Wohnsituation.

Alternative Nutzung: Ein Haus für Straffällige

Ein eigentliches Resozialisierungszentrum für Straffällige ist das Pfarrhaus im Film *Adams Äpfel* von Anders Thomas Jensen (Dänemark 2005), extremer noch als es in Klaus Härös Film *Post für Vater Jakob* der Fall ist. Auch hier steht es irgendwo in der Landschaft, allerdings als schlichter Anbau einer weit herum sichtbaren weiss getünchten Kirche mit einem massiven Glockenturm, mitten in einer weitläufigen, mit Büschen und Bäumen bepflanzten, sorgfältig gepflegten Anlage, in dem auch ein Baum mit reifen Äpfeln steht – Gedanken an mittelalterliche Paradiesvorstellungen sind nicht weit hergeholt, wären da nicht zahlreiche Elemente, die die Idylle stören. Ivan (Fjelsted), der Dorfpfarrer, der in der Gegend aufgewachsen ist, lebt hier allein, verwitwet, wie sich im Verlauf der Geschichte herausstellt (seine Frau hat sich das Leben genommen), hat einen spastisch behinderten Sohn und leidet an einem unheilbaren Gehirntumor. Das ist allerdings zunächst kein Thema, denn er verdrängt die belastenden Ereignisse in seinem Leben, so auch, dass er einst von seinem Vater missbraucht worden ist. Statt sich mit sich selbst zu beschäftigen, hat er es sich in einem missionarischen und manchmal etwas naiv wirkenden Eifer zur Aufgabe gemacht, im Rahmen einer Wohn- und Arbeitsgemeinschaft Straffällige zu resozialisieren, um ihnen den Weg zurück in die Gesellschaft zu ermöglichen. Für ihn gibt es keine bösen Menschen: «Alle, die hier waren, haben irgendwann zu Gott gefunden.» Und so logieren zurzeit anstelle der eigenen Familie in den karg eingerichteten Zimmern des Pfarrhauses der übergewichtige Alkoholiker und kleptomanisch veranlagte Gunnar sowie der schiessfreudige Tankstellenräuber Khalid. Und als ob er mit diesen beiden skurrilen Personen nicht schon genug zu tun hätte, kommt zu Beginn des Films auch der wortkarge und so eigensinnig wie gewalttätig wirkende Neonazi Adam dazu, der dem Überlandbus, dem er entsteigt, zunächst mal mit dem Messer einen lang gezogenen Kratzer verpasst. Und im Zimmer, das er bekommt, ersetzt er das Kruzifix an der Wand flugs mit einem Hitlerbild, das am andern Morgen beim sonntäglichen Glockengeläute allerdings zu Boden fällt, zusammen mit der von Ivan auf die Kommode gelegten Bibel, die sich dabei sinnigerweise auf der ersten Seite des Hiobbuches öffnet. Später kommt noch die reichlich verwirrt wirkende schwangere Alkoholikerin Sarah dazu, aber im Zentrum der Geschichte bleibt die konfliktträchtige Beziehung zwischen Adam und Ivan, beziehungsweise Gunnar

und Khalid, eine ständige Auseinandersetzung zwischen Gut und Böse, die drama-
tische Formen annimmt und Ivans Geduld und Nächstenliebe an eine existenzielle
Grenze bringt. Dabei mögen die geschickt platzierten Gags und der damit ständig mitschwingende schwarze Humor gelegentlich grenzwertig wirken, mit ihren
zahlreichen biblischen-theologischen Anspielungen entwickelt die Geschichte aber
eine seltene kreative Sprengkraft. Und ob Adam das Ziel erreicht, das er sich im
Vorstellungsgespräch mit Ivan gesetzt hat, nämlich einen Apfelkuchen zu backen,
ist am Ende unerheblich.

Seelsorge-Idylle in der finnischen See-Landschaft

Ein eigentlicher «Pfarrhausfilm» ist der berührende erste Spielfilm *Post für Vater
Jakob* von Klaus Härö (Finnland 2008), dessen Handlung sich in der weitläufigen
Gemeinde mitten in einer Seenlandschaft im Norden Finnlands irgendwo *in the
middle of nowhere* im Wesentlichen auf drei Personen beschränkt – ein Kam-
merspiel. Nachdem seine bisherige Haushälterin in die Stadt gezogen ist, lebt der
bereits ergraute, aber immer noch lebendig wirkende Pastor Jakob Ljube etwas
abseits der Hauptstrasse in idyllischer Landschaft allein in einem ebenfalls in die
Jahre gekommenen, ebenso geräumigen wie schlichten Holzbau, dessen Dach bei
Regenwetter auch mal durchlässig ist. Eine besondere Ausleuchtung der Räume
fehlt. Sie wirken fahl, fast bedrückend. Es gibt kein künstliches Licht. Die Kerzen,
die auf Gestellen und Möbeln entlang der Wände und in Ecken stehen, brennen
nicht. Ein mit einem weissen Leintuch bedeckter rechteckiger Tisch mit je drei
Stühlen auf beiden Längsseiten und je einem Stuhl auf beiden Frontseiten lässt auf
frühere Einladungen schliessen. Das in einem Glasschrank ausgestellte chinesische
Porzellan-Service ist schon länger nicht mehr aufgetischt, das Silberbesteck nicht
ausgepackt worden: An der Wand hängen, schön aufgereiht, die gleichförmig
gerahmten Fotoporträts seiner Vorgänger. Das Problem: Pastor Jakob ist blind.
Geblieben sind ihm der Hör- und der Tastsinn, das Gefühl für die Dinge und die
Erfahrung des Raumes und der Umgebung. Beim Einschenken des Tees vergiesst
er keinen Tropfen. Brot schneiden ist kein Problem. Zwar kann er die Bibel nicht
mehr lesen, aber er kennt sie und kann die ihm wichtigen Stellen zitieren. Und
noch immer ist Pastor Jakob ein weit herum bekannter und geschätzter Seelsorger.
Sein Problem: Er kann die zahlreichen Briefe nicht mehr selber lesen, die ihm der
vertraute und in der Regel zuverlässige Postbote bringt, täglich mit sichtlicher
Anstrengung über den Feldweg zum Pfarrhaus heranradelnd; Briefe an einen für
seine seelsorgerliche Anteilnahme und grossherzige Güte bekannten Pastor. Schon
seit einiger Zeit stapeln sie sich fein säuberlich gebündelt unter seinem Bett. Bis
der Postbote der neuen Haushälterin Leila Sten begegnet, die wegen Mordes zu
lebenslanger Haft verurteilt, nach zwölf Jahren aber begnadigt und mit wenigen

Habseligkeiten in ihrem kleinen Koffer bei der alten Feldsteinkirche aus dem Bus aussteigt und den Weg zum Pfarrhaus von Vater Jakob findet. Da weiss sie noch nicht, dass sich dieser aufgrund der Briefe ihrer Schwester für ihre Begnadigung eingesetzt hat und welche Wandlung in ihrem verhärteten Herzen die Begegnung mit ihm bewirken wird – eine Geschichte, «die in stillen, detailpräzisen Bildern von bedrückender Schönheit einen suggestiv weiten Erzählraum öffnet» (Katalog Filmfestival Mannheim-Heidelberg 2009) und «die Botschaft des Evangeliums von der bedingungslosen Liebe und Vergebung auf eine erfrischende und überraschende Weise vermittelt» (Kirchenjury Interfilm an den Nordischen Filmtagen, Lübeck 2009).

Matthias Krieg

Kein Ort

Elf reformierte Pfarrhäuser in der Literatur

Die Protestanten

In jedem Dorf, in jedem Quartier unserer Städte steht irgendwo ein Pfarrhaus.[1] *In ihm wohnt, lebt und arbeitet der Pfarrer. Dass es das Pfarramt, den Pfarrerberuf und das Pfarrhaus gibt, ist nicht selbstverständlich.*[2] Gotthard Schmid, seinerzeit Kirchenratspräsident und Schreiber der Zürcher Kirchengeschichte, beginnt sein Kapitel *Der Pfarrer*[3] zwar mit dem Pfarrhaus, beschreibt fortan aber nur das Amt und den Beruf des Pfarrers. Ausser man deutet die Ausführungen zur Pfarrfrau als Beitrag zum Pfarrhaus: Sie ist des Pfarrers Gehilfin, seine Seelsorgerin und verantwortlich für die grosse Kinderzahl in den Pfarrhäusern.

Schmid preist die *stille Erziehungsarbeit*, die *stille Einordnung*, den *stillen Verzicht* der Pfarrfrau. Das war 1954. Da war man so. Vielleicht war das reformierte Pfarrhaus tatsächlich auch ein *stilles Haus* im Dorf und im Quartier? In der Literatur jedenfalls muss man lange suchen und viele Seiten blättern, um wenigstens einige Blitzlichter von ihm zu ergattern. Vielleicht ist das aber auch ein reformierter Zug? Der reformierte Pfarrer hält nicht Hof, sein Haus ist kein Anwesen, seine Kirche stellt sich nicht mit einer hablichen Hofstatt zur Schau. Eigentlich. Sich selbst *nicht rühmen* zu sollen, wird in der *Stille* des reformierten Pfarrhauses vernehmlich. *Soli Deo gloria* steht daher in der Kirche und am Triumphbogen: *Gott allein der Ruhm!* Dort wird gejubelt. Das reformierte Pfarrhaus der Schweiz aber ist *still*, kein dänischer *Kierkegaard*, kein lutherischer *Kirchhof*. Zwei belletristische Klassiker zum protestantischen Pfarrhaus kommen aus dem lutherischen Dänemark.

---

1   Aufgrund der vielen Literaturzitate wird in diesem Beitrag zugunsten einer besseren Lesbarkeit darauf verzichtet, die Zitate in Anführungszeichen zu setzen. Stattdessen sind alle Zitate kursiv geschrieben, die Verweise finden sich im entsprechenden Abschnitt.

2   Gotthard Schmid, Die Evangelisch-reformierte Landeskirche des Kantons Zürich, Zürich 1954, 191.

3   A.a.O., 191–200.

Herman Bang (1857–1912), Pfarrerssohn von der Insel Als, hat seine Erlebnisse in zwei berührenden Romanen verarbeitet. *Das weisse Haus* (1898) beschreibt ein Kinderparadies auf dem Land mit der Mutter als Seele des Pfarrhofs, und *Das graue Haus* (1901) beschreibt eine überlebte, spröde und brüchig gewordene Welt in Kopenhagen. Im weissen Haus hat das Paradies allerdings einen hohen Preis: Die Mutter, die sich aufopfert und für die Kinder reine Liebe bedeutet, stirbt innerlich ab, denn die Beziehung zu ihrem Mann, der immer wieder nur *schattengleich in der Tür erschien*[4], ist tot. Was den Kindern ein Paradies war, ist den Erwachsenen ein erlittenes Idyll. Die Pfarrfrau bezahlt für den Mythos des Pfarrhauses.

Seit ihrer Verfilmung (1987) und ihrem Oscar (1988) ist die Novelle *Babettes Fest* (1958) von Tania Blixen (1885–1962) über Dänemark hinaus bekannt. Mag sein, dass Blixens Herkunft aus einer streng bibelgläubigen Unitarierfamilie eine Rolle spielt, ein Strang der Reformation, der die Trinität als unbiblisch ablehnte. Jedenfalls spielt die Novelle in einem streng pietistischen südnorwegischen Pfarrhaus. Wieder ist der Pfarrer gar nicht anwesend, dafür umso mehr sein Geist: Beide Töchter, *Martina*, benannt nach Luther, und *Philippa*, benannt nach Melanchthon, beides wortmächtige Reformatoren, haben Männer, die um sie warben, mit Verweis auf den Vater und Pfarrer abgelehnt. Lange ist dieser nun schon tot, und die beiden leben als alternde Jungfern im Pfarrhaus. Eines Tages kommt *Babette*, katholisch erzogen und sozialistisch orientiert, aus Frankreich, eine Asylantin im Gefolge der Pariser Kommune. Ihr Name kommt von *bárbaros*, dem des Wortes kaum mächtigen Rohling. Wiederum nach vielen Jahren möchte diese zum hundertsten Geburtstag des verstorbenen Pfarrers ein Festessen vorbereiten und die Mitglieder der pietistischen Gemeinde dazu einladen. Das Fest findet statt, und alles bricht auf, was Biblizismus, Pietismus und Puritanismus so erfolgreich unter dem Deckel halten. Schönheit, Genuss, Kunst, dafür steht Babette mit ihrem Kochen. Sie gibt ihren heimlichen Lotteriegewinn hin, um einmal das Glück erleben zu können, dass sie ihr Bestes geben darf und man ihr Bestes geniessen kann. Das Pfarrhaus als Ort des seltenen Glücks, der erschlichenen Freude am Leben, des verklemmten Geniessens von Können und Fühlen?[5]

Elf Texte mit Einblicken in das *reformierte* Pfarrhaus, beiläufig zumeist, übersehbar, still. Und doch spiegeln sie ein Ganzes, das als Mythos der Romantik begann und als Nische der Postmoderne überlebt.[6]

---

4   Herman Bang, Das weisse Haus, München 1987, 98.

5   Für das lutherische Pfarrhaus in der deutschen Literatur vgl. das Lesebuch von Fulbert Steffensky (Hg.), Nicolaigasse. Der Pfarrer und das Pfarrhaus in der Literatur, Stuttgart 2004. Als Standardwerk, das immer wieder Literatur zitiert, empfiehlt sich Christine Eichel, Das deutsche Pfarrhaus. Hort des Geistes und der Macht, Köln 2012.

6   Ich danke den Kollegen Pierre Bühler aus Neuenburg, Adrian Portmann aus Basel und Matthias Zeindler aus Bern für die Unterstützung beim Erinnern und Blättern!

Gottfried Keller, *Der grüne Heinrich* (Schweiz 1853–55/1879–80)

In seinem mehrbändigen autobiografischen Roman beschreibt der Stadtzürcher Gottfried Keller das Ende seines *geistlichen Unterrichts*: das *Konfirmationsfest*.[7] Die Konfirmation geht auf Martin Bucer zurück, der reformierter Theologie nahestand, und wurde 1539 erstmals in einer hessischen Kirchenordnung festgeschrieben. Flächendeckend setzte sich dieser Initiationsritus Jugendlicher ins Erwachsenenleben, getragen vom Pietismus, aber erst im 18. Jahrhundert durch, in Zürich *1803 erstmals, zaghaft und scheu*.[8] Was Keller selbst erlebt hat, war also gerade mal gut dreissig Jahre Brauch. 1834 schrieb der Grosse Rat des Kantons die Konfirmation vor, 1846 führte die letzte Zürcher Kirchgemeinde die Konfirmation ein.

Das Fest schloss damals den älteren *Admissionsunterricht für Erstkommunikanten* ab, den die Zürcher *Prädikantenordnungen* von 1628 und 1758 vorgeschrieben hatte. Er war eigentlich eine Ergänzungsmassnahme: *Während des ganzen Jahres sollte der Pfarrer junge Leute oder Dienstgesinde, welche in der Schule oder Kinderlehre oder von ihren Eltern und Meistern über das Nachtmahl nicht genügend unterrichtet worden seien, zu sich kommen lassen, sie freundlich und gründlich berichten und so auf das heilige Abendmahl vorbereiten.* Erkennbar wird, dass eigentlich Eltern, Lehrer, Herren und Meister ihren Nachwuchs aufs Abendmahl vorbereiten sollten und der Pfarrer nur einsprang, wenn dies ungenügend oder gar nicht geschah. Erkennbar wird auch, dass der Unterricht im Pfarrhaus stattfand, das stellvertretend für Elternhaus und Schulhaus, Herrschaftsvilla und Handwerkerbude zum Ort der Unterweisung und Einweisung ins Sakrament wurde. Bildung wird von den vielen Häusern an das eine Haus delegiert. Das Pfarrhaus springt ein, wo die Häuser ihre Verantwortung der Traditionsarbeit, wie die Reformation sie forderte, nicht wahrnehmen.

Keller beschreibt anschaulich die Elemente dieser Initiation. Zuerst wurden im Elternhaus die neuen Kleider angezogen, die im Pfarrhaus dann das Bild einer *steif geputzten Jugend* ergaben. Zur Initiation gehörte als erstes die Investitur: Es gab den *ersten Frack*. Der *Hemdekragen* war *in die Höhe* zu richten und *eine steife Halsbinde* darum zu binden. *Jugendlich lange Haare* wurden *kurz und klein* geschnitten und *die erste Hutröhre auf den Kopf* gesetzt. Der junge Keller freilich blieb der *Grüne Heinrich* und kleidete sich alternativ als der eigentliche *Protestant*. Im Pfarrhaus folgte der zweite Akt, die Inauguration: Der Pfarrer hielt eine Rede, mit der er seine Schüler verabschiedete und sie *an ein neues Leben* weitergab, und der Kandidat fasste *ernste Vorsätze*. Der dritte Akt war der Introitus: der Auszug

---

7   Gottfried Keller, Der grüne Heinrich (hg. von Philipp Witkop); Berlin o. J., I/359–369.
8   Schmid, Landeskirche, 133.

aus dem Pfarrhaus und der Einzug ins Gotteshaus. Dort folgte *vor der ganzen Gemeinde* und nach der Predigt, für die der Pfarrer *seine Beredsamkeit aus der Rüstkammer der bestehenden Kirche* holte und *in tönenden Worten Himmel und Hölle* an der Gemeinde *vorüberführte*, der vierte Akt: das Votum, ein Gelübde, das *feierliche Ja* der Konfirmanden zum Glauben. Höhepunkt war der fünfte Akt: die Communio, das erste Abendmahl in der Gemeinde der Erwachsenen.

Was die Lesenden süffisant und beiläufig zu sehen bekommen, ist der stellvertretende Platz der vielen Elternhäuser im einen Gotteshaus: *Ich nahm zum ersten und letztenmal den Männerstuhl in Beschlag, welcher zu unserem Hause gehörte, und dessen Nummer mir die Mutter in ihrem häuslichen Sinne sorglich eingeprägt hatte.* Eigentlich sollte der Weg des Initianten vom Elternhaus ins Gotteshaus führen, doch weil diese ihre Traditionsverantwortung vernachlässigen, gibt es den Umweg übers Pfarrhaus.

André Gide, *Die Pastoral-Symphonie (La Symphonie pastorale,* Frankreich 1919)

André Gides Erzählung besteht aus zwei fiktiven Tagebüchern. Der Pfarrer einer Landgemeinde im Neuenburger Jura hat sie in den 90er Jahren des 19. Jahrhunderts geschrieben. Sie enthalten intime Aufzeichnungen über eine diakonische Handlung, die sich in eine verbotene Leidenschaft verwandelt. Der Pfarrer trifft bei einem Hausbesuch eine verwahrloste und blinde Fünfzehnjährige an. Er adoptiert sie und nimmt sie ins Pfarrhaus. Dort lebt die Pfarrfamilie mit fünf Kindern, der jüngste noch in der Wiege, der älteste bereits im Studium der Theologie. Zwischen einem mittleren Sohn und dem Mädchen bahnt sich eine junge Liebe an. Das Pfarrehepaar ist sich rasch einig, dies zu verhindern. Nachdem der Sohn verzichtet hat, gedeiht jedoch die Liebe des Pfarrers zur Adoptivtochter. Er erzieht sie, nimmt sie mit nach Neuenburg ins Konzert und lässt ihre Augen erfolgreich operieren. Als sie sehen kann, sieht sie die Trauer in den Augen der Pfarrfrau und den Trieb in den Augen des Pfarrers. Sie begeht Selbstmord im Bergbach, denn nur ihre Liebe zum mittleren Sohn ist rein gewesen.

Am Konzert wurde Beethovens sechste Symphonie gegeben, die *Pastorale.* Das Wortspiel im Titel der Erzählung schillert: Beethoven wollte programmatisch eine ländliche Idylle vertonen, und ja, der Neuenburger Jura um das Val de Travers und La Brévine ist auch ein Land der Hirten und Herden. Der Hirte, französisch *pasteur*, deutsch Pastor oder Pfarrer, ist hier der Erzähler und Protagonist, aber nein, eine Symphonie, deutsch Zusammenspiel oder Einklang, ist das Leben im Pfarrhaus nicht: Die Pfarrfrau durchschaut das Spiel von Anfang an. Der Sohn weicht der Macht der Eltern. Er und das Mädchen verlieren ihre erste Liebe. Die

Pfarrfamilie zerbricht. Der fromme Samariter wird zum hässlichen Silen. Die ver-
meintlich Gerettete und gar noch Erleuchtete stürzt sich verzweifelt in den Tod.
Schauplatz ist das Pfarrhaus. An einer Schlüsselstelle gewinnt es Kontur.
Der Pfarrer orientiert seine Frau, dass der Sohn ihm seine Liebe zur Pflegetochter
gestanden habe. Bevor dies geschieht, wird das Haus als Gegenteil einer Idylle
skizziert:[9] *Unser Haus ist so klein, dass wir einander zwangsläufig etwas been-
gen.* Deshalb hat der Pfarrer im ersten Stock ein Réduit, wo er für die Seelsorge
Besuche empfangen kann. Seine Familie nennt es ironisch *das Allerheiligste.* Nicht
dort, denn die Familie hat dort keinen Zutritt, und nun geht es ja um die Familie,
dafür *im Wohnzimmer,* wo sich die Familie *auf ganz natürliche Weise zur Tee-
stunde* trifft, findet die Unterredung des Pfarrehepaars statt. Beide Räume erlei-
den eine Profanierung: Im familiären Wohnzimmer bemerkt der Pfarrer, wie beide
Ehepartner *füreinander rätselhaft und gleichsam in sich eingemauert bleiben.* Die
Idylle gemeinsamen Wohnens verfliegt. Im professionellen Sprechzimmer wird der
diakonische Auftrag zur persönlichen Beziehung. Das Ideal des selbstlosen Sama-
riters wird fadenscheinig. Jenseits der Moral aber lässt Gide, von calvinistischer
Moral geprägt, die Frage offen, ob denn ein Pfarrhaus gleichzeitig beiden Ansprüchen genügen kann: dem Beruf, das Werke der Liebe fordert, und dem Leben, das
Opfer der Liebe heischt.

Jakob Bührer, *Im Roten Feld. Der Aufbruch* (Schweiz 1938)

Die Romantrilogie mit dem doppeldeutigen Obertitel, Jakob Bührers Hauptwerk,
schildert die Schweiz zur Zeit der Französischen Revolution, allerdings aus der
Perspektive der einfachen Leute. 1932 war Bührer, der Journalist, aus Protest
gegen die Erschiessung demonstrierender Arbeiter in Genf zur Sozialistischen Par-
tei übergetreten und hatte auf einen Schlag alle Engagements bei bürgerlichen Zeitungen verloren. Ihm blieben die sozialistische Presse, deren *Büchergilde Guten-
berg* und seine Schriftstellerei.

Der Protagonist der Trilogie ist einer von unten: *Peter, der Uneheliche, der
Verachtetste der Leibeigenen*[10]. Bei der alten Vögtin hatte er Glück, doch unter
dem neuen Vogt musste er gehen. *Als Bettler, Landstreicher, Dieb und Possenreis-
ser war er in dem grossen Heer der Heimatlosen, das sich damals aus allen Ländern Europas rekrutierte, kreuz und quer durchs Abendland gezogen ...* Nun zieht
er durch die Schweiz der Revolutionsjahre, ein Vagant wie weiland der Simplizis-
simus des Grimmelshausen im Deutschland des Dreissigjährigen Kriegs. Durch
Reisebeschreibung entsteht ein Sittengemälde.

---

9   André Gide, Die Pastoral-Symphonie, Stuttgart 1977; 44f.
10   Jakob Bührer, Im Roten Feld. Der Aufbruch, Ostberlin 1973, 34.

Peter ist inzwischen mit Agathli verheiratet. Das junge Paar wandert am linken Zürichseeufer Richtung Stadt. Mit einem Empfehlungsbrief des Abts von St. Gallen für die Pfarrerstochter in der Enge passieren sie problemlos das Stadttor. Doch inzwischen ist die Jungfrau zur Pfarrfrau vom Neumünster avanciert. Auf dem Weg dorthin weiss Agathli Anekdoten über den rigiden Puritanismus des *Hochwohlgeborenen Herrn Pfarrer im Riesbach*[11] zu erzählen. Doch die beiden wollen ja *Die Waserin* besuchen. So heisst das kleine Kapitel.[12]

Es beginnt mit der *Hecke* des *Pfarrgartens*, über den der Empfehlungsbrief gereicht wird. Er löst in der *Waserin*, die dort gerade ihre Rosen schneidet, aber so schmerzhafte Erinnerungen aus, dass sie zur Geschichte in der Geschichte werden: Die reformierte Pfarrerstochter hatte sich bei einem Besuch im Kloster St. Gallen in einen Mönch verliebt, der leicht, heiter und liebenswürdig einer Kinderschar eine Heiligenlegende erzählte. Zugleich hatte sie *in jenem Augenblick ihren Vater verloren*, denn dieser pflegte einen *strengen Gerechtigkeitssinn* und predigte, *die Obrigkeit sei von Gott eingesetzt, und sie verwirkliche das Mass von Gerechtigkeit, das Gott zu verwirklichen gefällig sei*. Der harte Verteidiger der Obrigkeit gegen den weichen Freund der Kinder, der emotionslose Protestant gegen den warmherzigen Mönch. Allen Liebesbriefen zum Trotz nahm der Mönch in St. Gallen seine Wahl zum Abt an und wurde selbst Obrigkeit, während die Pfarrerstochter in Zürich zum puritanischen Kritiker der Obrigkeit floh, dabei aber vom Regen in die Traufe kam. Nun stehen der konservative Vater und der liberale Ehemann gegeneinander, beide jedoch vom gleichen strengen Pathos getrieben: *Aber eben, sie wollten alle nur gerecht sein, auch ihr Waser, und darum war sie ihm nie recht nahegekommen.* Der Mönch von einst, erste Liebe und letzte Wahrheit, steht für den Auftrag der Kirche: *Es geht ja gar nicht um die Gerechtigkeit, es geht um die Güte.*

Die Pfarrfrau, die aus dem einen Pfarrhaus geflohen und im anderen nicht angekommen ist, und die beiden Vaganten, die an der Hecke hängen bleiben und zu Zaungästen einer Pfarrhaustragik werden, irgendwo hinten das Pfarrhaus, zu dem die Erzählung gar nicht gelangt, weil das Leben davor stockt und der ideologische Nebel es verbirgt: Es ist der *Pfarrgarten*, der diesen merkwürdigen Zwischenraum symbolisiert. Rosen wachsen dort, die bezaubern, mit Dornen, die stechen. Es ist die *Hecke*, die zwischen der Freiheit der Vaganten und der Gebundenheit der Waserin steht, einer Frau, die keinen eigenen Namen hat, sondern im Schatten bleibt, sei es des staatskirchlichen Nimbus ihrer Herkunft, sei es des liberalen Nimbus ihrer Hinkunft, im Schatten ideologisch gestimmter Männer. Puristisch sind beide, und zwischen beiden bleibt ihr nur der Pfarrgarten.

---

11 A.a.O., 185.
12 A.a.O., 189–193.

Jacobus Martinus Arend Biesheuvel, *Mein schwerster Schock (Mijn grootste schrik*, Niederlanden 1977)

Die kleine, aber sehr eindrückliche Erzählung[13] schildert einen Heiligen Abend in *Ouderkerk an der Ijssel*. Am Nachmittag wird Hausmusik gemacht. Nachbarn sind geladen. Der reformierte Pfarrer kommt vorbei. Nach der Musik darf der sechzehnjährige Sohn des Hauses, der Erzähler, den Pfarrer begleiten. Vor dem Festgottesdienst will dieser noch rasch ins Pfarrhaus, um seine Predigt zu holen. Unterwegs bewundert der Junge den Sternenhimmel. Ein Gespräch über Endliches und Unendliches entsteht. Da gesteht der Pfarrer, angesäuselt vom Cognac, der während der Hausmusik die Runde gemacht hatte, dass er nicht mehr glauben kann. Für den Jungen bricht eine Welt zusammen. *Unwillkürlich ergriff ich seine Hand, die schweissnass war. Dem Pfarrer war klar, dass ich auf geistlichem Gebiet völlig ins Schleudern geraten war und nun in Sack und Asche dastand. Und tatsächlich bin ich, bis auf einige wenige Augenblicke, nie so unglücklich wie damals gewesen.*[14] Mit sechzehn die Konfirmation, mit sechzehn die Diffusion. Ein Pfarrer, der das Gegenteil seines Berufs macht, ein Konfirmand, der vergeblich bei ihm Halt sucht. Der Pfarrer bemerkt den Schaden, und stellt seine Aussage als melancholische Entgleisung dar: *Ein Pfarrer ist ein gottesfürchtiger und gläubiger Mann, genauso sicher wie zwei mal zwei vier ist ...*

Inzwischen sind sie beim Pfarrhaus angekommen. Der Pfarrer geht rein. Diverse Lichter gehen an und aus. Der Junge wartet draussen. Er ist sicher, dass der Pfarrer nicht glaubt. Zehn Minuten wartet er. *Dann ging das letzte Licht im Pfarrhaus aus, und er kam wieder heraus.*[15] Die Predigt wird wie immer zum grossen Erfolg. Der Pfarrer ist bekannt für sehr gute Predigten. Die Leute kommen von weit her. Die Kirche ist voll.

Kein Hort der Gottesfurcht und des Glaubens, nein, das Pfarrhaus ist hier ein Ort, an dem die Lichter ausgehen. Und doch ein Hort der Predigt und der Überzeugungskraft, ja, das Pfarrhaus ist auch die Schreibstube, aus der die inspirierte Predigt kommt. Wie das? Biesheuvel destruiert zwar den religiösen Mythos vom Pfarrhaus als einer festen Burg des Glaubens, aber er konstruiert auch eine theologische Pointe, die ziemlich reformiert klingt: Der Pfarrberuf ist ein Beruf wie andere. Der Gemeinde schuldet der Pfarrer seine professionellen Fertigkeiten, durch die eine gute Predigt entsteht. Seinen Glauben aber schuldet er nicht seiner Gemeinde, sondern allein seinem Gott. Und dass in einer guten Predigt dessen Geist weht, ist schon gar nicht die Entscheidung des Pfarrers. Der Sechzehnjäh-

---

13   In: Jakobus Martinus Arend Biesheuvel, Schrei aus dem Souterrain, Frankfurt 1986, 99–108.
14   A.a.O., 107.
15   A.a.O., 108.

rige wird nun doch erwachsen, weil er diesen Unterschied offenbar erkannt hat: *Es war die ergreifendste Weihnachtspredigt, die ich je gehört habe. Nach dem Gottesdienst liess er uns singen: ‹Dir, mein Heiland, gilt mein Hoffen. Erlöse mich von meinem bangen Schmerz.› Während wir sangen, setzte er sich. Ich wusste, dass er hinter der Kanzelbrüstung verstohlen weinte, und vermutete, dass nur ein Ungläubiger so schön predigen konnte.*[16]

Friedrich Dürrenmatt, *Labyrinth. Stoffe I–III* (Schweiz 1981)

Pfarrerssohn und Pfarrersvater! Friedrich Dürrenmatt hat aus der pfarrherrlichen Klemme, in der er zeitlebens steckte, zeitlebens auch Stoffe gesogen. Ein Pfarrhaus war kaum dabei. Es gehört schlicht zum Weichbild des heimatlichen Dorfs. Dürrenmatt beschreibt es historisch und aus der Adlerperspektive:[17] Eine Strassenkreuzung auf einer Hochebene und am Fuss eines Hügels. An der Kreuzung zuerst das *Wirtshaus,* dann in den *anderen Feldern des Koordinatenkreuzes Schmiede, Konsum und Theatersaal.* Letzterer löst eine kurze Erinnerung an erste Theatererlebnisse aus. Dann zählt Dürrenmatt die Bauten entlang der Koordinaten auf: *Der Thunstrasse entlang siedelten sich der Drucker, der Textilhändler, der Metzger, der Bäcker und die Schule an.* Auch hier eine Kindererinnerung bei der letztgenannten, ... *während die Ersparniskasse, das Pfarrhaus, die Kirche und der Friedhof auf eine kleine Anhöhe zwischen der Thun- und der Bernstrasse zu liegen kamen.* Keine Erinnerung beim Pfarrhaus und bei der Kirche, dafür weitere Bauten im Zuge dörflichen Wachstums, darunter mit Gewicht der Bahnhof. Das Pfarrhaus ist weder zuerst da noch zuletzt, steht weder im Schnittpunkt des Zentrums noch an den wichtigen Strassen. Abseits zwar, aber leicht erhöht, liegt es da im Verbund weiterer Gebäude, die der Vorsorge und Nachsorge des Dorflebens dienen. Ein Schweizer Dorf. Zuerst das Wirtshaus zum Nähren, zuletzt der Bahnhof zum Reisen.

Was im Pfarrhaus passiert, wird nur angedeutet, nun aber nicht mehr aus der Adlerperspektive des beobachtenden Siedlungsgeografen, sondern aus der Froschperspektive des erlebenden Kindes: *Hausierer und Vaganten* kommen und gehen. *Kinder eines Zirkusunternehmens* sind zu Gast, auch mal *ein Neger.* Gastlichkeit hat Bedeutung: *Meine Eltern waren gastliche Pfarrsleute, sie wiesen niemanden ab und liessen mitessen, wer mitessen wollte.* Das dunkle Gegenstück zur hellen Gastlichkeit aber ist die Unheimlichkeit: *Der unheimlichste Ort war für mich der fensterlose obere Estrich im Elternhaus. Er war voll alter Zeitungen und Bücher, die weisslich schimmerten im Dunkel. Auch erschrak ich einmal in der Waschkü-*

---

16 A.a.O., 109.
17 Friedrich Dürrenmatt, Labyrinth. Stoffe I–III, Zürich 1998, 15–21.

che, ein unheimliches Tier lag dort, ein Molch vielleicht. Zuoberst und zuunterst das Unheimliche, dazwischen das Heim, das vielen offen steht.

Vierzehn war Dürrenmatt, als der Vater die Stelle wechselte. Man zog ins *Labyrinth* der Stadt. Der Besucher, der viele Jahre später sein Heimatdorf besucht, beobachtet jetzt nur wie ein Siedlungsgeograf: *Als ich vor einigen Jahren das Dorf wieder besuchte, erkannte ich nur noch die Hügel, die es umgeben, den Hochkamin der Milchsiederei, einige Häuser, das Wirtshaus am Kreuzplatz, das Pfarrhaus, in dessen Garten einige Bäume fehlten, die Tanne etwa, auf die ich immer geklettert war, die Kirche umgebaut, alles kleiner, zusammengerückt, obgleich es sich doch ausgeweitet hatte, viel Industrie, so an der Bernstrasse Lager von Heizkesseln.*[18] Einzig die fehlende *Tanne* verrät den Kinderblick von einst.

Das Pfarrhaus gehört ins Weichbild des Schweizer Dorfs. Das ist aber unspektakulär. Sein bester Wert für andere ist seine Gastlichkeit, sein bester Wert fürs eigene Erinnern seine Unheimlichkeit.

Robert Anker, *Gegenseitig aufgerichtet (Wederzijds opgericht*, Niederlanden 1992)

Der Erzähler wohnt *in einer grossen Stadt,*[19] beschreibt einen stürmischen Januartag, fühlt sich *nirgends mehr richtig dazu* gehörig und schreibt einem Freund aus Kindertagen einen Brief. Es sind Erinnerungen an Szenen auf dem Dorf, *eine Collage von Räumen*: die Schmiede, der Dorfladen, das Trafohäuschen, die Käserei, das Elternhaus, die Kirche, das Pfarrhaus. Anders als alle anderen Räume, in denen die Erinnerung lebendige Szenen skizziert, ist das Pfarrhaus eine aufgelassene Ruine: *Am Ostende, hinter der Kirche, unter zwei riesigen Buchen, steht das leere Pastorat.* Der Erzähler sieht seinen Freund und sich auf Entdeckungstour. Die Buben klettern in der Ruine herum.

Sie riecht. Nach altem Fett, wo einst gekocht wurde, nach Schlaf, wo Menschen sich ausgezogen und geliebt haben, nach Staub, wo abgestellte Dinge von gelebtem Leben erzählen. Die Studierstube des Pfarrers riecht geheimnisvoll: *In einem kühlen Hinterzimmer duftet das trockene Holz nach Religion, genau wie in der Kirche.* Die Ruine atmet. Auch die Gerüche der Landschaft sind zu riechen: *Durch das kaputte Fenster wehen würzige Düfte herein, vor allem von Heu, auf denen du dich endlos ausbreitest, erst noch mit weit von dir gestreckten Armen und Beinen, dann in ein Bewusstsein ohne Grenzen ausschwärmend, das den gesamten Raum über der Landschaft durchdringt.* In seiner Erinnerung fühlt sich

---

18   A.a.O., 29.
19   Robert Anker, Gegenseitig aufgerichtet, in: Carel ter Har (Hg.), Die Fähre. Moderne niederländische Erzählungen, Frankfurt 1993, 316–331.

der Erzähler *königlich entzogen* und nennt es nun, nach so vielen Jahren und ver-einsamt in der Stadt, *ein Ewigkeitsgefühl*, ein Wort, das ihm als Junge noch nicht zur Verfügung stand.

Erinnerung, die beide, den Einsamen der Stadt und den Zurückgebliebenen des Dorfs, *gegenseitig aufgerichtet* macht. Nicht der Pfarrer vermittelt dieses heil-same Gefühl, auch nicht das belebte und gastliche Pfarrhaus. Nein, die Ruine bewahrt den Duft nach Religion und ist zugleich offen für den Himmel über ihr. Das offene Pfarrhaus! Fern von romantischem Mythos und klerikaler Ideologie erfüllt selbst noch das aufgelassene Haus den Auftrag der Kirche: den Geist wehen zu lassen, wie er will, seine Düfte zu bewahren, wie sie sind, Menschen für das Ewige über ihnen zu sensibilisieren, wie es ist. Das Pfarrhaus als Erinnerung und Inspiration. Aufrichtung aus dem Zerfall. Auferstehung eines besonderen Raums.

John Updike, *Gott und die Wilmots (In the Beauty of the Lilies,* USA 1996)

John Updikes Familienroman überbrückt vier Generationen. Für die erste steht *Reverend Clarence Arthur Wilmot im Pfarrhaus der Vierten Presbyterianischen Kirche*. Sie gehört ins Städtchen *Paterson* in New Jersey, rund fünfzehn Meilen auf der anderen Seite von New York. Man sieht die Tower von Manhattan im Dunst. Im Frühling 1910 wird oben auf dem Hügel ein Kostümfilm gedreht, doch wegen der Hitze kippt eine junge Schauspielerin um. Just zur selben Zeit fühlt Cla-rence unten im Pfarrhaus, *wie die letzten Reste seines Glaubens ihn verliessen.*[20]

Updike postiert seinen Antihelden mitten auf den *asymmetrischen Vorplatz* des Pfarrhauses, die kleine Eingangshalle, von der aus es in die Räume des Hauses geht: ins Arbeitszimmer, ins Esszimmer, zur Küche, hinaus durch die Haustür, hinauf über die Treppe. Es ist seine Welt, in der er 44 Jahre alt ist, eine Familie hat und gerade einen Teil des Presbyteriums zum Abendessen erwartet. Und nun diese persönliche Verdunkelung, wo doch alle professionelle Erleuchtung erwarten: *Das Universum* sieht er *so gänzlich ohne göttlichen Gehalt wie ein rostzerfressener Kessel. Der gesamte metaphysische Gehalt war herausgesickert.* Nicht Revolte ist es noch Protest! Er leidet. *Ohne den Segen der Bibel war das Universum nichts als grauenhaft und widerwärtig.* Trend ist es, unaufhaltsame Tendenz. Möbel und Lampen, Mahagony und Tiffany, das vertraute Interieur des Pfarrhauses, alle wer-den zu Zeugen seiner Verdunkelung und bleiben selbst so gleichgültig, wie sie je waren. Clarence verkriecht sich im Studierzimmer, doch nun umzingeln ihn die Bücher englischer Zweifler und deutscher Exegeten wie Dämonen.

Als die Gäste eingetroffen sind und der Schweinebraten auf dem Tisch dampft, will Clarence einem der Ältesten das Tischgebet abtreten, doch dieser

---

20   John Updike, Gott und die Wilmots, Hamburg 1999, 15.

gibt es als Aufgabe eines *Kirchenmannes* an ihn zurück. So bittet er denn *in diesen unruhigen Zeiten* um …, ja, worum? Das Gebet besteht aus Kirchenmännerphrasen. Später, während des Essens, will der Älteste wissen, was er mit *unruhigen Zeiten* gemeint habe. Das Thema des Romans ist gesetzt: Wie haben es *Gott und die Wilmots* miteinander? Das Pfarrhaus als stummer Zeuge der Gretchenfrage im Wandel der Zeit. Während die Presbyter äusserlich anbauen wollen, um im religiösen Wettbewerb vor Ort das Wachstum der *Fourth Presbyterian* zu sichern, baut ihr Pfarrer innerlich ab, um in die innere Emigration zu gehen. Am Tag, da oben ein Kostümfilm übers Mittelalter gedreht wird, zieht unten der Mensch der Moderne aus. Ohnmacht statt Allmacht.

Per Olov Enquist, *Lewis Reise* (*Lewis Resa*, Schweden 2001)

Der historische Roman des Schweden Per Olov Enquist berührt eine konfessionelle Minderheit, mit der er biografisch verbunden war: die *Brüdergemeine*. Deren Wurzeln reichen zurück zu den *Böhmischen Brüdern* im Gefolge des Vorreformators Johannes Hus. Sie schlossen sich der Schweizer Reformation an. Stark wurden sie in Mähren, was noch heute in der angelsächsischen Bezeichnung *The Moravians* Ausdruck findet. In der ostdeutschen Oberlausitz sammelten sich Glaubensflüchtlinge um Nikolaus von Zinzendorf, der 1727 die *Herrnhuter Brüdergemeine* gründete. 1737 wurde Zinzendorf durch den reformierten Hofprediger in Berlin zum *Brüderbischof* ordiniert. Zinzendorf selbst bereiste den Ostseeraum als missionarischer Prediger und in der Kraft des aufblühenden Pietismus. Bereits 1731 war er bei der Krönung Christians VI. von Dänemark zugegen. 1771 gestattete Christian VII. die Gründung der Stadt *Christiansfeld* in Jütland. Diese Stadt wurde zum Zentrum der Herrnhuter in Skandinavien. *Hier wurden seit 1773 die nordeuropäischen Herrnhuter begraben. Hier finden sie sich auf Gottes Acker zusammen.*[21]

Enquists historischer Roman beginnt und endet mit *Christiansfeld*, dem Orientierungspunkt für die Reise des glaubensstrengen Lewi Pethrus (1884–1974), der zum Begründer der schwedischen Pfingstbewegung wurde. So etwas wie ein Pfarrhaus kommt unter den *sehr kurzen Anmerkungen auch zu Lewis Privatleben im Lebenslauf*[22] vor: der privat gekaufte *Hof Bredden* nördlich von Stockholm, zu dem *Wiesen und Felder* gehören und auf dem *ein ideales Familienleben* stattfindet. *Lewi hatte entschieden, dass die Kinder zu harter körperlicher Arbeit erzogen werden sollten, und dass Ackerbau und Viehzucht zu diesem Zweck das Richtige waren. Ora et labora* in der Pfingstversion. 1939 waren es neun Kinder. Ein Foto

---

21   Per Olov Enquist, Lewis Reise, München 2003, 8.
22   A.a.O., 399–403.

von ihnen *vermittelte ein Bild von der Kernfamilie als dem Zentrum des irdischen Lebens und der weltlichen Verteidigungsbastion des Glaubens und der Moral.* Der Pfarrhof als moralischer Musterbetrieb der Gesellschaft, die Pfarrfamilie als vorbildliche Wertegemeinschaft, Haus und Hof als Vorzeigemodell rechtgläubigen Christ-Seins. *Dieser Kampf um die Reinheit musste in der Familie beginnen. Und die Jugend musste Vorbilder haben.* Enquist kommentiert diesen Typ des Pfarrhauses als *wichtigen Teil in dieser Ideologieproduktion Jesu.*

Elisabeth Altenweger, *Sintemalen* (Schweiz 2006)

Um evangelische Temperaturen geht es in Elisabeth Altenwegers Roman mit dem altertümelnden Titel. Zeitversetzt wie dieser fühlt sich, wer sich mit der Autorin ins Emmental hineinliest. Eigentlich das reformierte Pfarrhaus im Dreierpack: *Drei freistehende Einfamilienhäuser nebeneinander, links aussen die Jordis, das mittlere noch zu haben und rechts aussen ihres.*[23] Die ganz rechts ziehen gerade ein. Sie haben das Haus gekauft. Eine mehrfarbige Familie: die Mutter zwar mit evangelikaler Kindheit im *Brüderverein*, aus dem sie sich aber freigestrampelt hat und befreit glaubt; die pubertierende Tochter, zum Entsetzen der Mutter auf dem Jesustrip; der Ehemann religionslos, sanft und blass. Der Roman ist ganz aus der Erfahrung und Wahrnehmung der Mutter geschrieben. Ständig wechselnde Temperaturen. Die ganz links, die Jordis, sind die Pfarrfamilie des Dorfs. Sie wohnen im modernen Pfarrhaus, unauffällig und angepasst: das Ehepaar überaus hilfsbereit, leicht aufdringlich, durch und durch liberal, doch auch mit aufgesetzten Gesichtern und eingeübten Phrasen. Das amtliche Pfarrhaus. Temperiert bis kühl. Das Haus in der Mitte ist noch zu haben. Im Verlauf des Romans kaufen die *Missionsgemeindler*, eine noch härtere Abspaltung vom Brüderverein, das mittlere Haus: *Ein Predigtsaal und ein Raum für kleinere Anlässe befinden sich im Erdgeschoss, die Wohnung ist oben, so wie im ‹Gnadenheim›. Über dem Eingang steht in grossen, gotischen Lettern ‹Zion›. Nachts leuchten die Buchstaben, wenn der Mond darauf scheint.*[24] Hohe Temperatur, Missionsfieber, *gothic style.*

Wie bei einer Guckkastenbühne schaut der Leser in drei Häuser, erlebt mit, was sich in ihnen abspielt, wird vor allem Zeuge all dessen, was zwischen den Häusern laut oder leise hin- und herweht. Da gibt es ständig Thermik: ganz links die *Antichristen*, jedenfalls in den Augen der *Wiedergeborenen*, die sich in der Mitte demonstrativ breitmachen; ganz rechts die religiös Traumatisierte, die von ihrer Vergangenheit eingeholt wird, sich aus Angst vor neuerlichen Verbrennungen aber auch von Jordis umzingelt fühlt. Das Pfarrhaus als religiöser Organismus

---

23 Elisabeth Altenweger, Sintemalen, Berlin 2006, 7.
24 A.a.O., 69.

mit einer spezifischen religiösen Temperatur: kühle Zimmertemperatur bei den Liberalen, die intellektuell und kritisch erst mal alles hinterfragen; hohe Fruchtwassertemperatur bei den Evangelikalen, die missionarisch und erwählt alles beurteilen; grippales Hochundrunter beim Opfer, aus dessen Augen der Roman geschrieben ist. Der Titel ist altertümelnd, gewiss, manche Pfarrhausgegenwart aber auch. Oder etwa nicht?

Thomas Brunnschweiler, *Die Literaturfalle* (Schweiz 2006)

Die Erzählung ist kurz, fast eine Anekdote oder Farce. Die Pfarrerin ist sechzigjährig, gerade frisch examiniert, eine späte Quereinsteigerin, allein nach langer Scheidung. Nicht umsonst heisst ihr verfilzter Hund *Kronos*: Ihre Berufsjahre sind bereits gezählt. Nicht umsonst wohnt sie in der *Mandarinengasse* einer Altstadt: Sie lebt im permanenten Eskapismus, weg ins Land, wo die Zitronen blühn. Kein Pfarrhaus hat sie, das repräsentieren könnte, sondern eine Pfarrwohnung, in die kaum jemand kommt. Das ginge auch nicht, denn hier wird gelesen statt geputzt. Die Pfarrerin ist im richtigen Leben ein Messie und liest sich fortlaufend weg in ein anderes Leben. *Das Wohn- und Arbeitszimmer war geradezu ein Treibhaus für Bücherstapel.*[25] Literatur treibt hier Blüten, bringt Mandarinen und Zitronen hervor, schafft einen Urwald, in dem die Frau sich verliert.

Im Selbstverlust gerät sie in Dürrenmatts *Tunnel*, als sie mit dem Zug nach Basel fährt. Im Selbstverlust verwandelt sich die Universitätsbibliothek von Basel in Borges' *Bibliothek von Babel*. Nach diesen beiden Fluchten meldet sich die Pfarrerin beim Präsidenten der Kirchenpflege für eine Woche ab. Doch der dritte Zwischenfall kehrt die Flucht um: Statt das Hotelzimmer in Montreux zu betreten, wohin sie zur Erholung gefahren war, betritt sie ihre eigene Wohnung. Waren ihr die Namen *Dürrenmatt* und *Borges* noch eingefallen, um den Spuk zu bannen, wollte ihr diesmal nicht einfallen, von wem diese Kurzgeschichte stammte: die vom Mann, der in fernste Gegenden floh, um nur immer wieder im eigenen Zimmer anzukommen. Nun weiss sie, dass sie ihre Wohnung nie mehr verlassen kann. Als letzte Flucht bleibt ihr der Traum im Schlaf, in dem sie zu Gast ist bei *Effie Briest* von Fontane. Tage später wird ihre Leiche entdeckt.

Das Pfarrhaus als Musentempel ist selbst ein Motiv der deutschen Literatur.[26] Ihm fällt diese Pfarrerin nun literarisch zum Opfer. Das Pfarrhaus als Hort der Bildung, der Pfarrer als Stütze der Gesellschaft, die Kirche als staatstragende

---

25   Thomas Brunnschweiler, Die Literaturfalle, in: Der letzte Traum. Erzählungen, Zürich 2006, 43–49.

26   Vgl. das so überschriebene Kapitel in der Monografie von Eichel, Das deutsche Pfarrhaus, 99–199.

Institution: drei Vorstellungen, die in dieser Karikatur einen ironischen und zynischen Abgesang finden. Bildung dient hier der Flucht, die Stütze der Gesellschaft zerbricht, die Institution verwildert. Die Pfarrwohnung wird zur Gruft. Bleiben die Fragen, mit welchen Zuweisungen und Erwartungen die Pfarrperson und ihre Pfarrwohnung rechnen müssen.

Dieter Wellershoff, *Der Himmel ist kein Ort* (Deutschland 2009)

Protagonist des Romans ist ein junger Pfarrer der *Evangelischen Kirche im Rheinland*, einer unierten Kirche mit erkennbaren reformierten Traditionen. Es ist offensichtlich seine erste Pfarrstelle. Mit vier Kollegen hat er inzwischen die lokale Notfallseelsorge aufgebaut. Nun kommt von der Polizei das Aufgebot zum ersten Einsatz. Noch bevor er sich aber aufmacht, wird bereits auf der zweiten Seite des Romans *das grosse Pfarrhaus* thematisiert[27]. Der Autor tut dies, um die Hauptperson zu charakterisieren.

Ja, das Pfarrhaus prägt die Pfarrperson: Dafür steht der ursprüngliche, im Vikariat geschmiedete Plan, die liebgewonnene Vikariatskollegin zu heiraten, die Pfarrstelle anzutreten und gleich als Pfarrerehepaar ins alte Pfarrhaus einzuziehen. Dafür stehen die Spuren im unrenovierten riesigen Haus, die *stockfleckigen Tapeten*, die *kaputten Möbel und mehrere Kisten voller alter Gemeindeakten*. Generationen von Pfarrfamilien waren durch dieses Haus gegangen. Gelebtes Leben, an das er anknüpfen wollte, hat überall seine Patina hinterlassen. Das Pfarrhaus als Ort der Sukzession, der nahtlosen Nachfolge, der Kette lokaler Pastoration seit der Reformation. So erscheint das Haus, und so wollte er es. Kontinuität.

Nein, das Pfarrhaus prägt die Pfarrperson nicht: Alles kam anders. Seine Freundin trennte sich von ihm und ging in die Stadt. *Das Leben auf dem Land* und das düstere, heruntergekommene Pfarrhaus, das wollte sie nicht. Vergangenes Leben statt gegenwärtigen Lebens? Nein! Sie zog die Notbremse und floh. Wohl auch, weil ihr das Konzept, dass dieses Haus ihren Geliebten prägen könnte, unheimlich war. Das Pfarrhaus als Ort abgebrochener Tradition, als Zumutung für Lebensart und Partnerbeziehung. Diskontinuität.

Der junge Pfarrer lebt zwar in diesem Haus, aber *allein* und *verloren* wie einer, der mit viel zu grossen Kleidern herumlaufen muss. Seine Einrichtung kommt ihm *zufällig und achtlos* vor. Hier wird er nicht heimisch werden. Weil es stürmt und schüttet, geht er nach oben, um nachzusehen:[28] *mattes Licht* einer einzigen Glühbirne, *eine Reihe umgekippter Aktenordner, modriger* Geruch, dunkle Flecken an den Wänden, Schimmelpilze. Als er über seine zerbrochene Beziehung

---

27 Dieter Wellershoff, Der Himmel ist kein Ort, München 2012, 6–8.
28 A.a.O., 11f.

sinniert, klingelt weiter unten im Haus das Telefon. Zwar gibt es einen Unfall mit Toten, aber draussen ist sein Leben, und drinnen lauert sein Tod.

Bei bereits laufendem Motor kommt ihm der zusammenfassende Gedanke zu diesem Pfarrhaus: *Nicht das Haus, nicht seine Wohnung, auch nicht die Kirche – dieser enge, schäbige Kasten war für ihn der vertrauteste Ort. Besonders nachts auf leeren Landstrassen war der kleine dunkle Innenraum mit den matt beleuchteten Instrumententafeln hinter dem Lenkrad für ihn eine Art Mönchszelle, in der er sich geborgen und bei sich selbst fühlte.*[29] Was das alte Haus nicht schafft, gelingt dem alten Auto: Es ist trotz seinem Alter zuverlässig. Es bietet Geborgenheit. Es inkubiert. Das Auto als Mönchszelle, die Mobilie statt der Immobilie. Das Pfarrauto als der *vertrauteste Ort*, dieses Bild steht auch für das neue Hinaus anstelle des alten Herein, für eine fluide Kirche in einer fluiden Zeit. Der junge Pfarrer fährt davon zur Unfallstelle.

Lob der Heterotopie

Der Himmel ist kein Ort. Thetisch zertrümmert Wellerhoffs Titel (2009) die postromantische Vorstellung, in kirchlichen Immobilien verorte sich das ganz Andere: in der *Kapelle*, die *droben stehet*, in der *Kirche*, die *im Dorf bleiben* muss, im Pfarrhaus, das offen und gastlich als eine *Herberge des Himmels* jeden einladen möge, der mühselig und beladen, hungrig und obdachlos vorüberzieht. Nein, das tut es nicht, tut es nicht mehr, tat es noch nie. Oder doch?

Kein Ort. Nirgends. Lakonisch hatte Christa Wolfs Titel (1979) die romantische Seele als unbehaust und suizidal beschrieben, als systemfremd und fluid. Ihr Himmel hat ausschliesslich in der Sehnsucht einen Ort. Der Himmel als Verheissung, die keinerlei immobile Verortung verträgt. Nur den immobilen *Augenblick*, die vorübergehende *Ahndung*. Ist das nicht biblisch? Die kirchliche Immobilie, darunter das Pfarrhaus, im besten Fall als *Angeld* des Reiches Gottes. *Momentum immobile!*

Wellerhoffs junger Held erkennt, wie postromantisch seine Vorstellung vom Pfarrhaus anfangs war und wie romantisch seine Seele in Wahrheit ist: *Sein eigener Ort war im Unbestimmten, nicht dort, wo er zu sein vorgab, während er hier stand ...*[30] Dissoziation als Pfarrschicksal? Möglich! Orte vertreten zu müssen, die es nicht gibt? Möglich! Die Postmoderne als endliches Eingeständnis auch der Kirche, dass sie bereits seit 1517 postkonstantinisch, bereits seit 1848 postkonfessionell, bereits seit 1945 postchristlich, bereits seit 1989 postsäkular unterwegs sein müsste. Hoffentlich unterwegs sein könnte! Wenn sie mobil wird. Wenn sie sich

---

29   A.a.O., 14.
30   A.a.O.; 34.

aufmacht. Wenn sie ihre Komfortzonen verlässt. In der Postmoderne angekommen zu sein, verändert notwendig die pastorale Kinetik! Das *Pfarrauto* wird zur mobilen Idiotopie, das *Pfarrhaus* aber zur immobilen Heterotopie: zum Ort, der möglichst vielen möglichst oft für einen glücklichen Moment jener Sehnsuchtsort sein möge, der *allen in die Kindheit scheint und worin noch niemand war: Heimat.*[31]

---

31   Ernst Bloch, Das Prinzip Hoffnung; Frankfurt 1974; Seite 1628. Wer Lust hat, lese a.a.O.; Seiten 1524–1550.

Adrian Portmann

Schöne Fassaden und dunkle Geheimnisse

Das Pfarrhaus im Krimi

Religion und religiöse Aspekte nehmen in der Kriminalliteratur breiten Raum ein. Religiöse Erzählstrukturen finden sich genauso wie Diskussionen über theologische Fragen, religiöse Mordmotive stehen neben biblischen Bezügen und kirchliche Milieus neben geistlichem Personal.[1] Von all dem interessiert hier nur ein kleiner Ausschnitt, die Rolle des Pfarrhauses nämlich, und auch diese nur in ihrer (im weitesten Sinn) protestantischen Variante.

Konfliktzone und Kampflatz

Mildred Nilsson (in Åsa Larssons *Weisse Nacht*[2]) ist eine umstrittene Pastorin. Sie legt sich mit Kollegen und einflussreichen Jägern an und engagiert sich für misshandelte Frauen, was ihr die Feindschaft der verlassenen Männer einträgt. Dass das Pfarrhaus zu einer Wohngemeinschaft für Frauen wird, dass hier zweimal die Woche für alleinerziehende Mütter gekocht wird, das rückt das Pfarrhaus ins Blickfeld: Hier findet die Parteinahme der Pfarrerin einen Ort, das Haus wird zum Kristallisationspunkt ihres Engagements und zum Symbol für alles, was ein Teil der Gemeindeglieder hasst. Da wundert es nicht, dass Attacken auf das Pfarrhaus verübt, dass Fenster eingeschlagen und Brandsätze geworfen werden. Das Pfarrhaus steht für die Pfarrerin – und wie das Haus wird auch sie angegriffen. Schliesslich wird die Pastorin gar brutal erschlagen.

Dass sich am Pfarrhaus Konflikte entzünden, das ist in Krimis nicht selten. Häufig haben diese aber weniger mit der Amtsführung zu tun als mit der Bewirt-

---

1   Über die vielfältigen Bezüge zwischen Religion und Krimi informieren zwei Sammelbände: Wolfram Kinzig/Ulrich Volp (Hg.), God and Murder. Literary Representations of Religion in English Crime Fiction. Darstellungen von Religion in englischsprachiger Kriminalliteratur, Würzburg 2008; Andreas Mauz/Adrian Portmann (Hg.), Unerlöste Fälle. Religion und zeitgenössische Kriminalliteratur, Würzburg 2012.

2   Åsa Larsson, Weisse Nacht, München 2006 (schwedische Ausgabe 2004).

schaftung des Pfarrhauses. Hier kommt klassischerweise auch die Pfarrfrau in den Blick. So in Hans Rudolf Helblings Krimi ... *wie auch wir vergeben*: Die Pfarrfrau Elisabeth Hugentobler, erklärt eine Kirchgemeinderätin dem Kommissar, «will sich einfach nicht einfügen, wie es sich gehört. Sie passt nicht in ein Pfarrhaus. Ich weiss, wovon ich rede.»[3] Als Mitglied der Baukommission mache die Informantin einmal im Jahr einen Inspektionsgang durch das Pfarrhaus. «Erstaunlich, was man da alles zu sehen bekommt, das kann ich Ihnen sagen. Elisabeth Hugentobler kann froh sein, dass wir so diskret sind.»[4] Vor allem aber habe die Pfarrfrau gesagt, eines Tages werde sie Neuenschwander, den Präsidenten der Kirchgemeinde, erschiessen. Nun ist dieser tatsächlich ermordet worden und der Kommissar spricht die Pfarrfrau auf ihre Äusserung an. Sie sagt, sie habe das bloss aus Ärger gesagt: Seit sich jemand darüber beschwert habe, dass ihr Garten ungenügend gepflegt sei, fänden alle drei Monate Kontrollgänge durch den Garten statt. Neuenschwander sei immer dabei und fertige ein Protokoll an. «Können Sie sich vorstellen, wie demütigend das ist? Leute, von denen Sie wissen, dass sie Sie nicht mögen und die jede Gelegenheit nutzen, Ihnen eins auszuwischen, in Ihrem Garten herumtrampeln zu sehen?»[5] Besonders unerträglich, wenn man bedenkt, was Pfarrer Hugentobler demselben Kommissar erklärt: «Wissen Sie, in einer Kirchgemeinde arbeitet man anders als in der Privatwirtschaft. Hier ist Freundschaft ein fester Bestandteil der Arbeit. Das ist ja gerade das Besondere an der Kirche, dass die Beziehungen so wichtig sind.»[6]

In diesen Kontext gehört auch *Das Recht des Fremdlings* von Andrew Taylor: Im Zentrum steht der verwitwete Pfarrer David Byfield, der zu Beginn des Buches die Verlegerin Vanessa kennenlernt und bald schon heiratet. Vanessa und auch die Tochter im Teenageralter, Rosemary, ärgern sich darüber, dass die Gemeindeglieder im Pfarrhaus ein- und ausgehen. Mühsam ist vor allem Audrey Oliphant: «In jeder Gemeinde gibt es eine Audrey Oliphant, manchmal auch mehrere; das Leben dieser Frauen dreht sich um die Pfarrkirche, und in gewisser Weise dreht die anglikanische Kirche sich um diese Frauen.»[7] Miss Oliphant wohne praktisch hier, bemerkt die Pfarrerstocher, und später, als Audrey an einem Samstag während des Frühstücks in die Küche stürmt, kann Vanessas Blick nur eines bedeuten: «Können deine verdammten Gemeindeglieder uns denn nicht mal in Ruhe frühstücken lassen?»[8]

---

3   Hans Rudolf Helbling, ... wie auch wir vergeben. Kommissar Kesselring ermittelt in der Kirchgemeinde, Zürich 2006, 108.
4   Ebd.
5   A.a.O., 118f.
6   A.a.O., 64.
7   Andrew Taylor, Das Recht des Fremdlings, Wien 2001 (englische Ausgabe 1998), 9.
8   A.a.O., 181f.

Pfarrhaus und Pfarrer sind hier mit verschiedenen Ansprüchen konfrontiert: Auf der einen Seite steht die Gemeinde, personifiziert in Audrey Oliphant, die das Pfarrhaus als öffentlichen Besitz betrachtet und mit dem Haus zugleich den Pfarrer in Beschlag nimmt; auf der anderen stehen Tochter und Gattin, die ihre Privatsphäre und die Aufmerksamkeit des Vaters bzw. Gatten wollen.

An einer Party eskaliert die Situation, Audrey und Vanessa geraten in eine Auseinandersetzung: «‹Jetzt habe ich allmählich genug von Ihnen›, kreischte Audrey in die unvermittelte Stille hinein. ‹Sie sind wirklich unerträglich. Warum müssen sie sich in alles einmischen? Sie gehören nicht hierher.›»[9] Als Vanessa kurz darauf tot im Swimmingpool liegt, verdächtigt die Polizei zunächst Audrey, deren Tagebüchern sie auch entnimmt, dass Audrey in den Pfarrer verliebt war.

Das Pfarrhaus erscheint in diesen Beispielen als Kampfplatz und nicht selten als ein Ort, an dem Bösartigkeiten bestens gedeihen. Interessant wird das dort, wo nicht nur nebenher von kirchlichen Streitereien berichtet, sondern eine enge Verbindung mit dem Krimi-Plot hergestellt wird, was dann der Fall ist, wenn die Konflikte um das Pfarrhaus als Mordmotive in Betracht kommen.

Dunkle Geheimnisse

Ein Verdacht gegen Geistliche und andere Kirchenmenschen wird nicht selten formuliert. Am Schluss aber sind sie dann meistens doch unschuldig. Es gibt aber auch Krimis, in denen der Pfarrer der Täter und das Pfarrhaus ein Hort des Verbrechens ist. Eindrücklich demonstriert dies Helene Tursten in ihrem Roman *Tod im Pfarrhaus*. Er setzt damit ein, dass ein junger Mann, der Sohn eines Hauptpfarrers, erschossen wird. Die Kriminalinspektorin fährt zum Pfarrhaus, um die Eltern zu informieren. Sie findet ein grosses weisses Haus, Licht brennt keines, das Dunkel im Garten ist undurchdringlich. «Eine hohe und düstere Tannenhecke umgab den Garten und schottete ihn ab. Die schwarzen Fenster des Hauses sahen sehr abweisend aus.»[10] Im Haus findet sie neben einem altmodisch eingerichteten Erdgeschoss mit Arbeitszimmer und einem modern möblierten ersten Stock auch ein zweites, verschlossenes Arbeitszimmer, neben dem öffentlichen und dem privaten Bereich also auch ein Privatissimum, ein verborgenes inneres Gemach. Und sie findet die Leichen des Pfarrehepaars.

Die Lösung des Falls offenbart Abgründe. Die Pfarrfamilie war nicht nur Opfer, sondern selber an Verbrechen beteiligt. Schon vor der Ermordung des Pfarrehepaars gab es den titelgebenden Tod im Pfarrhaus. Pfarrer, so sinniert die Inspektorin, hätten wie alle Menschen Stärken und Schwächen. «Der Unterschied

---

9   A.a.O., 328.
10   Helene Tursten, Tod im Pfarrhaus, München 2003 (schwedische Ausgabe 2000), 25.

war, dass sie das hinter ihrem Beffchen und ihrem Amt besser verbergen konnten. Schaute man unter den Talaren genauer nach und kratzte an der frommen Fassade, dann fand sich alles, von Mitmenschlichkeit bis hin zu menschlichem Abschaum.»[11] Pfarrhaus und Pfarrer, so zeigt sich, haben beide dieselbe Struktur: eine weisse Fassade bzw. einen Talar samt silbernem Kreuz, die nach aussen repräsentieren und zugleich ein Inneres mit schrecklichen Geheimnissen verbergen.

Dass sich unter der Oberfläche des Pfarrhauses ein Verbrechen oder jedenfalls eine schuldhafte Verstrickung verbirgt, dies findet sich auch in anderen Krimis. In Anne-Kathrin Koppetschs Krimi *Kohlenstaub*[12] findet sich eine hübsche Miniatur, die dies zum Ausdruck bringt: Bei ihrem Eintreffen in einem Pfarrhaus, in dem ein Geistlicher ermordet wurde, findet die Polizei einen bereits gereinigten Tatort vor. Die Putzfrau der Kirche war schnellstens vorbeigeschickt worden, und der Gedanke liegt nahe, dass die Gemeinde auch anderen Schmutz nicht an die Öffentlichkeit dringen lassen will.

Rückzugsort und Oase

Anders sieht es in Petra Ivanovs Roman *Tote Träume* aus. Bei einem Brand in einer Unterkunft für Asylsuchende sterben ein junger Mann und eine Mutter mit zwei Kindern. Pfarrer Pollmann meldet den Brand, in seinem Wohnzimmer finden auch die ersten Vernehmungen statt. Im Pfarrhaus, so zeigt sich bald, verkehren Flüchtlinge aus der Asylunterkunft ebenso wie schwierige Jugendliche, auch solche, die mit rassistischen Äusserungen auffallen. Neben anderen gerät auch der Pfarrer unter Verdacht – er scheint auf schöne junge Männer zu stehen und müsste auch etwas über die Waffen wissen, die im Pfarrhaus gefunden werden. Jedenfalls weiss er etwas, das er nicht preisgeben will – und zwar deshalb nicht, weil er sich als Vertrauensperson und das Pfarrhaus als Zufluchtsort versteht. Ein solcher ist es nicht nur für Flüchtlinge und Jugendliche, sondern auch für die Ermittler, wenn auch beinah wider Willen.

So findet sich der Polizist Cavalli, der privat in einer schwierigen Situation ist, unvermittelt vor dem Pfarrhaus wieder. «Pollmann liess ihn herein. Er deutete auf einen Sessel. Als er sah, wie Cavalli die Augen zusammenkniff, löschte er das Licht. Cavalli sank auf einen Stuhl.»[13] Und dann erzählt er und erkennt dabei Dinge, denen er sich bisher verschlossen hatte. Auch die Bezirksanwältin Regina Flint «spürte das Verlangen, sich in den Garten des Pfarrhauses zu setzen. Es ging eine Ruhe von ihm aus, als stünde die Zeit zwischen dem Flieder und den Pfingst-

---

11   A.a.O., 248.
12   Anne-Kathrin Koppetsch, Kohlenstaub, Köln 2012.
13   Petra Ivanov, Tote Träume, Herisau 2006, 145.

rosen still.» Bald sitzt sie neben Pollmann auf der Holzbank, kommt in dieser Oase zur Ruhe und spricht aus, was sie bisher nicht benennen konnte: «Verwundert hörte sie ihre eigenen Worte.»[14] Das Pfarrhaus mit seinen offenen Türen steht hier zugleich für den Pfarrer, der für alle ein offenes Ohr hat.

Heile Welt im Zwielicht

Solche Thematisierungen des Pfarrhauses leben nicht zuletzt vom Kontrast zwischen dem Pfarrhaus als einem Bild der heilen Welt und dem Verbrechen. Dies zeigt sich bereits in Agatha Christies Roman *Mord im Pfarrhaus*[15]. Dass sich das Verbrechen für seinen gewaltsamen Einbruch in die heile, ländliche Welt ausgerechnet ein Pfarrhaus aussucht, weist darauf hin, dass dieses die heile Welt in besonderem Mass verkörpert.

Diesen Umstand hebt auch W. H. Auden in seinem Essay *The Guilty Vicarage*[16] hervor. Auden beschreibt darin das ideale Setting für einen Kriminalroman. Es soll eine unschuldige Gesellschaft im Stand der Gnade sein, was sich auch in der Landschaft spiegeln müsse: Je paradiesischer der Ort, desto grösser der Gegensatz zum Mord. Der Titel seines Essays legt es nahe: Pfarrhäuser eigenen sich bestens.

Nun hat sich die Kriminalliteratur in den Jahrzehnten seit der Veröffentlichung von Audens Essay stark verändert und viele der Krimis, die Auden damals vor Augen hatte, gelten seit längerem als harmlos und bieder. Geblieben ist aber der Umstand, dass sich mit der Inszenierung des Verbrechens an einem Ort der Unschuld der Kontrast erhöhen und das Entsetzen maximieren lässt. Zwar stehen dabei Kirchen und Kathedralen als Tatorte im Vordergrund, weil die Entweihung des heiligen Ortes besonders stark wirkt. Das Pfarrhaus hat aber denselben Effekt, auch wenn es hier nicht um einen heiligen Ort, sondern um die heile Welt und die heile Familie geht.

Der Schock etwa, den bei Emilie Richards in *Mrs. Wilcox und die Tote auf der Terrasse*[17] die Entdeckung einer nackten Frauenleiche auf der Veranda des Pfarrhauses auslöst, ist leicht nachzuvollziehen, besonders dann, wenn ausgerechnet in diesem Moment die Frauenvereinigung zum Tee erscheint. Von hier aus lässt sich auch der Furor verstehen, mit dem die Gemeinde ihre Vorstellungen von Haushalt und Familienleben durchzusetzen versucht: Wer an einer heilen Welt

---

14   A.a.O., 181.
15   Agatha Christie, Mord im Pfarrhaus, Bern 1992 (englische Ausgabe 1930).
16   Wystan Hugh Auden, The Guilty Vicarage. Notes on the detective story, by an addict, in: Harper's Magazine, Mai 1948.
17   Emilie Richards, Mrs. Wilcox und die Tote auf der Terrasse, Hamburg 2008 (US-amerikanische Ausgabe 2005).

festhält und diese im Pfarrhaus verkörpert sieht, wird einiges daran setzen, diese Welt aufrechtzuerhalten.

Wenn man allerdings die hohen moralischen Ansprüche von (fiktiven und realen) Kirchenvertretern in Betracht zieht und die nicht selten zur Schau getragene fromme Selbstgerechtigkeit, dann ist es verständlich, dass Autorinnen und Leser auch ein gewisses Vergnügen empfinden, wenn sie bei der Destruktion dieser heilen Welt und ihrer gelegentlichen Doppelmoral zusehen. Die moralische Fallhöhe ist im kirchlichen Milieu jedenfalls beträchtlich.

3. Das Pfarrhaus – reflektiert

Michael Mente

Ein belebter Erinnerungs- und Erwartungsort

Zur Geschichte des reformierten Pfarrhauses in der Schweiz

Prolog: Ein Haus – kaleidoskopisch betrachtet

Hier wohnt der Frieden auf der Schwell'!
In den geweissten Wänden hell
Sogleich empfing mich sondre Luft,
Bücher- und Gelehrtenduft,
Gerani- und Resedaschmack,
Auch ein Rüchlein Rauchtabak.[1]

Auf die Frage, wie man sich heute ein reformiertes Pfarrhaus vorstellt, denkt man vielleicht unvermittelt an ein Haus, das der einstigen Wirkungsstätte von Jeremias Gotthelf in Lützelflüh nicht unähnlich ist: Es ist ein stattliches, repräsentatives Haus mit Garten in der Nähe der Kirche. Zum spontan hervorgerufenen Bild gehört der Pfarrer, der nicht selten Rosen- oder Bienenzüchter ist, und das Haus wird von musizierenden Kindern und einer engagierten Pfarrfrau bewohnt. Doch schon während der *Vergegenwärtigung* des Bildes beschleicht einen das Gefühl, dass es doch etwas Unzeitgemässes an sich hat, und zwar auf dem Land wie in der Stadt. Das kommt nicht von ungefähr: Die Differenz zwischen der skizzierten Vorstellung und der strukturellen, rechtlich-verfassten, gesellschaftlichen, aber auch der selbst erfahrenen Realität hat stark mit der Geschichte des Pfarrhauses als Institution der evangelisch-reformierten Lebens- und Erfahrungswelt zu tun und ist selbst historischem Wandel unterworfen.

Das Angedachte erinnert wie das eingangs zitierte Gedicht aus dem *Turmhahn* von Eduard Mörike an eine ländliche Idylle, die sich so kaum mehr finden

---

1 Eduard Mörike (Ausschnitt aus *Der alte Turmhahn* als eines der bekanntesten Pfarrhausgedichte), zit. in: Friedrich Wilhelm Kantzenbach: Zur kirchen- und kulturgeschichtlichen Bedeutung des evangelischen Pfarrhauses. Streiflichter und Schwerpunkte, in: Richard Riess (Hg.), Haus in der Zeit, München 1979, 46–65; 55.

lässt. In diesem bürgerlich geprägten Bezugsrahmen wird nicht zwischen innen und aussen unterschieden, die Familie lebt in diesem Haus im Kern ein frommes Familienideal; so wie sie den Garten erfolgreich kultiviert, dient sie dem Gemeindeaufbau – und wird darauf hin geprüft. Was aber ist heute davon geblieben, ausser dem von den Bewohnerinnen und Bewohnern immer wieder geäusserten Unbehagen darüber, in einem «Glashaus» zu wohnen?

Pfarrhaus, Pfarramt, Pfarrperson und Pfarrfamilie waren stets untrennbar miteinander verbunden; die Auflösung der Einheit ist heute offenkundig.[2] Nicht nur das Pfarramt hat sich inhaltlich und strukturell stark verändert, verändert haben sich auch diejenigen, die es bekleiden. Längst bevölkern auch Pfarrfamilien mit modernen Familienentwürfen die Pfarrhäuser und Amtswohnungen: Geschiedene oder alleinstehende Pfarrpersonen, Patchworkfamilien und andere Formen von Wohn-, Lebens- und Glaubensgemeinschaften. Was im Blick auf die Abweichung vom oben gezeichneten Bild, das letztlich einem patriarchalen Modell der Familie mit dem Hausvater als Oberhaupt entspringt, besonders heraussticht, ist die Rolle der Frau: Sofern nicht sie die Pfarrerin im Haus ist, versteht die Ehefrau sich nicht mehr als Pfarr-Frau, ein Kompositum, das Zugehörigkeit sowie Dienen im Haus und in der Gemeinde implizierte. So ist es heute verbreitete Realität, dass sich die Ehefrau beruflich anderweitig engagiert. Auch wenn das Unbehagen frisch ordinierter Pfarrpersonen beim Umzug aus der kleinen Studentenwohnung in ein Pfarrhaus, oft mit vielen Räumen, vermutlich schon immer der Respekt vor dem Amt begleitete, so macht es sich doch seit einigen Jahrzehnten verbreitet bemerkbar, dass letztlich für viele das Leben im Pfarrhaus nicht nur ein Privileg, sondern aus verschiedenen Gründen eine Belastung ist. So hat auch der vielgepriesene Garten diese Schattenseiten: Die Umgebungspflege ist immer wieder Streitpunkt zwischen Pfarrfamilie und Kirchenpflege.

Die meisten Gemeindeglieder haben heute, sobald sie die kirchliche Mündigkeit erreicht haben, mit dem Pfarrhaus kaum mehr eine persönliche Begegnung. In einer Stadt, womöglich mit mehreren Kirchgemeinden, würden längst nicht alle Menschen, die qua Kirchenordnung einer bestimmten Kirchgemeinde zugeordnet sind, das Pfarrhaus überhaupt finden – mit Ausnahme einiger weniger architektonisch markanter Gebäude. Das Haus hat über die letzten Jahrzehnte viele seiner Funktionen eingebüsst. Und doch: Würde man das Licht im Pfarrhaus löschen, löste dies Unbehagen aus.[3] Man hält an diesem Haus formal, aber auch emotional fest, obwohl angesichts von Immobilienpreisen und Steuerdruck sowie anstehen-

---

2   Vgl. die Überlegungen dazu in Winkler, Pfarrhaus (unten, Anm. 5), 377, wonach das Pfarrhaus quasi «katholisch» wird, indem sich die klassischen Funktionen, die bisher vom Haus mitgetragen worden seien, ganz auf die Rolle und Person des Pfarrers, der Pfarrerin übertragen.

3   In Anspielung an die Redewendung «Im Pfarrhaus brennt noch Licht».

den Strukturreformen und Veränderungen im Berufsbild über Beibehaltung und Residenzpflicht mancherorts offen diskutiert wird.

Das reformierte Pfarrhaus war in unterschiedlicher Intensität immer mit seiner Umwelt verflochten und kannte keine Trennung zwischen Innen- und Aussenwelt. So wurde für das evangelische Pfarrhaus in Deutschland herausgearbeitet, dass es «schon früh der hervorgehobene Ort» gewesen sei, «an dem das Exempel praktischen Christentums gelebt wurde. Das hatte praktische Gründe in der Sozialgeschichte des frühneuzeitlichen Pfarrhauses, vor allem aber theologisch-praktische Ursachen. Die Hausordnung des Pfarrhauses war von Gott gesetzt. Die Binnenverhältnisse zwischen Pfarrherr, Pfarrfrau und Hausgemeinde waren religiöse Institutionen. Das ganze Pfarrhaus predigte.»[4]

Es scheinen vor allem Erwartungen zu sein, die die anhaltende Bedeutung des Pfarrhauses für ein soziales System, ein «kollektives Gedächtnis», zumindest bestimmter Gruppen, ausmacht. Erwartungen werden wiederum geformt durch Erfahrungen und Erinnerungen, die auf die Gegenwart und Zukunft übertragen werden, sinn- und identitätsstiftend wirken.

Die Geschichte dieses besonderen Hauses berührt Fragen der Kirchen-, Reformations- und Frömmigkeitsgeschichte, der Kultur-, Geistes-, Mentalitäts- und Literaturgeschichte, Alltags- und Sozialgeschichte, um nur einige Zugangspunkte zu nennen. Der vorliegende Aufsatz versteht sich als essayistische Rundschau und nähert sich der Geschichte des Pfarrhauses in der Schweiz von zwei Seiten: Pfarrhäuser haben einerseits eine Geschichte als sichtbare Gebäude (Kap. 1), zum anderen sind die «Häuser in der Zeit» aber auch bewohnte Gebäude, in denen das Leben spielt (Kap. 2).[5] Pfarrhäuser sind aber mit ihrem hohen Symbolgehalt auch eine Institution der Kirche; so befasst sich der dritte Abschnitt (Kap. 3) mit der Frage, inwiefern das Pfarrhaus als «Erinnerungsort» der reformierten Gemeinschaft betrachtet werden kann.

---

4   Siegfried Weichlein, Pfarrhaus, in: Christoph Markschies/Hubert Wolf (Hg.), Erinnerungsorte des Christentums, München 2010, 642–653, 643.

5   Illustrierende Schweizer Literatur: David Gugerli, Zwischen Pfrund und Predigt, Die protestantische Pfarrfamilie auf der Zürcher Landschaft im ausgehenden 18. Jahrhundert, Zürich 1988; André Salathé (Hg.), Johann Georg Kreis, «Predigen – oh Lust und Freude», Erinnerungen eines Thurgauer Landpfarrers, 1820–1906, Zürich 1998. – Die einschlägige Literatur bezieht sich vor allem auf den deutschen Raum: Riess, Haus in der Zeit; Martin Greiffenhagen (Hg.), Das evangelische Pfarrhaus. Eine Kultur- und Sozialgeschichte, Stuttgart 1984; Peter Scherle, Welche Zukunft hat das Pfarrhaus? Thesen für ein notwendiges Gespräch, in: Ders. (Hg.), Haus halten, Gottes «oikonomia» und die kirchliche Haushalterschaft, (Herborner Beiträge, 5), 249–257; mit umfangreicher Bibliografie: Christine Eichel, Das deutsche Pfarrhaus, Hort des Geistes und der Macht, Köln 2012; Tina M. Fritzsche/ Nicole Pagels, Das evangelische Pfarrhaus – ein Haus zwischen Himmel und Erde, Hamburg 2013. – Lexika: Eberhard Winkler, Pfarrhaus, in: TRE, Bd. 26, 374–379; Wolfgang Steck, Pfarrhaus, in: RGG⁴, Bd. 6, Sp. 1228f.

1. Das Haus in der Geschichte

Das Pfarrhaus entstand mit der Pfarrei. Natürlich kann man nicht von *dem* Pfarrhaus sprechen; die Unterschiede in Grösse, Bauzustand oder Lage können ebenso beträchtlich sein wie die soziale Verortung in Städten und Dörfern. Selbstverständlich ist auch dieser Teil nicht frei von Symbolik. Zum einen ist der Wille der Kirche, sichtbar zu bleiben und damit ihren Auftrag zu erfüllen, bis heute ungebrochen. Zum anderen verkörperten die im «Sakralbereich» einer dörflichen Gemeinschaft errichteten Pfarrhausbauten gerade in den Stadtstaaten mit ihren repräsentativen Bauten das Selbstbewusstsein der Obrigkeit. Pfarramt und Amtshaus waren Instrumente der Disziplinierung: «Tatsächlich übte der Pfarrer als *verbi divini minister* von der Reformation bis zum Ende des Ancien Régime nicht bloss als *Diener am Wort* ein kirchliches Amt aus, sondern war gleichzeitig ein staatlicher Beamter.»[6]

Wer in die Anfänge des reformierten Pfarrhauses zurückreist, trifft eine rustikale Gesellschaft an und liest in Berichten verbreitet von Pfarrern mit fragwürdigem Lebenswandel und mangelhafter Bildung. «Der spätmittelalterliche Pfarrer verfügte häufig über einen geringen Bildungsstand, der ihn gerade instand setzte, die Messe zu lesen und kirchliche Riten zu vollziehen, auch die nötigen Verwaltungsaufgaben zu erfüllen. Der Aufgabe zu predigen, war er oft nicht gewachsen.»[7] Dazu kam in vielen Fällen eine bedrückende ökonomische Situation, die den Pfarrfamilien oft ein hartes Bauernleben aufzwang. Gerade für die Pfarrer sollte das Bibelwort von den Lilien auf dem Felde und den Vögeln unter dem Himmel keine Entlastung bringen. Im Gegenteil: Der heute bewunderte Pfarrhausgarten war vielerorts für die Selbstversorgung unabdingbar. Kreideten Visitationen an, dass im Pfarrhaus Bier oder Wein ausgeschenkt wurde, heisst dies im Umkehrschluss nichts anderes, als dass dies eben eine kreative Form zur Generierung zusätzlicher Einnahmen war.[8]

---

6   Michael Mente, «Von dem Amt eines verordneten Decani», Einblicke in die Geschichte des Dekanenamtes in der Evangelisch-reformierten Landeskirche des Kantons Zürich, in: Zwingliana, Beiträge zur Geschichte des Protestantismus in der Schweiz und seiner Ausstrahlung, Bd. 39, 2012, 93–129; 93f.

7   Friedrich Wilhelm Kantzenbach, Das reformatorische Verständnis des Pfarramtes, in: Greiffenhagen, Das evangelische Pfarrhaus, 23–45; 26.

8   «Als 1784 Pfarrer Kramer von Elgg angeklagt wurde, er habe im Thurgau mehrere Fuder Wein eingekauft und im Laufe des Jahres an die Bürger abgesetzt, entgegnete er kurz und bündig, dass ihn die Predicanten-Ordnung [von 1758, siehe unten, Anm. 46] diesbezüglich nichts angehe. Seine Vorfahren hätten ebenfalls Weinhandel betrieben. Auch der Gesellenwirt Johannes Ulmer zu Heisch beklagte sich über die Konkurrenz durch den Weinausschank von Pfarrer Horner in Hausen, der darauf vom Dekan die brüderliche Ermahnung bekam, sich des Weinausschanks künftig zu enthalten.» Gugerli, Zwischen Pfrund und Predigt, 114f.

1.1 Haus und Garten

Die Versorgung der Pfarrer, die mit ihren Familien wie Fremde in der Dorfgemeinschaft lebten, war über die Jahrhunderte ein Dauerthema, denn «die von der Reformation ausgelösten sozial-ökonomischen Veränderungen hoben manche der überkommenen Einnahmequellen auf ... Zugleich erhöhte sich der notwendige Bedarf durch die Pfarrersfamilien. Die Kirchenordnungen fordern deshalb immer wieder, dass die Pfarrer pünktlich bezahlt werden. Die Instandhaltung der Pfarrhäuser überforderte oft die Gemeinden.»[9] Anlass zu Streit gab es immer wieder in paritätischen Gebieten oder an Orten, wo die Patronatsrechte noch nicht in die Hand der vorstaatlichen Obrigkeit gelangt waren, sondern etwa von Klöstern oder anderen Personen wahrgenommen wurden. Die Haupteinnahmequelle bestand in den Erträgen aus Pfründen, die zumeist in Form von Naturalleistungen, Nutzungsrechten und Geldzahlungen entrichtet wurden.[10] Der frühneuzeitliche Pfarrer, der eine Familie zu ernähren hatte, musste unweigerlich zum Bauern werden, was vielfach als soziale Kränkung gesehen wurde.

In den Städten gab es diese Sorgen weniger: «Dort war es eine Frage des Prestiges, hochgebildete Pastoren zu haben, die zudem besser bezahlt wurden. Ein Stadtpfarrer gehörte deshalb einem höheren Stand an, während sich ... auf dem Land ein ‹theologisches Proletariat› ausbildete.»[11]

So blieb es bei einer verbreiteten notorischen Unterversorgung der Pfarrerschaft bis ins 19. Jahrhundert, als mit den Verfassungen seit der Restauration berechenbare Geldleistungen entrichtet wurden, Lohn und Anstellung von Staates wegen erfolgten und so für einen gewissen Ausgleich unter den Pfarrstellen sorgten. Umwälzungen und Traditionsabbrüche lösten auch romantische Gefühle aus und weckten Bilder, die auf die Vergangenheit projiziert wurden: «Mit einigem ästhetisierenden und vor allem zeitlichen Abstand betrachtet, wirkte das [soeben Beschriebene] weit weniger erbärmlich. Im 18. Jahrhundert sah mancher wie Goethe die Figur des Landpfarrers vielmehr im milden Licht der Idylle. Der Pfarrer als Sämann, der rurale und geistliche Ernten einfährt, das hatte etwas Gleich-

---

9   Winkler, Pfarrhaus, 375.
10 Vgl. Gugerli, Zwischen Pfrund und Predigt, 96–135; Christina Schmid-Tschirren, Von der Säkularisation zur Separation, Der Umgang des Staates mit den Kirchengütern in den evangelisch-reformierten und paritätischen Kantonen der Schweiz im 19. Jahrhundert, Zürich 2011, bes. 146f. Die Zürcher Obrigkeit etwa hatte sich schon zur Zeit der Reformation mit Pfrundverbesserungen zu beschäftigen. Grosse Einkommensverluste erwuchsen sodann, als mit der Helvetik ersatzlos jegliche Feudallasten, etwa die Zehnten, aufgehoben wurden; in der Folge linderten verschiedene Ablösegesetze betreffend Zinsen und Grundzehnten die finanzielle Not der Geistlichen etwas.
11 Eichel, Das deutsche Pfarrhaus, 105. – Eine eigene Frage stellt diejenige nach der Altersvorsorge sowie der Versorgung der Pfarrwitwen dar; vgl. Winkler, Pfarrhaus, 375; Gugerli, Zwischen Pfrund und Predigt, 135ff.

nishaftes. Sich auf beiden Feldern beweisen zu müssen schien nur konsequent. Doch in den Anfängen des Pfarrhauses war das Pflügen und Streuen pure Not.»[12] Die Einkommens- und Vermögensunterschiede konnten allerdings beträchtlich sein. Zwar waren alle Pfrundinhaber der (Zürcher) Landschaft auf landwirtschaftliche Tätigkeit angewiesen. Gugerli konnte für Zürich jedoch zeigen, dass viele Pfarrer im Dorf zu den Topverdienern zählten und sich durchaus ein effizientes Pfründenmanagement und Nebenverdienste bis hin zur Kreditvergabe aufbauen konnten. Dass sich Landgeistliche als Oberschichtsangehörige oft als zu schlecht gestellt sahen, rührte dann vor allem vom Vergleich mit den Kollegen in der Stadt her.[13]

Doch nicht immer gehörten die besten Äcker der Kirche, und wenn doch, wurden sie nicht selten von anderen beansprucht. Die Durchsetzung obrigkeitlicher Rechte führte auf Dorfebene immer wieder zu Schwierigkeiten. Auch legten nicht alle Pfarrer als Bauern eine geschickte Hand an den Tag, und viele konnten sich mit der Notwendigkeit der landwirtschaftlichen Nebenbeschäftigung nicht abfinden. Doch gab es auch Pfarrer, die aus der Not eine Tugend machten und ihr frisch erworbenes Wissen umzumünzen versuchten. Bis ins 19. Jahrhundert erschienen Anleitungen über Gartenbau, Küchenkräuter und ländliche Hauswirtschaft aus der Feder von Theologen. Die Kenntnisse im Pfründenmanagement kamen der Dorfgemeinschaft zugute.

1.2 Entwicklung der Gebäude

Wesentlich zur äusserlichen Entwicklung der Häuser trug neben herrschaftlichen Fragen wie dem Patronatsrecht auch die beschriebene Versorgung der Pfarrfamilie bei: Wurde im Mittelalter eine Pfarrei gegründet, so wurde der Lebensunterhalt des Pfarrers mit Schenkungen an die Kirche versehen, die meist aus einem Gut mit Wohnhaus und Ökonomiegebäuden sowie verschiedenen Grundrechten bestanden. Der Pfarrer hatte für den Unterhalt der Gebäude zu sorgen und verwaltete seine Pfründen selbst.

Die Entwicklung der Pfarrhäuser ist uneinheitlich. Je nach Epoche und Region, Patronatsrecht und Gemeindemitsprache, Kostenaufteilung und Pfarrfunktionen kommt in der Landschaft alles vor: «vom Holzhaus bis zur Patrizierresidenz».[14] Gemeinsam war vor allem die ursprüngliche Nähe zum Kirchengebäude. So oder so: Das Pfarrhaus ist ein belebter, bewohnter Ort, der über sich

---

12 Eichel, Das deutsche Pfarrhaus, 105.
13 Vgl. Gugerli, Zwischen Pfrund und Predigt, 123f.
14 Monique Fontanaz, Pfarrhäuser, in: Historisches Lexikon der Schweiz, Lemma «Pfarrhäuser».

hinausweist, als Institution Erwartungen erfüllt oder auslöst – so eine These dieses Aufsatzes.

2. Das bewohnte Haus

Zunächst hat das evangelische bzw. reformierte Pfarrhaus die Nachfolge des Klosters angetreten. «Das gilt besonders für die diakonische Offenheit und die damit verbundenen Opfer»[15] an einem Ort, an dem die Kirche ausserhalb des Gottesdienstes erreichbar ist. Man könnte sagen, das Pfarrhaus sei an der Schnittstelle von territorialer Kirchenorganisation und klösterlichen gesellschaftlichen Funktionen entstanden. «Der Pfarrer beerbt den ‹parochus›, der im ‹domus presbyteri›[16] mit dazugehörigem Garten (durchaus auch mit Familie) lebte und die klösterlich lebende Gemeinschaft gleichermassen.»[17]

2.1 Das Haus der Reformatoren

Das mit Familien bewohnte Pfarrhaus gab es schon vorreformatorisch: Verfestigte sich der Zölibat erst im Hochmittalter, so wurde er auch später vielerorts nur «halbherzig» durchgesetzt. Der Vater Heinrich Bullingers etwa lebte in offener Ehe mit Anna Wiederkehr, Leo Juds Vater war ebenso ein Pfarrer, der seine Liebe offen lebte. War es damals Duldung durch die Kirche, so war das Eingehen einer Beziehung durch die Geistlichen fortan bewusster Entschluss mit allen Konsequenzen. Ohne den Einsatz der Frauen wären die Häuser der Reformatoren wohl nicht tragbar gewesen. Martin Luthers Frau, Katharina von Bora, setzte sich sehr dafür ein, aus dem Kloster ein Pfarrhaus zu machen; ohne ihre wirtschaftliche Tüchtigkeit als Schlüssel- und Gutsverwalterin wäre der Haushalt nicht finanzierbar gewesen. War für sie der Schritt von der Nonne zur Ehefrau doch vielleicht etwas grösser, so war der schon früher erfolgte von Anna Reinhart in die zunächst verheimlichte Beziehung zum Zürcher Leutpriester Zwingli dafür nicht weniger ungeheuerlich. Die Rolle, die sie an der Seite von Huldrych Zwingli eingenommen hatte, wurde von der Literatur mit viel Dichtung bei wenig bekannter Wahrheit betrachtet. So oder so darf sie durchaus als emanzipierte Person betrachtet werden.

　　Mit der Abschaffung des Zölibats entstanden im Zuge der Reformation die Pfarrhaushalte der Grossfamilien; Familie eher verstanden als die frühneuzeitliche

---

15　　Winkler, Pfarrhaus, 374.
16　　Parochie bezeichnet eine Pfarrei; ein Presbyter ist ein Inhaber eines kirchlichen Leitungsamtes, hier Priester gemeint.
17　　Scherle, Welche Zukunft hat das Pfarrhaus?, 251.

familia, der Lebens- und Wirtschaftsgemeinschaft eines erweiterten Haushaltes: Neben den Eltern und nicht selten zahlreichen Kindern wohnten auch nahe Verwandte, das Gesinde, oftmals auch Gäste und andere Kostgänger unter einem Dach.

2.2 Das Pfarrhaus bis ins 17. Jahrhundert

In Deutschland litten im Zeitalter der konfessionellen Kämpfe und der Gegenreformation viele Pfarrfamilien unter Vertreibungen[18]; für das Territorium der Schweiz galt das wohl nur für Einzelfälle angesichts von Wirren und Auseinandersetzungen, zumal die territoriale Zuordnung der Konfessionen schon kurz nach der Reformation relativ klar und stabil war.

Es ist zum einen die Zeit der sozialen Disziplinierung der Pfarrerschaft und der Gemeindeglieder bzw. der Untertanen auf der Landschaft und der Frage nach der richtigen Lehre; der Pietismus schreibt die Reformation fort. Zum anderen wächst mit dem Pietismus eine Strömung, welche die Frage nach der Konkretion des Glaubens im alltäglichen Handeln verstärkt stellt. Daher wird bei einer Pfarrfamilie genauer beobachtet, wie sie ihren Lebenswandel gestaltet. Mit dem Pietismus wird das Pfarrhaus zum Ort des Austauschs und zur Kirche in der Kirche: Hausandacht und private Seelsorge entwickelten sich in einem bisher unbekannten Ausmass, das Haus wird zur Zufluchtsstätte.[19]

2.3 Von der Aufklärung bis zur Gegenwart

In der Zeit der Aufklärung entsteht die Vorstellung vom idyllischen Pfarrhaus, das in der Realität für wenige Pfarrfamilien auf gut dotierten Stellen zutraf. Mit den gesellschaftlichen Entwicklungen vollzieht sich auch im Pfarrhaus der Wandel vom erweiterten Haushalt zur bürgerlichen Kleinfamilie; mit dem Entstehen des privaten Haushalts wird die Spannung zwischen privat und öffentlich dem Pfarrhaus eingeschrieben.

Die Aufklärung bewirkt, dass die Beziehungen zwischen Pfarrfamilien und Bevölkerung intensiver wurden. «Wie in bürgerlichen Kreisen üblich, spielten das Familienleben, die Bildung und die schönen Künste eine grosse Rolle. Viele Pfarrer, Pfarrerssöhne und Pfarrerstöchter widmeten sich mit Erfolg den Naturwissenschaften und der Philosophie. Häufig versuchten der Pfarrer und die Pfarrfrau, den Kindern der Gemeinde über das Schulische hinaus Bildung zu vermitteln.»[20]

---

18 Winkler, Pfarrhaus, 376. – Im Dreissigjährigen Krieg waren sie oft die ersten Ziele von Plünderungen, aber auch Ort grossen sozialen Engagements.
19 Ebd.
20 Prospekt des Pfarrhausarchives Eisenach.

Das Haus wird zunehmend zu einem Ort der Diakonie und der Pädagogik. In der Zeit des Bürgertums erlebt es dann seine Blütezeit, wie auch seine Verklärung. Es war nun ganz Teil des bürgerlichen Kosmos geworden, der Pfarrberuf wurde gänzlich zu einem Aufstiegsberuf der mittleren Schichten.

Die Umbrüche dieses Jahrhunderts hatten für die Pfarrfamilie zunächst nur wirtschaftliche Folgen. Im 19. Jahrhundert verbesserte sich die Lebenssituation der Familie ebenso wie der Bauzustand der Häuser. Das Pfarrhaus hat alle Umbrüche miterlebt, die sich im gesellschaftlichen Bild der bürgerlichen Kleinfamilie vollzogen. Dem Schweizer Pfarrhaus fehlen allerdings die nun folgenden, für den deutschen «Erinnerungsort» fundamentalen Erfahrungen etwa des Kaiserreichs, der Weimarer Republik, der Katastrophen des 20. Jahrhunderts oder der Nachkriegszeit und der DDR. Erkenntnisse ergäben sich allenfalls aus Reflexionen über das Mosaik unterschiedlicher Zustände und Geschwindigkeiten der seit dem frühen 19. Jahrhundert einsetzenden Prozesse zur Trennung von Kirche und Staat in den einzelnen Kantonen, die auch die Versorgungsgrundlagen und Entlohnung der Pfarrerschaft mitbetrafen.[21]

Viele Gemeinden haben daraufhin Pfarrhäuser in Schenkungen erhalten oder neu errichtet; nicht selten bewusst in neuen Quartieren, um als Kirche den Menschen nahe zu sein. Unterdessen werden Häuser aufgegeben, und kirchliche Gremien führen Debatten um die Stellung der Pfarrhäuser. Ihre Bedeutung scheint sich relativiert zu haben, denn viele Funktionen sind auch anderswo zugänglich. «Wie sich das in sich geschlossene Modell des bürgerlich-protestantischen Pfarrhauses mit der Pluralisierung der Lebensstile auflöste, so mutierte insbesondere das urbane Pfarrhaus infolge der immer deutlicheren Trennung von Berufsarbeit und Privatleben zum Wohnhaus einer privaten Familiengemeinschaft.»[22]

Gleichwohl bleibt der ideelle und symbolische Gehalt des Hauses erhalten. Bei diesem Gebäude handelt es sich nach wie vor um einen besonderen Ort im Kontext einer kirchlich bzw. gemeindlich organisierten Gemeinschaft, um einen Ort, der mehr als die Herberge eines passageren Berufsdaseins bedeutet. Die theologisch geschulte Pfarrperson weiss, dass sie auf Erden und besonders in einer Kirchgemeinde keine bleibende Stadt (Hebr 13,14) hat, ist sich gleichzeitig bewusst, dass das von ihr bewohnte Haus über sie hinausweist.[23] Das dritte

---

21   Vgl. dazu etwa: Schmid-Tschirren, Von der Säkularisation zur Separation; Hans Heinrich Schmid, Kirche und Staat im Kanton Zürich – geschichtliche Voraussetzungen der heutigen Situation, in: Alfred Schindler (Hg.), Kirche und Staat, Bindung – Trennung – Partnerschaft, Zürich 1994, 196–218; Alfred Schindler, Die alten Zürcher Privilegien – historisch und theologisch, in: Ders. (Hg.), Kirche und Staat, 219–247.

22   Steck, Pfarrhaus, Sp. 1229.

23   Die Pfarrperson ist Teil einer Tradition und wird nicht selten durch die spezifischen Eigenheiten des Pfarramts vor Ort, seiner Geschichte und Geschichten und ein Stück weit durch die «Ahnenreihe» mitgeprägt. Pfarrbücher, Wappenreihen sind nicht nur Ausdruck eines

Kapitel dieser Darstellung beleuchtet daher die Frage, inwieweit das Pfarrhaus in der Schweiz einen Erinnerungsort darstellt und wie sich dessen Merkmale manifestieren.

3. Der besondere Ort: Erinnerungen – Erfahrungen – Erwartungen

«Das Pfarrhaus ist Erinnerungsort für mehreres: als pars pro toto für den deutschen Protestantismus, als Institution für das protestantisch-deutsche Familienideal, als ‹invented tradition› für den Ursprung idealisierter deutscher Geistigkeit und als philosophisch-theologische Utopie für die Versöhnung von Verstandestätigkeit und Herzensbildung. Das Pfarrhaus prägte das protestantische Christentum und die nationalen Gesellschaften [...]. Aus dem geistlichen Amt, das im Pfarrhaus waltete, wurde eine bürgerliche Profession. Die christliche und die nationale Erinnerungsgeschichte standen im engen Austausch. Das Pfarrhaus ist ein christlicher Erinnerungsort der Nation und ein Erinnerungsort des Christentums.»[24] Dies hält Siegfried Weichlein gleich zu Beginn seines Beitrags fest.

An dieser Stelle ist in einem Exkurs zu klären, worum es sich bei einem Erinnerungsort handelt. Es stellt sich zum einen die Frage, inwiefern sich das Konzept auf die Schweiz übertragen lässt, und zum anderen, wie es allenfalls für weitere Überlegungen fruchtbar gemacht werden könnte.

3.1 Exkurs: Theorie und Begriffe

Das Pfarrhaus steht nicht für sich, sondern ist im Ensemble mit der Kirche zu sehen. Dennoch übernimmt dieses Haus ihm eigene Funktionen und bietet dadurch auch eine ganz eigene Deutungsfläche, was wesentlich für einen Erinnerungsort ist. Besonders die Erfindung der «Volkskirche» im 19. Jahrhundert, mit der Friedrich Schleiermacher auf Eric Hobsbawn und seine Überlegungen zur *invention of tradition* trifft, dürfte wesentlich zur Bedeutung des Pfarrhauses als

---

beruflichen Standesbewusstseins, sondern auch des Gestaltungswillens am jeweiligen Platz in der Tradition.

24 Weichlein, Pfarrhaus, 642. – Weitere Werke, die sich dieser Thematik annehmen: Oliver Janz, Das evangelische Pfarrhaus, in: Étienne François/Hagen Schulze (Hg.), Deutsche Erinnerungsorte, Bd. 3, München 2001, 221–238; Ders., Das evangelische Pfarrhaus als deutscher Erinnerungsort, in: Jahrbuch für Berlin-Brandenburgische Kirchengeschichte 64 (2003), 86–103.

Erinnerungsortes und Projektionsfläche für bürgerlich-romantische Vorstellungen beigetragen haben.[25]

Das Konzept der Erinnerungsorte geht davon aus, dass sich das kollektive Gedächtnis einer sozialen Gruppe wie das individuelle von Einzelpersonen an bestimmten «Orten» orientiert. Der Begründer dieses Zugangs der Geschichtsbetrachtung, Pierre Nora, geht von materiellen Erinnerungsorten und solchen im übertragenen Sinne aus.[26] Zu denken ist neben geografischen Orten auch an Ereignisse, Jahrzahlen, mythische Gestalten und Helden, Institutionen, Begriffe, Kunstwerke, ein Buch oder eben: ein Gebäude. Gemeinsam ist allen Erscheinungsformen, dass diese Orte eine besonders aufgeladene symbolische Bedeutung besitzen: Indem sich an ihnen Erinnerungen, Deutungen und Vorstellungen aus der Gegenwart kristallisieren, haben sie für eine jeweilige Gruppe eine identitätsstiftende Funktion.

3.1.1 Mögliche Übertragung auf Schweizer Verhältnisse

Die erste Schwierigkeit besteht darin, dass die Schweiz keine einheitliche reformierte Kirche hat. Spricht man also von kollektiven Gedächtnissen, stellt sich die Frage: Wer erinnerte sich einst, und wer erinnert sich jetzt? «Träger» kollektiver Gedächtnisse könnten zum Beispiel Institutionen sein: eine Landeskirche oder eine Kirchgemeinde. Oder Gruppen von Menschen, die über ihre Lebenswelten und ihre Einstellung gegenüber ihrer Umwelt definiert werden, was kirchennahe und kirchenferne Kreise berücksichtigt.[27]

Obwohl auch Deutschland keine einheitliche Kirche hat und der Schweizer Protestantismus, insbesondere seit dem 19. Jahrhundert, eine wesentliche Kraft in der Ausgestaltung des modernen Bundesstaates gewesen ist, unterscheiden sich die politischen und verfassungsgeschichtlichen, damit auch die kirchengeschichtlichen Entwicklungen der beiden Länder schon seit der Reformation fundamental. Für die Konstruktion gemeinsamer Tradition und Identität zwischen den eidgenössischen Orten, die erst mit der Gründung des Bundesstaates enger zusammen-

---

25 Der Begriff der «Volkskirche» hat viele Veränderungen erfahren; heute versteht man darunter nicht nur die Grösse einer Kirche bezogen auf ihr Wirkungsterritorium, sondern wie im Fall der Evangelisch-reformierten Landeskirche des Kantons Zürich vor allem die Weite ihres Auftrags als Institution, indem sie den Menschen nahe sein möchte (Art. 5 ZKO), was sich selbstverständlich auch in der Funktion der Pfarrhäuser in einer ganz praktischen Dimension niederschlagen soll. – Zum Begriff vgl. Schmid, Kirche und Staat, 209f.; Robert Leuenberger, Volkskirche und Gesellschaft, Kirche und Staat, in: Schindler, Kirche und Staat, 57–66.

26 Pierre Nora (Hg.), Les lieux de mémoire, 7 Bde., Paris 1984–1992.

27 Vgl. Matthias Krieg/Roland Diethelm (Hg.), Lebenswelten, Modelle kirchlicher Zukunft, 2 Bde., Zürich 2012.

geschweisst wurden, waren seit der Frühen Neuzeit andere Bezugsgrössen als kirchliche Institutionen wichtiger.

Peter Scherle streicht heraus, dass das Pfarrhaus, erster Ort der Aufklärung und im Gefolge Ort der politischen Reaktion, zu einem Nukleus musikalischer und philosophisch-historischer Bildung wurde, ohne den die neuzeitliche Geistesgeschichte Deutschlands kaum vorstellbar wäre.[28] Wohl in keinem anderen Land hat das Pfarrhaus so mannigfaltig Eingang in die Literaturgeschichte gefunden. Der Einfluss des Pfarrhauses auf die wie immer geartete Geistesgeschichte der Schweiz wäre zu prüfen. Doch lässt sich sagen, dass man hier weniger auf den Sockel gestellte Persönlichkeiten vorfindet: Lavater, Pestalozzi, Bodmer, Gessner, Spyri, Gotthelf, Dürrenmatt sind eher Ausnahmen, oder auch Christoph Blocher und Moritz Leuenberger als zwei Grössen der Politik, deren Verdienste man mit der Aura eines Pfarrhauses in Verbindung bringt. Während die deutsche Presse im Blick auf Joachim Gauck und Angela Merkel Deutschland als «Pfarrhaus-Republik»[29] betitelt, wird das Pfarrhaus in der Schweiz nicht im gleichen Mass zu einem nationalen Erinnerungsort, obwohl auch hierzulande Vorstellungen kursieren, die nicht frei von Idealisierungen sind, wie Gugerli feststellt: «Das Bild vom protestantischen Pfarrhaus als Modellfamilie bürgerlichen Zuschnitts bildet sich auch in der Schweiz im 18. Jahrhundert heraus und verfestigt sich zum Topos, zur stereotypen Wendung im sozialen Kontext des Ancién Régime.»[30]

Ein Gemeindebewusstsein dürfte sich erst anfangs des 19. Jahrhunderts mit der Entstehung der Kirchgemeinde als rechtlich-verfasster Körperschaft nach dem Vorbild der politischen Gemeinden und mit der Entwicklung basisdemokratischer und partizipativer Prozesse unter den Gemeindegliedern entwickelt haben. So kann sich das Haus zwar aus institutioneller Sicht zu einem Ort der Identität verfestigen und Funktionen eines Erinnerungsorts auf sich nehmen. Bezogen auf die meisten Gemeindeglieder ist er aber vor allem ein Ort des kommunikativen, d. h. des alltagsnahen Gedächtnisses, das die Erinnerungen höchstens dreier Generationen transportiert. Geht man von Individuen aus, lassen sich verschiedene Anknüpfungspunkte finden, die das Pfarrhaus für sie zu einem persönlichen Erinnerungsort machen: als Inbegriff vertrauter Heimat, als Ort der Hilfe in einer schwierigen Lage, als Haus der leidlich abgesessenen Konfirmandenstunden. Wesentlich sind in dieser Dimension der biografische Bezug und die Gestaltung der Beziehung zu den Bewohnern. Der Erinnerungsort ist damit im Wandel und funktioniert so lange als Bedeutungsträger, wie er gestaltet und belebt wird.

28　Scherle, Welche Zukunft hat das Pfarrhaus?, 251. Vgl. Steck, Pfarrhaus, Sp. 1228.
29　Josef Joffe, Die Pfarrhaus-Republik, Neue Empörungs-Kultur – gnadenloser als der alte Protestantismus, in: Die Zeit, Nr. 7, vom 7.2.2013. Vgl. Irene Jung, Das Pfarrhaus, Keimzelle der Republik, in: Hamburger Abendblatt vom 27.11.2012.
30　Gugerli, Zwischen Pfrund und Predigt, 14.

3.2 Vom Erinnerungsort zum Erwartungsort

Lässt sich das Konzept des Erinnerungsorts für die Betrachtung des Pfarrhauses fruchtbar machen? Ja, sofern man davon ausgeht, dass sich hier weniger Erinnerungen kristallisieren, sondern Erwartungen. Erwartungen beziehen sich auf die Gegenwart und sind im Ansatz zukunftsgerichtet, nähren sich aber aus den Erfahrungen der Vergangenheit. Solange der Ort produktiv in der Erfüllung von Erwartungen ist, handelt es sich beim Pfarrhaus um einen «modifizierten» Erinnerungsort.

3.2.1 Merkmale

Erwartungen sind historischem Wandel unterworfen. Sie werden zudem nicht nur von aussen an das Haus herangetragen, sondern auch von innen her generiert. Immer sind es konstruierte Erwartungen, die nichts darüber aussagen, ob der jeweilige Gegenstand der Erwartung aus Sicht der Erinnerungsträger tatsächlich schon immer so gewesen war oder eher ein Wunschzustand in Bezug auf die Gegenwart darstellt

* **Das Pfarrhaus soll eine «offene Burg»[31] sein.**
  Ist das Pfarrhaus ein für alle offener und für sich selbst durchlässiger Ort, so verbindet sich mit ihm doch immer die Erwartung, ein ausgesparter und geschützter Raum zu sein, wo man Hilfe und Zuflucht erwarten kann.[32] Gastfreundschaft und Fürsorge waren seit den Reformatoren wichtige Gebote. Das Haus erhielt die Funktion einer Sozialstation, die einem Kloster nicht unähnlich ist. Bis heute wird an der Pforte um Almosen oder ein Bett gefragt. Medizinische Versorgung, Gesundheit und Pflege sind ebenso wesentliche Merkmale diakonischen Handelns, das vom Pfarrhaus ausging. Die soziale Aufgeschlossenheit vieler Pfarrhäuser wirkte beispielgebend auf die Gesellschaft und andere Institutionen. Seit den Reformatoren ging von den Pfarrhäusern auch Fürsprache aus; die Armenfürsorge war im reformierten Stadtstaat Zürich ein zentrales Anliegen.

  Das reformierte Pfarrhaus war auch Ort der Zuflucht und des Asyls. Bullingers Gastfreundschaft gegenüber Glaubensflüchtlingen wurde zum Vorbild für die Politik der Stadt. Auch in neuerer Zeit lassen sich Beispiele von Pfarrern finden, «die in dieser Aufgabe weder der Angst noch der Drohung

---

31   Fritzsche/Pagels, Das evangelische Pfarrhaus, 31.
32   Eichel, Das deutsche Pfarrhaus, 45–56; Dietrich Rössler, Pfarrhaus und Medizin, in: Greiffenhagen, Das evangelische Pfarrhaus, 231–246; Theodor Schober, Das Pfarrhaus als Sozialstation, in: Greiffenhagen, Das evangelische Pfarrhaus, 379–394; Fritzsche/Pagels, Das evangelische Pfarrhaus, 31–34.

Raum gaben, sondern das Christzeugnis mit allen Konsequenzen zu leben bereit waren»[33], Paul Vogt etwa während der Zeit des Nationalsozialismus.

Erwartet wird nach wie vor, dass es sich um einen Ort der «wie auch immer gearteten Problemlösung» handelt: «Es soll ein immer erreichbares Haus sein, das für jeden offen ist, der Hilfe sucht, egal welchen Alters, Volkes oder Religion er zugehörig ist – ein Haus, das niemanden abweist.»[34]

- **Das Pfarrhaus soll ein Ort der Bildung sein.**

Weil die Reformation und in ihrem Gefolge der Pietismus Bildungsbewegungen waren, wurde das Pfarrhaus zu einem Ort der Bildung, die vorreformatorisch vor allem Geistlichen vorbehalten gewesen war. Auch in diesem Bereich füllte das Pfarrhaus die Lücke, die nach Aufhebung der Klöster entstanden war. Erwartungen an das Pfarrhaus erstreckten sich in diesem Bereich in zwei Dimensionen: allgemeine und theologische Bildung.

Dass die Pfarrperson versiert zu sein hat, ist heute eine gerechtfertigte Erwartung von Kirchenleitung und Kirchgemeinde, deren Erfüllung aber auf eine wechselvolle Geschichte zurückblickt. Es war ein wichtiges Anliegen der Reformation, die Bildung gewöhnlicher Pfarrer zu verbessern. Der Beruf des reformierten Pfarrers wurde wesentlich durch die Ausbildung an den dafür errichteten Schulen und Fakultäten bestimmt. Neben der elementaren Bedeutung des Priestertums aller Gläubigen ging es darum, Einzelne für ihr besonderes Amt zu befähigen, zu bestimmen und einzusetzen, was eine gründliche theologische Ausbildung voraussetzte.

Doch das von den Reformatoren gewünschte Ideal des hervorragend ausgebildeten Pfarrers liess sich längst nicht überall als allgemeiner Standard durchsetzen.[35] Im 17. Jahrhundert war die Bildung vornehmlich der Landgeistlichen in Deutschland beklagenswert gering. Die Landschaften der städtischen Orte Zürich, Bern und Basel verfügten vermutlich relativ bald über eine gebildete Pfarrerschaft, war doch die von ihnen ausgehende Reformation von Anfang an mit der Gründung theologischer Fakultäten verbunden; schwarze Schafe bzw. Hirten lassen sich dennoch auch hier finden.[36] Doch

---

33   Schober, Das Pfarrhaus als Sozialstation, 380.
34   Fritzsche/Pagels, Das evangelische Pfarrhaus, 34.
35   Auch nach der Reformation standen sich in Deutschland noch lange *sacerdotes litterati* und *sacerdotes simplices* gegenüber. Vgl. Eichel, Das deutsche Pfarrhaus, 102–104.
36   Vgl. z. B. Rudolf Pfister, Kirchengeschichte der Schweiz, Bd. 2, Zürich 1974, 609f., wo sogar in Zürich von Predigten die Rede ist, die oft nur unnützes Wortgepränge seien (1709) oder Pfarrhäuser auf dem Land offenbar als Wirtshäuser missbraucht worden seien (1626). In der frühneuzeitlichen Zürcher Kirche waren die Dekane dieser Zeit in der Aufsicht über die Pfarrer angehalten, die Leute im Dorf nach der Predigt zu fragen und die Bibliothek der Pfarrer zu visitieren. Mente, «Von dem Amt eines verordneten Decani», 107 und 121f.

heisst das nicht, dass aufgrund solcher Angelegenheiten der Anspruch der Bevölkerung an einen theologisch gut ausgebildeten Pfarrer sinken würde, im Gegenteil: Seit Anbeginn wurde dem gebildeten Pfarrhaus ein hoher Stellenwert eingeräumt.

Eine zweite Erwartung, die im Bereich Bildung an das Pfarrhaus gestellt wurde, galt einer guten Allgemeinbildung der Pfarrfamilie. Besonders seit dem Pietismus wurde die Pfarrfrau sowie in gewissem Masse auch die Kinder einbezogen. Die Erwartung an eine solide Bildung der Frau im Pfarrhaus entwickelte sich nicht nur von aussen, sondern wuchs auch im Inneren des Pfarrhauses, weil der Pfarrer diesen Anspruch an seine Ehefrau stellte.

Die dritte Erwartung, die mit dem Pietismus wuchs, ist die Anforderung an das Pfarrhaus, die eigene Bildung an die Gemeinde weiterzugeben – in Predigt, Bibelstunden, Konfirmanden- und Schulunterricht. «Diese Erwartung ist sicherlich hauptsächlich durch das Schulsystem der Reformation und die Gemeindearbeit des Pietismus geprägt, auch wenn sie zu allen Zeiten eine Rolle spielte.»[37] Auch hier gilt: Die an das Pfarrhaus getragene Erwartung wurde auch von innen her genährt, indem sich der Pfarrer seit der Aufklärung selbst in eine Vorbildrolle versetzte und sein Leben und Wirtschaften als Ideal und Unterweisung vorführte.

Dies alles blieb natürlich nicht ohne Folgen für die Pfarrerskinder, von denen man erwartete, dass sie Schule und Studium überdurchschnittlich absolvierten. Biografien und andere literarische Werke, die auf das geflügelte Wort «Pfarrers Kinder, Müllers Vieh geraten selten oder nie» referieren, sind Legion.

- **Das Pfarrhaus soll ein Ort der Kultur sein.**

Das Haus bot dem literarischen Schaffen einen beliebten Schauplatz. Vor allem seit dem Entstehen romantischer Vorstellungen wurde es als Ort der geistigen und künstlerischen Betätigung gesehen.[38] Danach soll die Pfarrfamilie «zum einen ein generelles kulturelles Interesse zeigen und insbesondere Befähigungen der Familie in den Bereichen Musik, Malerei und Schriftstellerei, die vorausgesetzt werden, zulassen und fördern. Zum anderen wird erwartet, dass solche Fähigkeiten auch für die Gemeindearbeit eingesetzt werden.»[39] Wie weit hier Erwartungen und Verhältnisse wohl auseinanderklafften?

Das Pfarrhaus ist gewissermassen Verkörperung des Pfarramts und wurde als Ort der christlichen Lebensführung gesehen. Die Pfarrfamilie wurde zur

---

37 Fritzsche/Pagels, Das evangelische Pfarrhaus, 27.
38 Vgl. etwa Eichel, Das deutsche Pfarrhaus, 101f.
39 Fritzsche/Pagels, Das evangelische Pfarrhaus, 30.

Gemeinde im Kleinen und hatte sich den mit dem Haus verknüpften Erwartungen zu stellen. Es ist daher lohnenswert, sich dem Pfarrhaus und seinen Bewohnerinnen und Bewohnern unter diesem Aspekt zuzuwenden.

- **Das Pfarrhaus soll ein Ort der christlichen Lebensführung sein.**
Das Zwingliportal am Zürcher Grossmünster zeigt auf einer Episodentafel zum Leben und Wirken Zwinglis seine Familie beim Mahl am Tisch.[40] Der Betrachter nimmt an diesem friedlichen Moment inmitten turbulenter Ereignisse teil, denn das Pfarrhaus umrahmt die Familie und ist nach vorne offen. Lebensgemeinschaft und Pfarrhaus kommen hier als Einheit zum Ausdruck. Mythos oder Realität?[41]

Das Pfarrhaus hatte immer schon nicht nur eine offene, sondern auch eine transparente Seite, was die Kontrolle über die Erfüllung der Erwartungen nach sich zieht. «Leben im Pfarrhaus ist eine öffentliche Angelegenheit. Der Gemeinde das Beispiel einer christlichen Ehe und Kinderzucht vorzuleben ist Teil des geistlichen Dienstauftrages.»[42] Solche und andere Dienstanweisungen, die hier zitierte vom Anfang des 19. Jahrhunderts aus Württemberg, machen verständlich, dass den Bewohnern das Pfarrhaus wohl nicht selten als eine Bühne erscheint, «ihr familiäres Leben als Theater. Als spielten sie ihr privates Leben anderen vor, als inszenierten sie die intimen Szenen des Familienlebens für andere; kurz: als führten andere Regie im Glashaus».[43]

Dass die Wände gläsern wurden und die Familienmitglieder zu Projektionsflächen, hängt mit Traditionsabbruch zusammen und zeigt so, was als typisch für die Entstehung eines Erinnerungsortes angesehen werden kann: «Die Pfarrfamilie wurde erst zur Insel, als die übrige Welt Abschied nahm von der christlichen Lebensführung, die jahrhundertlang von niemandem in Zweifel gezogen war.»[44] Es entwickelte sich die bürgerliche Vorstellung, dass hier wahrhaft christliches Leben stattfinde: «Regelmässige Andacht, (geistliche) Hausmusik, biblisch genährte Bildung, diakonische Hilfe und menschliche Zuwendung gehören dazu.»[45] Diese Lebensgemeinschaft wurde vor allem

---

40 Die bronzene Tür wurde vom Künstler und Bildhauer Otto Münch (1885–1955) geschaffen und 1939 eingeweiht. Vgl. Robert Heinrich Oehninger, Das Zwingliportal am Grossmünster in Zürich, Zürich, 3. veränderte Aufl. 2004.

41 Vgl. Salathé, Johann Georg Kreis, 17f.; Gugerli, Zwischen Pfrund und Predigt, 11f.

42 Andreas Gestrich, Erziehung im Pfarrhaus, Die sozialgeschichtlichen Grundlagen, in: Greiffenhagen, Das evangelische Pfarrhaus, 63–82; 63.

43 Wolfgang Steck, Im Glashaus. Die Pfarrfamilie als Sinnbild christlichen und bürgerlichen Lebens, in: Greiffenhagen, Das evangelische Pfarrhaus, 109–125; 110.

44 Barbara Beuys, Die Pfarrfrau: Kopie oder Original?, in: Greiffenhagen, Das evangelische Pfarrhaus, 47–61; 52.

45 Scherle, Welche Zukunft hat das Pfarrhaus?, 251.

unter den restaurativen Augen des 19. Jahrhunderts zu einem Urbild und Vorbild eines christlichen Haushaltes, der *oeconomia christiana*, erhoben.

Sicherlich war das Pfarrhaus seit jeher ein besonderes Haus, das von allen genauer beobachtet wurde, nur schon, weil der Pfarrer ein Aussenseiter war, ein Städter auf dem Land. Von der Obrigkeit wurde aus disziplinierender Optik exemplarisches Vorleben verlangt.[46] In der vorbürgerlichen Gesellschaft des Mittelalters und der Frühen Neuzeit gab es die Unterscheidung von privat und öffentlich noch nicht. Alles spielte sich vor den Augen der anderen ab – und unter ihrer Kontrolle. Waren nach reformatorischer Vorstellung zwar alle Priester, aber nicht alle Pfarrer, so gilt es festzuhalten, dass christliche Werte, eine christliche Lebensweise im Alltag der Menschen omnipräsent, für alle gültig und nicht der Pfarrfamilie vorbehalten waren. Kurz: Die Welt war gläsern, bis das entstehende Bürgertum im Laufe des 18. und 19. Jahrhundert Innerlichkeit entstehen liess und die Vorhänge zog.[47]

Der bürgerliche Haushalt veränderte sich und wurde in seiner Intimsphäre in der Abgrenzung von innen und aussen individualisiert; damit ging auch eine Veränderung des Familienbildes einher: «Die Ehe ging nicht mehr in der Familie auf. Die Kinder wurden nicht mehr als kleine Erwachsene betrachtet. Die Angestellten gehörten nicht mehr zur Familie, sondern zum Haus. Sie bekamen ihre eigenen Kammern, die Kinder ihre Kinderzimmer, die Eltern ihr Schlafzimmer.»[48]

So unter sich, wie auf der Grossmünstertür dargestellt, sass die Familie Zwingli kaum je beisammen; Schüler, Studenten und andere Gäste waren Kostgänger im Haus, das als «Helferei» bezeichnet wurde. Auch Luthers Haushalt war ein grosses, offenes, bisweilen turbulentes Haus, ein Wirtschaftsbetrieb wie so manches Pfarrhaus, nicht nur Wohnhaus, nicht «Stätte gemütlicher Häuslichkeit, wie spätere bürgerliche Idyllen das urbildliche Leben der ersten Pfarrfamilie stilisierten».[49] So bemerkte Luther 1533: «Ich wohne wohl in einem grossen Haus, aber ich wäre lieber frei von ihm.»[50]

Das Pfarrhaus war aber nicht nur Zeitzeuge, sondern auch Zeitreisender: So war die Pfarrfamilie, mit der Emanzipation der Gesellschaft von der Adels- und

---

46   «So soll ein jeder Pfarer und Diacon sich angelegen seyn lassen, dass auch sein Eheweib, seine Kinder, und alle Hausgenossen, ein Vorbild seyen eines züchtigen, ehrbaren und gottseligen Wandels.» Erneuerte und vermehrte Predicanten-Ordnung für die Diener der Kirchen, in der Stadt und auf der Landschaft Zürich. Samt beygefügter Stillstands-, Censur- und Druker-Ordnung, Zürich: Stadtkanzlei, 1758, 58. –Vgl. Mente, Von dem Amt eines verordneten Decani; Gugerli, Zwischen Pfrund und Predigt, 215.

47   Vgl. bei Steck, Glashaus, 111, und Fritzsche/Pagels, Das evangelische Pfarrhaus, 35–38.

48   Steck, Glashaus, 111.

49   A.a.O., 114.

50   Martin Luther, WA.TR 3,46,25f.

Standesgesellschaft des Ancien Régime selbst mit dem Bürgertum verwoben. Sie kultivierte auch ihrerseits diesen Lebensstil und hatte dabei alle damit verbundenen symbolischen Verpflichtungen mitzutragen. Das heisst: Die Pfarrfamilie selbst war Abbild ihrer Zeit und hatte der aufgeklärten Bürgerlichkeit als Vorbild zu dienen, später als Urbild und Sinnbild für kleinbürgerliche Vorstellungen. «Nirgends wird seitdem die Häuslichkeit der Umgrenzung der individuellen Lebenswelt so gehütet wie im Pfarrhaus. Keine Familie kultiviert ihren eigenen Lebensstil so hingebungsvoll wie die Pfarrfamilie. Keiner widmet sich mehr der individuellen Gestaltung der familiären Lebensbeziehungen als der Pfarrer, seine Frau und seine Kinder. Wenn irgendwo, dann findet die Idee der bürgerlichen Familie im Pfarrhaus ihre exemplarische Verwirklichung. Für die Pfarrfamilie ist das Pfarrhaus die Sinnwelt, aus der sich ihr das Leben erschliesst.»[51]

Vor dem bürgerlichen Sinnbild war das Pfarrhaus das aufgeklärte Vorbild und damit die Aufrechterhaltung des mittelalterlichen bzw. frühneuzeitlichen Glashauses. Mit der Wende vom «ganzen Haus» mit seinen vielfältigen Funktionen und zahlreichen Bewohnern «zur bürgerlichen Familie, der Lösung des Hauses von seinen wirtschaftlichen Grundlagen und der Kontraktion der grossen Hausgemeinschaft zur bürgerlichen Kleinfamilie» wurden «das Pfarrhaus, die pastorale Ehe, die Pfarrfamilie und die Pfarrerskinder zu jenem moralischen und pädagogischen Vorbild, das sie seitdem geblieben sind. Und das Pfarrhaus der Aufklärungszeit wurde nicht – wie das bürgerliche und das moderne Pfarrhaus – von anderen zum Vorbild erhoben, meist gegen den Willen seiner Bewohner. Vielmehr entsprach die Idee vorbildlicher Gestaltung der häuslichen und familiären Lebensgemeinschaft, die Vorbildlichkeit der pastoralen Lebensführung ganz dem Selbstverständnis des aufgeklärten Pfarrers und seiner Familie.»[52] Nach Steck machten die Pfarrer der Aufklärung selbst ihr Haus zum Glashaus, indem sie sich zu Vorbildern stilisierten. Während das bürgerliche Pfarrhaus ein Sinnbild anderer Häuser darstellt, habe sich das Pfarrhaus der Aufklärung zum Demonstrationszweck neuzeitlicher, vernünftiger wie natürlicher, moralischer wie religiöser Lebensführung gemacht. Erhält der Pfarrer der Landschaft nun Sold für seine Tätigkeit, wird das alte Pfarrhaus samt Garten und Nebengebäude seiner Wirtschaftsfunktion enthoben, der Pfarrer lebt nicht mehr von seinem Haus, er lebt für sein Haus. «Die Pfarrfamilie braucht das ländliche Haus nicht mehr, aber sie gebraucht es.» Der Pfarrer benutzt die (schrittweise) nicht mehr benötigte Landwirtschaft pädagogisch: «Er macht aus dem Pfarrhaus einen landwirtschaftlichen Musterbetrieb. Von der Kanzel klärt er die Bauern über Viehzucht und Fruchtwechsel auf. Nach dem

---

51 Steck, Glashaus, 114.
52 Steck, Glashaus, 121.

Gottesdienst führt er sie durch Stall und Garten. Und am Abend schreibt er volkstümliche Bücher, Leitfäden der Bienenzucht.»[53]

Gänzlich zum Erinnerungsort ist das Pfarrhaus mit seiner Pfarrfamilie dadurch geworden, dass diese nicht nur zum Vorbild für andere Familien, sondern zum Idealbild von Familie überhaupt erhoben wurde.[54]

Die Betrachtungen mögen genügen. Die Pfarrfamilie war der sichtbarste Ausdruck und so zugleich die Projektionsfläche des Erinnerungs- und Erwartungsortes, der Pfarrhaus heisst, seit dem 19. Jahrhundert vor allem für ein bürgerliches Milieu. Von ideologischen Vereinnahmungen abgesehen, etwa im Dritten Reich, blieb es in Deutschland wie in der Schweiz bis in die jüngste Zeit beim Mythos der heilen Pfarrhauswelt, der nicht gerne durch Abweichungen aufgeschreckt wurde. Dass dies alles nicht ohne Auswirkungen auf die Pfarrehe, insbesondere auf die Rolle und das Bild der Pfarrfrau[55] und auf die Erziehung der Pfarrerskinder blieb, ist klar.

Schliesslich ist zu fragen, wie sich die Rolle der Pfarrhausbewohner und die Erwartungen an sie seither verändert haben: Peter Scherle zeigt, wie dem Pfarramt und damit der Pfarrfamilie im ausgehenden 19. Jahrhundert ein grosses Bündel neuer Erwartungen auferlegt wurden, bis hin zum Anspruch des Gemeindeaufbaus, während das Pfarrhaus nach und nach relativiert und als öffentlicher Ort unkenntlich gemacht wurde. Auch für die Schweiz gilt, dass im Zuge einer funktionalen, personalen und räumlichen Ausdifferenzierung das Pfarrhaus von einer Relativierung betroffen ist, besonders in der Stadt.

«Das Pfarrhaus ist das Siegel auf die Predigt, oder es ist die praktisch gewordene Verkündigung des Evangeliums», schrieb Carl Büchsel 1907.[56] Das Pfarrhaus wird bis heute vor allem als ein belebter Ort christlicher Lebensführung gesehen: Es wurde und wird von Menschen bewohnt, deren Leben im durchlässigen Raum zwischen privat und öffentlich gewissermassen gelebte Verkündigung und Gottesdienst war und ist, während die Pfarrfamilie – und bis heute alle das Haus bevölkernden Lebensformen – als Projektionsfläche für die Erfüllung der ans Pfarrhaus gestellten Erwartungen dient. Nach der Differenzierung von Lebensstilen und

---

53   Ebd.
54   «Die Pfarrfamilie der Aufklärung nimmt dieses Ideal genauso an wie den Charakter der
      Vorbildlichkeit: ‹Wie vernünftig, natürlich und human mit den Kindern umzugehen ist, wie
      eine Ehe wahrhaft glücklich verläuft, wie das alltägliche Leben der Familie einzurichten
      ist, darüber verbreiten sich die aufgeklärten Geistlichen [...] in Predigten und erbaulichen
      Büchern, in populären wissenschaftlichen Abhandlungen und in vielgelesenen Familienzeit-
      schriften. Sie führen ihr eigenes Leben den anderen vor. Und sie erwarten von den ande-
      ren, dass sie so werden, wie sie selber sind, vernünftig, tugendhaft und damit glücklich.›»
      A.a.O., 122, und Fritzsche/Pagels, Das evangelische Pfarrhaus, 37.
55   Zur Pfarrfrau vgl. z.B. Barbara Beuys, Die Pfarrfrau: Kopie oder Original?; Gugerli, Zwi-
      schen Pfrund und Predigt, 120ff.
56   Carl Büchsel, Aus dem Leben eines Landgeistlichen, Berlin, 9. Aufl. 1907 (1861), 112.

Familienbildern in der Moderne ist es in jedem Fall die Haltung der Bewohner in diesem Glashaus, die beeinflusst, ob der Ort als lebendiger Erwartungsort weiter existiert und damit Ausdruck gelebter Kirche und lebendiger Kirchgemeindeidentität sein kann.

4. Epilog

«Seit der Reformation steht das Wohnhaus der Pfarrfamilie neben der Kirche. Und in dem Ensemble von Pfarrhaus und Kirche, von bewohntem und unbewohntem Haus, drückt sich der eigentümliche Charakter protestantischer Frömmigkeit aus. Die Kirche wurde im Zuge der Neuzeit immer mehr zu einem Haus, dessen Bedeutung sich mit seiner repräsentativen Aussenseite verbindet. Dass die Kirche im Dorf bleiben soll, wünschen sich vor allem diejenigen, die sie nur selten und dann bezeichnenderweise zu familiären Feiern aufsuchen.»[57] Ähnliches lässt sich über die Geschichte des Pfarrhauses sagen, das sich zu einem Objekt der Geschichte entwickelt: Jede Epoche nahm eine je verschiedene Haltung ein; am Traditionsabbruch zeigt sich die anhaltende Lebendigkeit des Erinnerungsortes Pfarrhaus: «Das Pfarrhaus der Aufklärungszeit übernahm den reformatorischen Elan, die Dynamik und die Faszination der aus ihrer Zukunft begriffenen Gegenwart.»[58] Auf die zunehmende Entkirchlichung und Verhäuslichung der Religion, die Umformung des Pfarrberufs vom geistlichen Amt zur bürgerlichen Profession[59] reagiert das bürgerliche Pfarrhaus mit dem Rückgriff auf die Vergangenheit. «Es nimmt das Erbe der Reformation und die Errungenschaften der Aufklärung auf und sucht sie im Bild des ganzen Hauses und in seiner moralischen und ästhetischen Idealisierung zu bewahren. Längst von ihrer eigenen Geschichte überholte Lebensformen werden für die bürgerliche Familie wieder plausibel. Das von der Vergangenheit entworfene Bild wird zum Ideal erhoben, dem die Gegenwart nie ganz entsprechen kann. Und die Kluft zwischen Ideal und Wirklichkeit wird dann auf die Beziehung zum Pfarrhaus übertragen. Gerade weil sich die ideale Fassung des bürgerlichen, tugendhaften Familienlebens in einem gewöhnlichen Haus nie vollkommen verwirklichen lässt, soll doch wenigstens das Pfarrhaus das Erbe bewahren, dessen historische Auflösung in der Gegenwart beobachtet und in der Attitüde bürgerlicher Dekadenzkritik beklagt wird.»[60] Das Pfarrhaus wird mitgezogen von gesamtgesellschaftlichen Veränderungsprozessen der Postmoderne; kommt hinzu, dass moderne Kommunikationsmedien die Face-to-Face-Kommu-

---

57 Steck, Glashaus, 112.
58 A.a.O., 124.
59 Steck, Pfarrhaus, Sp. 1228.
60 Steck, Glashaus, 124.

nikation im und am Pfarrhaus ersetzt haben, so dass dieses heute in Unbekannt-
heit und Verzichtbarkeit zu versinken droht. Befördert wird die Infragestellung
auch durch den Berufsstand selbst: Teilzeitstellen, Stellensplitting, Ergänzungs-
dienste, steuerliche Forderungen etc. verändern die beruflichen und rechtlichen
Grundlagen des Pfarramtes und so auch dessen Verständnis. Das Leben im Glashaus und die permanente Erreichbarkeit werden vielfach als Belastungsmomente
wahrgenommen.

Hat das Pfarrhaus auch seine soziokulturelle Prägekraft weitgehend verloren, so «blieb es gleichwohl in seiner ideellen und symbolischen Gestalt bis in
die Gegenwart erhalten».[61] Der konstatierte Bedeutungsverlust, die Relativierung
des Hauses sogar durch die Kirche selbst, darf nicht dahingehend missverstanden werden, dass dem Haus eine wie auch immer geartete Aura verloren gehen
würde. Vielmehr sollte die Sichtweise des Glashauses positiv umgedeutet werden,
indem das Haus auch immer «Gewächshaus» für die Züchtung von Erwartungen
war. Erwartungen verändern sich ebenso wie Funktionen, Gottesdienst als Men-
schendienst bleibt mit den Worten Christine Eichels das geistliche Zentrum des
Pfarrhauses. «Das Haus auf dem Berg» kann auch unter diesen Vorzeichen seine
Funktion ausüben, etwa indem es auf Bedürfnisse bestimmter Milieus ausgerichtet
wird nach dem Grundsatz: «Man muss das Leben restlos derer teilen, denen man
helfen will.»[62] Nun gilt es zu fragen, ob und wie das Pfarrhaus in der Gestaltung,
Bewirtschaftung und Belebung neu in seiner Zeit zu beheimaten wäre, damit es
weiterhin Sinnbild christlicher Präsenz und Kristallisationsort für Erwartungen
und Hoffnungen sein kann.

---

61   Steck, Pfarrhaus, Sp. 1229.
62   Toyohito Kagawa, zit. in: Kantzenbach, Zur kirchen- und kulturgeschichtlichen Bedeutung,
     59.

Ralph Kunz

Haus in der Zeit

Das Pfarrhaus unter wissenschaftlicher Beobachtung

1. Das Pfarrhaus als Thema der Forschung

Wird Kirche in den Medien thematisiert, ist nicht selten von Umbruch oder gar Abbruch die Rede. Das gilt mit Einschränkungen auch beim Thema Pfarramt. Wie steht es aber ums Pfarrhaus? In einigen Landeskirchen wurde die Residenzpflicht aufgehoben oder gelockert und in anderen wird seit Jahren darüber diskutiert. Nicht selten entstehen Zwistigkeiten zwischen Behörden und Pfarrpersonen. Gründe dafür gibt es genug: die hohen Heizungskosten, die unterlassene Gartenpflege, eine bitter nötige Renovation oder Probleme mit der Raumnutzung. Viele junge Pfarrpersonen ziehen es vor, privat zu wohnen. Man weiss von den Querelen vom Hörensagen oder aus der Zeitung und fragt sich: Sind das die Zeichen an der Wand? Ist die Institution Pfarrhaus passé? Wird bald eine letzte Bastion der ehemaligen Volkskirche geschleift?

Der Eindruck könnte tatsächlich entstehen. Doch es gibt auch Konträres zu beobachten. Gemeinden, die das Pfarramt neu besetzen, geben schon im Stelleninserat zu verstehen, dass sie im Pfarrhaus am liebsten eine Familie mit Kindern sähen. Ganz unrealistisch ist die Wunschvorstellung nicht. Aufs Ganze gesehen werden die meisten Pfarrhäuser von Familien bewohnt und nach wie vor kommen überproportional viele Theologiestudierende aus Pfarrhäusern. In der neueren pastoraltheologischen Literatur wird ein differenziertes und zugleich positives Bild vom Pfarrberuf gezeichnet, in dem das Pfarrhaus eine wichtige Rolle spielt.[1] Der erste Eindruck muss also revidiert werden. Stimmt denn das Gegenteil? Ist das Haus der fröhlich frommen Pfarrfamilie *der* Fels in der Brandung des Säkularismus?

---

1   Vgl. Isolde Karle, Der Pfarrberuf als Profession. Eine Berufstheorie im Kontext der modernen Gesellschaft, Gütersloh 2001, bes. 311–329; Herbert Pachmann, Pfarrer sein. Ein Beruf und eine Berufung im Wandel, Göttingen 2011, 193–212.

Der Aphoristiker weiss: «Auf Erfahrungen kann man sich nur berufen und niemals stützen.»[2] Der Akademiker fragt: Wie ist es in Wirklichkeit? Auf welche Fakten stützen wir uns? Schliesslich gibt es eine Pfarrhausforschung. Diese liefert vielleicht Daten, aber keine Fakten. Vor allem aber dreht sie sich nicht darum, ob es mit der Institution des Pfarrhauses zu Ende geht oder nicht. Ein solcher Befund steht der Wissenschaft auch gar nicht zu. Wenn es in der Kirche Stimmen gibt, die eine Aufhebung der Residenzpflicht fordern, und andere, die sie wieder als Modell empfehlen, ist es nicht an den Empirikern zu entscheiden, wer Recht hat. Wie und warum das Pfarrhaus als konstitutiver Bestandteil der evangelischen Parochie erhalten bleiben *kann*, ist das Ergebnis theologischer Überlegungen und kirchenpolitischer Entscheidungen und nicht das Ergebnis empirischer Forschung.[3]

Freilich sind Verlustängste auf der einen und «Residenzpanik» auf der anderen Seite Eckpunkte einer Diskussion, die im grösseren gesellschaftlichen und kulturellen Kontext einzuordnen ist. Die widersprüchliche Wahrnehmung ist Teil des Diskurses und gehört zur Forschung, die auch nach der Bedeutung des Pfarrhauses für die Kirche fragt – auch wenn sie nicht darüber entscheidet. Wie kommt es, dass die traditionelle Symbolik des Pfarrhauses offensichtlich zäher ist, als manche es dachten? Und wie muss man die offensichtliche Kluft zwischen den Erwartungen der Gemeinde und den Ansprüchen der gewählten Pfarrpersonen deuten?

In diesem Beitrag werden in gebotener Kürze die unterschiedlichen Blickrichtungen aufeinander bezogen und der Beitrag der Wissenschaften für die Frage nach der Bedeutung des Pfarrhauses beleuchtet.

2. Erkenntnisleitende Interessen der Pfarrhausforschung – drei Phasen

Die Anfänge der deutschen Pfarrhausforschung gehen aufs 19. Jahrhundert zurück. Sie war eher historisch, d. h. sozial- und kulturgeschichtlich ausgerichtet, aber schon in dieser ersten Phase von einer mehr oder weniger starken Krisenwahrnehmung geprägt.[4] Ihr erkenntnisleitendes Interesse galt sowohl dem Pfarrhaus als «Erinnerungsort des Christentums» wie auch dem Pfarrhaus als

---

2   Elazar Benyoëtz, Fraglicht, Wien 2010, 23.
3   Zum Sinn der Residenzpflicht vgl. Herbert Pachmann, Pfarrer sein, 207–212.
4   In der zweiten Hälfte des 19. Jahrhunderts zog sich die Pfarrerschaft aus dem (gross-)bürgerlichen Leben zunehmend zurück. Vgl. dazu Oliver Janz, Kirche, Staat und Bürgertum in Preussen. Pfarrhaus und Pfarrerschaft im 19. und 20. Jahrhundert, in: Luise Schorn-Schütte/Walter Sparn (Hg.), Evangelische Pfarrer. Zur sozialen und politischen Rolle einer bürgerlichen Gruppe in der deutschen Gesellschaft des 18. bis 20. Jahrhunderts, Stuttgart 1997, 128–147.

dem «christlichen Erinnerungsort der Nation».[5] Die Verbindung von Nation und Religion zeigt an, wie stark die deutsche Pfarrhausforschung mit der Geschichte Deutschlands verbunden ist. Es gibt ein Pfarrhaus vor dem Krieg und eines nach dem Krieg, eines im Westen und eines im Osten Deutschlands. In gewisser Weise begleitet die damit gegebene Thematik (und Problematik) der kulturellen Einbettung die Pfarrhausforschung bis in die Gegenwart.

Natürlich ist die sozial- und kulturgeschichtliche Forschung nicht auf Deutschland beschränkt.[6] Das Pfarrhaus war auch in der reformierten Schweiz ein Ort, an dem Bildung und Kultur gepaart mit Frömmigkeit gepflegt wurden. Wichtiger noch als die nationale ist in der kleinräumigen und kirchlich parzellierten Schweiz die kulturelle Verbindung zum entstehenden Bürgertum.[7] Das Pfarrhaus ist zum Symbol geworden, weil es zum Sinnbild eines neuen Standes erhoben wurde. Es war (und ist für einige immer noch) Inbegriff jener «Zelle», aus der die christliche Republik entstehen soll. Schliesslich war es Jeremias Gotthelf, der den Gedanken der familiären Zelle für das Gedeihen der Republik zum 1. August Zitat machte: «Im Hause muss beginnen, was leuchten soll im Vaterland.»[8] An welches Haus dachte der Emmentaler Pfarrer wohl, als er diese Losung niederschrieb?

Wenn man das Augenmerk auf die Literatur nach 1945 richtet, zeigt sich ein Wechsel im leitenden Forschungsinteresse, das sich analog zum Wandel des Pfarrhauses verschoben hat.[9] Auch hier ist an die grösseren gesellschaftsgeschichtlichen Zusammenhänge zu erinnern. In den 1960er und 1970er Jahren führte ein markanter Modernisierungsschub zu einer Säkularisierungswelle. Die historische Frage nach dem Pfarrhaus als Erinnerungsort wurde in der traditionskritischen Stimmung jener Tage – mit der üblichen Verzögerung – zwar nicht verlassen, aber vermehrt als Gelegenheit der *biografischen Aufarbeitung* einer Epoche begriffen, die zu Ende gegangen war. Das Vorwort zu Martin Greiffenhagens Büchlein *Die Pfarrerskinder* spricht Bände: «Dieser Band soll, sozusagen in letzter Stunde, noch einmal Stimmen von Pfarrerskindern versammeln, die jene typische Pfarrhauserziehung erfahren haben.»[10] Greiffenhagen erzählt, wie schwer sich die angefragten Autoren nach der Zusage getan haben, dieses Kapitel Lebensgeschichte zu schrei-

5   Vgl. dazu Siegfried Weichlein, Pfarrhaus, in: Christoph Markschies/Hubert Wolf (Hg.), Erinnerungsorte des Christentums, München 2010, 642–654, bes. 643–647.

6   Für die anglikanische Kirche zum Beispiel Anthony Jennings, Old Rectory. The Story of the English Parsonage, London/New York 2009.

7   Vgl. dazu Wolfgang Steck, Im Glashaus. Die Pfarrfamilie als Sinnbild christlichen und bürgerlichen Lebens, in: Martin Greiffenhagen, Das evangelische Pfarrhaus. Eine Kultur- und Sozialgeschichte, Stuttgart 1984, 109–125; Herbert Pachmann, Pfarrer sein, 105–109.

8   Jeremias Gotthelf, Eines Schweizers Wort an den Schweizerischen Schützenverein, Bern 1842, 15.

9   Vgl. Weichlein, Pfarrhaus, 650–653.

10   Greiffenhagen, Pfarrerskinder. Autobiographisches zu einem protestantischen Thema, Stuttgart 1982, 8.

ben. Einzelne Autoren zogen ihr Manuskript wieder zurück, andere wollten ihren Beitrag anonymisieren. «Das Thema entpuppte sich als das, was es ist und über Jahrhunderte gewesen war: ein heisses Eisen.»[11]

Es gab und gibt also nicht nur die Befürchtung, dass die Pfarrhauskultur verschwinden wird, sondern auch die Angst vor dem, was sich hinter seiner Kulisse tatsächlich abgespielt hat. Aus psychologischer Perspektive betrachtet, ist das Pfarrhaus ein idealer Ort für Neurosenbildung.[12] Das ist gewissermassen ein Topos, der sich auch in der katholischen Literatur über die Kleriker finden lässt.[13] Pfarrhausbiografien lassen sich aber nicht auf einen pathologischen Nenner bringen. Eher ist in den Erfahrungsberichten der Pfarrerskinder eine gewisse Ambivalenz zu finden. Was bei den einen dankbare Erinnerung wachruft, löst bei anderen schärfste Ablehnung aus. Das gilt gewiss auch für andere Milieus. Vielleicht erhöhte das Coming-Out der Milieubeschenkten und -beschädigten das Interesse am Pfarrhaus? Der Band *Das evangelische Pfarrhaus*, der zwei Jahre nach den *Pfarrerskindern* ebenfalls von Martin Greiffenhagen herausgegeben wurde, knüpft jedenfalls an die Leitfragen der kultur- und sozialgeschichtlichen Forschung im 19. Jahrhundert an.[14] Auch in Richard Riess' Band mit dem schönen Titel *Haus in der Zeit* finden beide Forschungsinteressen zusammen.[15]

Die grobe Unterscheidung von Phasen will keine strikte Abfolge der Pfarrhausforschung behaupten und erst recht keinen Anspruch auf eine Metatheorie erheben. Wenn man mit der gebotenen Vorsicht die beobachteten Akzentverschiebungen dennoch zu Phasen zusammenfasst, erkennt man in der jüngsten Phase der Forschungsgeschichte eine neuerliche Verschiebung hin zu *pastoraltheologischen* Fragestellungen. Wie kommen die Pfarrpersonen mit dem Sonderstatus des Amtes in persönlichen Krisensituationen zurecht?[16] Das Pfarrhaus ist nicht nur für Personen bedeutsam, die in ihm leben und arbeiten. Mit dem Haus ist auch ein Amts- und Kirchenverständnis verknüpft, das heute von ganz unterschiedlicher Seite her befragt wird und im Wandel begriffen ist. Ulrike Wagner-Rau wählt in ihrem pastoraltheologischen Entwurf bezeichnenderweise die Schwellenmetapher,

---

11 Ebd.

12 Natürlich ist das Pfarrhaus auch ein Ort, an dem Neurosen geheilt werden. Vgl. dazu Dietrich Stollberg, Das Pfarrhaus als psychotherapeutische Ambulanz und als Psychopatient, in: Greiffenhagen, Das evangelische Pfarrhaus, 395–412.

13 Freilich in der Variante, dass das priesterliche Zölibat dem Kleriker einen ungesunden Triebverzicht abverlangt. Vgl. Eugen Drewermann, Kleriker. Psychogramm eines Ideals, München 1991.

14 Vgl. dazu den «Klassiker» von Greiffenhagen, Das evangelische Pfarrhaus.

15 Richard Riess (Hg.), Haus in der Zeit, München 1979.

16 Manfred Josuttis, Ehe-Bruch im Pfarrhaus. Zur Seelsorge in einer alltäglichen Lebenskrise, München 1990.

um das Pfarramt im Prozess des *kirchlichen Wandels* als eine sich in Übergang befindliche Berufsidentität zu charakterisieren.[17]

3. Alles fliesst, einsam wacht …

Man kann die Leitfrage dieses Bändchens nach der Bedeutung des Pfarrhauses für die öffentliche Kirche nicht beantworten, ohne auf die gesellschaftlichen Dynamiken einzugehen. Seit Ende der 1960er Jahre tritt die Soziologie als eine Leitwissenschaft auf, die der Kirche schlechte Prognosen stellt. Tatsächlich offeriert die Gesellschaftswissenschaft eine Zukunftsschau, die in ihrer Eigendynamik verstanden sein will. Die Soziologie erklärt, wie sich Religionsgemeinschaften entwickeln. Sie vertritt keine Interessen und hat insofern auch keine «Zukunftsvisionen». Das ist gleichsam die «reine Lehre». In den drei wichtigen Studien, die sich mit der religiösen Orientierung der Schweizerinnen auseinander setzen, gebärden sich die Soziologen mitunter auch als Berater – d. h. sie reden nicht nur als Beobachter, sondern auch als Beteiligte. Sowohl die «Sonderfallstudie», wie die *Zwei Gesichter einer Religion* als auch die «Zukunftsstudie», auf die an dieser Stelle summarisch verwiesen wird, sind nicht frei von Deutungen, die den gesellschaftstheoretischen Rahmen von rein soziologischen Untersuchungen sprengen.[18]

Es ist ziemlich verwegen, das komplexe Bild der religiösen Gegenwartslage, das die drei Studien zeichnen, in wenige Sätze zusammenzufassen. Ich möchte es dennoch wagen, um die grossen Linien der gesellschaftlichen Veränderungen der letzten vierzig Jahre nachzuvollziehen. Von der Sonderfallstudie haben wir gelernt, *dass konfessionelle Identitäten diffus* geworden sind. Sowohl in der Stadt wie auf dem Land haben sich die konfessionellen Sondermilieus aufgelöst. Ein ganzes Bündel von Faktoren ist dafür verantwortlich. Stichworte wie Mobilisierung, strukturelle Individualisierung und funktionale Differenzierung werden von den Autoren genannt. Nicht ein genereller Abbau, eher ein Umbau der religiösen Orientierung findet statt. Religion hat sich individualisiert, privatisiert und pluralisiert.[19] Der kirchliche Wandel ist im engen Zusammenhang mit diesen gesellschaftlichen und kulturellen Veränderungen zu sehen.

---

17   Vgl. dazu Ulrike Wagner-Rau, Auf der Schwelle. Das Pfarramt im Prozess kirchlichen Wandels, Stuttgart 2009.

18   Alfred Dubach/Roland J. Campiche (Hg.), Jede(r) ein Sonderfall? Religion in der Schweiz. Ergebnisse einer Repräsentativbefragung, Zürich 1993; Roland J Campiche u. a., Die zwei Gesichter der Religion. Faszination und Entzauberung, Zürich 2004; Jörg Stolz/Edmée Ballif, Die Zukunft der Reformierten. Gesellschaftliche Megatrends – kirchliche Reaktionen, Zürich 2010.

19   Campiche/Dubach, Sonderfall, 17–51.

Die Vermischung und Verwischung der konfessionellen Kulturen kann auch als Folge einer Deinstitutionalisierung der kirchlichen Organisation gesehen werden.[20] Die Mitgliedschaftsbindung lockert sich, es treten mehr Mitglieder aus als ein und innerhalb der Organisation steigt der Anteil nomineller oder distanzierter Mitglieder. Das alles schwächt die Kirche, aber bringt sie nicht um. Dafür sorgt u. a. die schiere Grösse. Grosskirchen sind *too big to fail*. Die Institution löst sich nicht auf, sie verschwindet nicht, wenn auch ihre Einflussmöglichkeiten innerhalb und ausserhalb der Organisation sinken. In *Zwei Gesichter der Religion*, der Nachfolgestudie, die zehn Jahre später erschienen ist, werden die Spannungen, die aus dieser Konstellation resultieren, noch deutlicher erkennbar. Roland Campiche hat das eingängige Bild der zwei Gesichter kreiert.[21] Auf einen einfachen Nenner gebracht, besagt das Bild der zwei Gesichter, dass es zwei Grundströmungen des Religiösen in der Gesellschaft gibt – eine institutionelle und eine universale. Mit der Institutionalität ist ein Werte- und Normenkatalog verknüpft, den – pointiert gesagt – eigentlich nur noch die Pfarrperson erfüllt oder in den Augen der Gemeinde erfüllen sollte. Gemeint ist der regelmässige Besuch des Sonntagsgottesdienstes und daran angehängt eine christliche Lebenskultur, die mit moralischen und religiösen Einstellungen und einem entsprechenden Verhalten einhergeht. Insofern gilt es, die Unsichtbarkeit der gelebten Religiosität aufgrund der Privatisierung von ihren sichtbaren Formen zu unterscheiden. Gesellschaftlich akzeptierte Religiosität ist selten institutionell und immer häufiger universal. Universale Religiosität zeichnet aus, dass sie vage und tolerant ist. Der Befund ist ambivalent. Wenn den Reformierten attestiert wird, sie seien unlesbar, müsste man den Kirchen raten, sich dem universalen Pol zu nähern.[22]

Schliesslich befasst sich die dritte Studie ausdrücklich mit der Zukunft der Reformierten. Es wird in der Fortschreibung der vorhandenen Daten auf acht Megatrends verwiesen: ein erster besteht in der fortschreitenden *Entflechtung* von Religion und gesellschaftlichen Teilsystemen, ein zweiter Trend ist die *Individualisierung*, ein dritter besteht in der Zunahme von *neuen Lebensformen*, ein vierter lässt sich als *Wertewandel* und ein fünfter als *Erstarkung säkularer Konkurrenten* von Kirchen beschreiben, als sechsten Trend nennen Jörg Stolz und Edmée Ballif die religiöse *Pluralisierung*, der siebte besteht in einer *Technologisierung* und der achte Trend wird in einer partiellen *Wiederkehr der Religion* gesehen.[23] Diese gesellschaftlichen Trends und Dynamiken bilden die für die Analyse der Lage der Kirche ausschlaggebenden Faktoren. Der Blick in die Zukunft fällt entsprechend ernüchternd aus. Sich gegen Megatrends zu stemmen, ist etwa so erfolgreich, wie

---

20 A.a.O., 300–304.
21 Zur Dualisierung der Religion vgl. Campiche, Zwei Gesichter, 38–48.
22 A.a.O., 280–286.
23 A.a.o., 27–53.

der Versuch, das Klima ändern zu wollen. Die Kirche ist bildlich gesprochen von den gesellschaftlichen Klimaveränderungen besonders hart betroffen.[24] Zwar sind auch Parteien und andere Verbände unter Druck geraten, aber die Kirche trifft zusätzlich das Negativsaldo der Geburten bzw. die Überalterung gewisser Bevölkerungsteile. Der Mitgliederschwund hat eine ungünstige Entwicklung der Steuereinnahmen zur Folge. Die Kirchen werden älter, ärmer und kleiner.

Die Studie wurde und wird auf dieses Mantra verkürzt. Sie verarbeitet aber auch kirchliche Reaktionen auf diese Entwicklung.[25] So gibt es etwa im Bereich des kirchlichen Unterrichts die Tendenz zur Streckung des ehemaligen Konfirmandenunterrichts zu einem Gesamtkonzept, das von der ersten bis zur neunten Klasse dauert. Es sind da und dort Neuaufbrüche und innovative Projekte in den Gemeinden und quer zu den Gemeinden im Gang. Sowohl auf der Ebene der Kirchen wie der Gemeinden ist inhaltlich und strukturell vieles in Bewegung. Da die Zukunftsstudie im Auftrag des Kirchenbundes entstanden ist, nimmt sie auch Stimmen der Kirchenleitenden auf und gibt gewisse Hinweise, in welche Richtung sich die Kirchen weiterentwickeln sollten. Die Soziologen raten den Reformierten, über ihre Organisation nachzudenken. Um die Religionsfähigkeit der Kirche zu erhöhen, müsste die Leitung der Kirche auf nationaler Ebene zentraler, straffer und effizienter gestaltet werden. Wenn Campiche die Krise der *Lesbarkeit* der Reformierten ins Feld führt, machen Stolz und Ballif auf die notwendigen Massnahmen im Bereich der *Steuerbarkeit* aufmerksam.[26]

4. Die Neuverortung des Pfarrhauses zwischen *oikos* und *paroikia*

Die kultur- und sozialgeschichtliche Forschung hat das Pfarrhaus retrospektiv als *Erinnerungsort* konstruiert, in dem sich die christliche Familie und das Bildungsbürgertum prototypisch einzeichnen lassen. Wie lassen sich die Ergebnisse der eben referierten Studien auf das Pfarrhaus beziehen? Das ist zweifellos eine Frage der Interpretation. Sicher ist, dass man hinsichtlich der Spannungen, die die Pfarrhausforschung in den 1980er Jahren beschäftigt haben, eine gewisse Entspannung feststellen kann. Das könnte auch die Folge eines Generationenwechsels sein. So ist es sicher kein Zufall, dass mit der biografischen Auseinandersetzung eine Art Entmythologisierung stattgefunden hat. Dass man in den 1980er Jahren gleichzeitig Fernsehserien (*Oh Gott, Herr Pfarrer*, 1988–1989) gestartet habe, welche die Klischees rund ums Pfarrhaus bedienen, bildet nur scheinbar einen Widerspruch.[27]

---

24 A.a.O., 55–93.
25 A.a.O., 95–167.
26 A.a.O., 189–195, bes. 193ff.
27 Weichlein, Pfarrhaus, 652f.

Den Pfarrer als Menschen aus Fleisch und Blut zu zeigen, ist solange interessant, als sein Nimbus noch intakt ist. Und über das Pfarrhaus im erhöhten Ton zu reden, macht solange Sinn, als es sich von anderen Häusern unterscheidet. Die Pfarrerskinder der 68er erzählen andere Geschichten.

Nach der Lektüre der religionssoziologischen Literatur legt es sich nahe, auf neue Spannungen hinzuweisen, dabei insbesondere auf die prototypische Rolle des Pfarrhauses noch einmal zurückzukommen und seine symbolische Funktion im Lichte der Unterscheidung zwischen verschiedenen Forschungsphasen zu deuten. So ist es wiederum nicht zufällig, dass im Prozess einer zunehmenden Verwischung der konfessionellen Konturen und einer Vermischung religiöser und säkularer Orientierungsmuster das Pfarrhaus stärker als *Kontrastmodell* denn als Sinnbild wahrgenommen wird. Diese Kontrastierung rührt einerseits daher, dass die Pfarrerin von Amtes wegen eine öffentlich bekannte hochreligiöse Person ist, von der man weiss, wo sie samt Mann und Kindern lebt. Dass sie am Arbeitsort wohnt, ist eine Anomalie und gewissermassen die lebensweltliche Spiegelung der fortschreitenden Entflechtung von Religion und gesellschaftlichen Teilsystemen. In der funktional differenzierten Gesellschaft ist es normal, an einem Ort zu wohnen und am anderen zu arbeiten, am dritten die Freizeit zu verbringen und nicht selten wieder an andern Orten Beziehungen zu pflegen. Ein bewohntes Haus, das segmentierte Lebenswelten vereint und, wie eine Spinne im Netz, Fäden in ein vernetztes Umfeld spannt, ist schlichtweg exotisch. In Kontrast zum zunehmend mobilen und segmentierten Umfeld taugt das System Pfarrhaus nicht mehr als Vorbild oder negativ als Trugbild eines Ideals. Herbert Pachmann geht noch weiter und meint mit Blick auf Pfarrer, die die Lebensmitte überschritten haben und deren Kinder ausgezogen sind: «Aus dem oft beklagten Glashaus ist mittlerweile etwas Bizarres geworden, von dem man nicht mehr recht weiss, wie man sich ihm nähern oder es gar betreten soll.»[28] Die Pfarrhausidylle ist genauso wie die Pfarrhaushölle eine Fiktion geworden. Es mag in seiner romantischen Verzerrung wie das «Leben auf dem Land» beim Städter allenfalls die Sehnsucht nach einer heilen, verlässlichen und stabilen Welt wecken. Idealbilder einer *stabilitas loci* können freilich auch anderen Orten anhaften. Zu denken wäre etwa an Heime, Klöster, Kommunitäten, Gasthäuser u. Ä.

Die Bedeutung des Pfarrhauses als «Hausgemeinde» sollte weder unterschätzt noch überschätzt werden.[29] Vor allem ist die Diskussion über seine Funktion mit Überlegungen zur zukünftigen Bedeutung der parochialen Struktur zu verknüpfen. Solange die Ortsgemeinden das Fundament der Volkskirche bilden, ist und bleibt das Pfarrhaus eine wichtige Anlaufstelle. Was tritt aber in den Arbeits-, Schicksals- oder Weggemeinschaften, die eigene Gemeindeformen verlangen, an

---

28   Pachmann, Pfarrer sein, 207.
29   Weichlein, Pfarrhaus, 644.

seine Stelle? Geht man davon aus, dass es neben Gemeinden neue kirchliche Orte braucht, müsste kirchenstrategisch daran gelegen sein, die Ressourcen der bestehenden Ortsgemeinden so zu nutzen, dass neben, zwischen, über, aber auch *mit* der Ortsgemeinde neue Sozialgestalten des Glaubens aufgebaut werden können. In einer solchen Sicht wird aber deutlich, dass das Verständnis von Parochie als territorialer Verwaltungseinheit, die pastoral versorgt wird, eine Verflachung der theologischen Gestalt der Parochie bedeuten muss.

In der Septuaginta zielt die *paroikia* auf ein Fremdsein, das Nähe nicht ausschliesst. Das Neue Testament nimmt die Bedeutung auf und spricht vom Christen als Beisassen und Fremden, der sein Bürgerrecht im Himmel hat (Eph 2,19 / Phil 3,20). Was eigentlich Nachbarschaft neben Fremden meinte, wurde dann aber zum Terminus technicus für ein umgrenztes Gebiet.[30] Die Verflachung der Parochie bildet in gewisser Weise das Gegenstück zur Überfrachtung des Pfarrhauses als dem exemplarischen Ort für die «praktisch gewordene Verkündigung des Evangeliums».[31]

Die Spannung zwischen Fremdheit und Bürgerschaft im Begriff *paroikia* macht auf das kritische Potenzial der Ortsgemeinde aufmerksam und wirft noch einmal die Frage nach der Funktion des Pfarrhauses auf. Dabei steht weniger die Frage seiner rechtlichen Organisation, als vielmehr das theologisch adäquate Verständnis seiner Öffentlichkeit im Vordergrund. Eine heftig geführte Debatte über die Öffentlichkeit der Kirche im anglophonen Raum verweist auf die eigentliche Herausforderung dieser Thematik. Sie betrifft nicht nur das Pfarrhaus. Die Frage lautet generell, wie man den Status der Kirche in der postchristlichen Kultur fassen soll. Soll sich die Christengemeinde als Heimat für spirituell Suchende in der offenen Gesellschaft präsentieren oder ist sie eher ein Rettungsposten für Gestrandete? Soll sich Gemeinde am Leitbild einer *geheiligten Nachbarschaft* oder einer vorübergehend beheimateten *Diasporagemeinschaft* orientieren?

Der Ausdruck einer *nachbarschaftlichen Gemeinschaft der Heiligen* verweist auf den Ort, an dem der Glaube primär soziale Gestalt annimmt: *das Haus*. Die Diskussion lenkt die Aufmerksamkeit vom Pfarrhaus auf andere Häuser in der Gemeinde, in denen gelebter Glaube sichtbar wird. Johannes Zimmermann macht im Schlusskapitel seiner umfassenden Studie zur Gemeindetheologie auf diese Kategorie aufmerksam.[32] Im Haus werden Glaube und Gemeinschaft exemplarisch gelebt; es bildet die ‹soziale Basis› für die Grundaufgaben der Gemeinde –

---

30 Christian Möller zeichnet in seiner Lehre vom Gemeindeaufbau die Entwicklung der paroikia zur Parochie nach. Siehe dazu Möller, Lehre des Gemeindeaufbaus, Bd. 2, Göttingen 1990, 147–160. Siehe auch Johannes Zimmermann, Gemeinde zwischen Sozialität und Individualität. Herausforderungen für den Gemeindeaufbau im gesellschaftlichen Wandel, Neukirchen-Vluyn 2006, 484.

31 So schrieb 1861 Pfarrer Carl Büchsel. Zit. in: Weichlein, Pfarrhaus, 644.

32 Johannes Zimmermann, Sozialität und Individualität, 465–479.

den Gottesdienst im Alltag und das gegenseitige Priestertum – und es wird als Ort der Offenheit und Gastfreundschaft der Christen zum Ort des missionarischen Zeugnisses.[33]

Die Gefahren einer Gemeinde, die sich nur noch als Verband von Häusern versteht, darf man nicht unterschätzen. Es wäre aber nur dann von einer ekklesiologischen Verengung zu sprechen, wenn die Weite und Tiefe des biblischen *ekklesia*-Begriffs mit seinen drei Bedeutungsebenen der Hausgemeinde, der Ortsgemeinde und der allgemeinen, weltweiten Ökumene vergessen ginge. Zimmermann will seinerseits der Verengung durch eine Kombination von *oikos* und *paroikia* wehren, wenn er behauptet: «Das christliche ‹Haus› – zumindest in seiner gegenwärtigen Gestalt – zeigt eine hohe Affinität zum Modell ‹Netzwerk›. Eine ‹mixed economy› von *oikos* und *paroikia*, von parochialen und netzwerkartigen Strukturen kann dazu beitragen, die Chancen des ‹Hauses› zu nutzen, ohne auf die nach wie vor vorhandenen Stärken der Parochie zu verzichten.» [34]

Der Hinweis auf die *mixed economy* wirft hinsichtlich des Nebeneinanders von Pfarrhaus und christlichen Häusern neue Fragen auf. Wann wird aus einem Haus eine «Hausgemeinde»? Welchen Status hat das Pfarrhaus im Vergleich zu anderen christlichen Häusern? Die Doppelung und Gegenüberstellung von *oikos* und *paroikia* macht, so gesehen, auf den kritischen Übergang zwischen Gemeinde- und Kirchentheorie aufmerksam. Eine Weitung der Pfarrhausdiskussion hätte jedenfalls die Konsequenz, dass theologisch die Frage nach der Bedeutung von Häusern mit der Thematik der Gemeinde- und Kirchenentwicklung verbunden wird. Wenn das Pfarrhaus als ein Typus und nicht mehr länger als der Prototyp des christlichen Hauses verhandelt würde, wäre es wohl weniger gefährdet, zur idealen Zelle der Gemeinde (v)erklärt zu werden oder umgekehrt im Sog einer aufgeklärten Selbstsäkularisierung seiner Chance, ein offenes Haus für die Gemeinde zu sein, beraubt zu werden. Wenn man das alte Haus in diesem Kontext einordnet, könnte Gotthelfs Spruch durchaus eine neue Bedeutung bekommen: In den Häusern muss beginnen, was leuchten soll in der Gemeinde.

---

33   A.a.O., 479.
34   A.a.O., 481.

Sabine Scheuter

Das Pfarrhaus als sichtbarer Ort gelebten Christ-Seins?

Lebensformen und Reglemente mit Genderblick betrachtet

Zum Leben im Pfarrhaus kursieren unter den Pfarrerinnen und Pfarrern zahlreiche Anekdoten. Eine davon hat mir immer besonders gut gefallen: In einer Kirchgemeinde wurde darüber geredet, dass man den Pfarrer und seine Frau nie vor neun Uhr in Aktion sehe. Ob die wohl so lange ausschlafen würden, während normale Leute um sieben Uhr ihr Tagwerk beginnen müssten? Der Pfarrer und seine Frau, die tatsächlich manchmal nach einer langen Sitzung noch die Geschehnisse des Tages besprachen, dann erst um zwei ins Bett kamen und dafür am Morgen etwas länger schliefen, bekamen Wind von diesen Gerüchten. Doch sie wussten sich zu helfen. Sie schafften sich kurzerhand eine zweite Garnitur Bettdecken an. Diese wurde jeweils am Morgen um sieben Uhr gut sichtbar aus dem Fenster gehängt. Unter der anderen schlummerte das Paar nochmals eine oder zwei Stunden weiter, je nachdem, wie lange die Sitzung am Vorabend gedauert hatte. Die Gemeinde war's zufrieden.

Was für ein kreativer Umgang mit der Spannung zwischen den Erwartungen von aussen, wie in einem Pfarrhaus gelebt werden soll, und den Bedürfnissen derer, die das Pfarrhaus tatsächlich bewohnen! Doch nicht allen gelingt ein so gelassener Umgang mit dieser Spannung, und nicht immer findet sich eine so einfache Lösung.

Als Beauftragte für Frauen und Genderfragen setze ich in diesem Artikel bei der Situation der Bewohnerinnen und Bewohner des Pfarrhauses an und nehme dabei insbesondere auch die Situation der Pfarrerinnen in den Blick. Ausgehend davon analysiere ich zwei der aktuellen Reglemente zur Nutzung der Pfarrhäuser im Hinblick darauf, welche Lösungsansätze darin enthalten sind. Im dritten Teil stelle ich einige Ansätze vor, in denen unter Einbezug der Genderperspektive nach neuen Lösungen für die Problematik des Pfarrhauses gesucht wird. Im Schlussteil gebe ich einige Empfehlungen ab, was es für den zukünftigen Umgang mit den Pfarrhäusern und den Menschen, die darin leben, zu berücksichtigen gilt.

1. Lebensformen im Pfarrhaus

1.1 Geschlechterrollen im Verlauf der Geschichte

Die Veränderungen der Geschlechterrollen im Pfarrhaus sind nicht linear verlaufen.[1] Während vor der Reformation die Frauen der Geistlichen als «Pfarrersköchin» ein gesellschaftliches Schattendasein führten, sind uns aus der Zeit der Reformation selbständige Frauen wie Katharina von Bora bekannt, die, als Ehefrauen gesellschaftlich respektiert, gemeinsam mit ihrem Mann die Verantwortung für das Pfarrhaus mit all seinen wirtschaftlichen Aufgaben trugen. Abgesehen von ihrer Rolle als Gastgeberin waren sie nicht explizit in die pfarramtliche Arbeit ihres Mannes mit eingebunden, einige waren auch nebenamtlich tätig, etwa als Hebamme. Nach dem ersten Aufbruch der Reformation wurde das Geschlechterverhältnis hierarchischer, auch im Pfarrhaus, die Aufgabe der Frau wurde zunehmend eine dienende, gleichzeitig unentbehrlich für das wirtschaftliche Überleben der Familie.

Die Rolle der «klassischen Pfarrfrau» entstand erst Mitte des 19. Jahrhunderts mit dem bürgerlichen Ideal der Kleinfamilie, deren Prototyp die Pfarrfamilie darstellte. Die Einführung der Pfarrbesoldung bewirkte eine neue Rollenverteilung: Die Pfarrfrau konnte und sollte ihrem Mann nun auch in pfarramtlichen Belangen zur Seite stehen. Sie arbeitete mit Kindern und Frauen, in diakonischen Werken oder als Kirchenmusikerin, und trat damit auch in öffentlichen Räumen in Erscheinung, was für die damalige Zeit ein Novum war. Sie wurde als volle Arbeitskraft in Anspruch genommen, wenn auch nicht entschädigt und meist wenig honoriert. Eine Aufgabe, die für die eine Chance und Erfüllung bedeutete, für die andere eher mit Verzicht und Aufopferung verbunden war, und von Pfarrpartnerinnen bis heute ambivalent erlebt wird.[2]

Wiederum einschneidende Veränderungen ergaben sich ab Mitte des letzten Jahrhunderts mit dem Eintritt der Frauen ins Pfarramt. Die vielfältigen Lebensformen, die heute in den Pfarrhäusern anzutreffen sind, wurden in diesem Buch schon mehrfach aufgezählt. Das traditionelle (Ideal-)Bild des heterosexuellen Pfarrehepaars mit Kindern wurde dadurch vielfach gebrochen, hat seine Wirksamkeit jedoch noch längst nicht eingebüsst. Die daraus entstehenden Konflikte und Unsicherheiten sind alltäglich spürbar und wollen bearbeitet werden.

---

[1]   Vgl. zu diesem Abschnitt Karin Hildenbrand, «... dass ich die treue Gehilfin meines lieben Mannes bin». Geschlechterkonstruktionen im Pfarrhaus. In: Simone Mantei/Regine Sommer/Ulrike Wagner-Rau (Hg.), Geschlechterverhältnisse und Pfarrberuf im Wandel. Irritationen, Analysen und Forschungsperspektiven, Stuttgart 2013, 115–133.

[2]   Vgl. Vreni Mühlemann-Vogelsang, «Zum Glück bin ich keine Pfarrfrau». Perspektiven von Pfarrpartner/innen, in diesem Band.

1.2 Zur Situation der Pfarrerinnen heute

Wie geht es den Bewohnerinnen des Pfarrhauses heute? Was meinen sie, wie mit dem Pfarrhaus und der Frage der Wohnsitzpflicht in Zukunft umgegangen werden sollte?

An einem Pfarrerinnen-Kapitel, das im März 2013 in Zürich stattfand, wurde in einer Arbeitsgruppe auch über das Leben im Pfarrhaus diskutiert. Die meisten der Kolleginnen in dieser Gruppe hatten dieses Thema gewählt, weil sie mit dem einen oder anderen Aspekt des Wohnens im Pfarrhaus Schwierigkeiten hatten und an den heutigen Bedingungen etwas ändern wollten. Die eine Kollegin machte sich Sorgen, dass ihre befristete Stelle vielleicht nicht mehr verlängert würde, und sie dann nicht nur eine neue Arbeit suchen müsste, sondern mit ihren zwei Kindern die gute Einbettung in der Schule und das ganze soziale Umfeld verlieren würde. Eine zweite litt darunter, dass alles, was sie mache, von gewissen Gemeindegliedern beäugt und betratscht würde, sei es, dass sie den Pfarrhausgarten (während ihrer Schwangerschaft) nicht ordentlich gejätet habe, oder dass der Hund zu lange im Garten eingesperrt werde, was nach Meinung dieser Gemeindeglieder nicht dem christlichen Anspruch vom Umgang mit den Geschöpfen Gottes entsprechen würde. Einige Kolleginnen beschwerten sich darüber, dass die Kosten für das Leben im Pfarrhaus ihre Möglichkeiten demnächst übersteigen würden, da sie nur eine Teilzeitanstellung hätten und mit diesem Lohn die Miete plus die neuerdings höheren Ausgaben für die Steuern kaum mehr zu bezahlen wären. Ausserdem seien gewisse Häuser von der Lage oder von der Bausubstanz her eine Zumutung. Die Liste an Klagen, Wünschen und Forderungen wurde lang. Doch so vehement die Kritik am Pfarrhaus auch war, so vehement wurde es von einigen anderen Kolleginnen auch verteidigt. Niemals möchten sie auf das Pfarrhaus und vor allem das Wohnen in der Gemeinde verzichten. Die Nähe zu den Gemeindegliedern, die Möglichkeit, Gastfreundschaft zu üben oder auch einmal eine bedürftige Person für eine Weile aufnehmen zu können wurde ebenso geschätzt wie die Chance, zu Hause zu arbeiten und damit Familie und Beruf auf ideale Weise verbinden zu können. Es schien keinen Konsens zu geben ausser dem Wunsch, die Wohnsitzpflicht zu lockern bzw. der Erkenntnis, dass das Leben im Pfarrhaus nicht jeder Pfarrerins Sache ist und folglich freiwillig sein muss.

Ist die Situation für Frauen im Pfarrhaus besonders schwierig? Die meisten der aufgeführten Punkte könnten auch von Pfarrern genannt werden. Gewisse Punkte hängen mit unsicheren Anstellungssituationen zusammen, die in der Zürcher Kirche vor allem Teilzeitstellen und darum zahlenmässig mehr Frauen als Männer betreffen. Es gibt jedoch Herausforderungen, vor denen nur die Frauen im Pfarramt stehen.

Da ist einmal die Tatsache, dass es immer noch Gemeinden gibt, die explizit eine Pfarrfamilie mit traditioneller Rollenverteilung für ihre Gemeinde und ihr

Pfarrhaus suchen. Auch in Stelleninseraten wird dabei ab und zu explizit ein Pfarrer mit einer Pfarrfrau gesucht, die in der Gemeinde mitarbeitet. Das können die meisten Pfarrerinnen nicht bieten.

Bei der Bewerbung werden kinderlose Frauen, die sich für Stellen mit einem grossen Pfarrhaus bewerben, manchmal gefragt, was sie denn mit diesem grossen Haus anfangen würden bzw. wie sie es zu füllen gedenken. Und wenn sie Kinder haben oder zukünftig haben möchten wird gefragt, wie sie sich denn vorstellen, die Kinderbetreuung neben dem hohen Arbeitspensum bewältigen zu können. Ein solches Arbeitspensum sei sicher nicht familienfreundlich. Solche Fragen bekommen Männer nicht zu hören.

Ein weiterer Punkt betrifft die Veränderung der Rollen- und Aufgabenverteilung im Pfarrhaus. Was früher die Pfarrfrau geleistet hatte, wird heute zum Teil den Aufgaben der Pfarrperson zugeschlagen. Von gewissen Erwartungen sind Frauen dabei mehr betroffen als Männer, denn Kuchen backen und Geschirr spülen kann ja wohl auch die Pfarrerin. Dem Pfarrer gegenüber gibt es solche Erwartungen kaum.

Last but not least haben Pfarrerinnen auch ein Handicap bei der Partnersuche: Ob der Beruf der potenziellen Partnerin oder das Leben im Pfarrhaus für Männer wenig attraktiv ist, bleibt offen, eine Studie in den USA hat jedenfalls gezeigt, dass die Ordination die Dating-Möglichkeiten von Frauen beeinträchtigt, während sie für Männer einen leicht positiven Einfluss hat.[3] Ob deswegen mit einer grossen Anzahl alleinstehender Pfarrerinnen im Pfarrhaus zu rechnen ist, sei dahingestellt, jedenfalls erhöht die Wohnsitzpflicht auch in diesem Bereich die Attraktivität des Pfarrberufs kaum.

Diese und (vor allem) die anderen oben genannten Schwierigkeiten lassen Pfarrpersonen immer mehr dazu tendieren, nicht mehr im Pfarrhaus zu wohnen oder potentiell Interessierte sich gar nicht mehr auf den Pfarrberuf einzulassen. Ob an der Wohnsitzpflicht in irgendeiner Weise festgehalten wird oder nicht, dieses Unbehagen von vielen Pfarrerinnen und Pfarrern darf nicht übergangen werden, wenn den Kirchen daran liegt, weiterhin gutes Personal zu finden und zu behalten.

---

3   Paula Nesbitt, Clergy and Gender in US-American Sociology of Religion Research and Debate, in: Mantei, Geschlechterverhältnisse, 149–164; 157.

2. Reglemente und Empfehlungen, kritisch gesichtet

Kirchenleitungen haben sich in den letzten Jahren bereits intensiv mit den Fragen rund ums Pfarrhaus und die Wohnsitzpflicht auseinandergesetzt.[4] Daraus hervorgegangen sind verschiedene Reglemente und Empfehlungen, die sich inhaltlich der Thematik widmen und gesetzliche Regelungen festhalten. Exemplarisch sollen hier zwei dieser Reglemente in den Blick genommen werden: Die *Empfehlung zu Fragen des Pfarrhauses* der EKD vom September 2002[5], das die Situation umfassend analysiert und über die EKD hinaus grosse Aufmerksamkeit gefunden hat, und das *Merkblatt zur Ausgestaltung der Dienstwohnungspflicht für Pfarrerinnen und Pfarrer*[6] der Reformierten Kirchen Bern-Jura-Solothurn vom September 2011, das das in der Schweiz neueste und am gründlichsten ausgearbeitete Papier dieser Art ist.

2.1 Hauptpunkte der beiden Reglemente

2.1.1 *Empfehlung zu Fragen des Pfarrhauses der EKD*

Die *Empfehlung* der EKD wird mit einer längeren Situationsbeschreibung eingeleitet. Die Veränderungen der letzten dreissig Jahre werden differenziert beschrieben und dabei viele der heutigen, zum Teil oben schon beschriebenen Probleme wahrgenommen und als solche anerkannt.

So ist etwa vom beobachteten Pfarrhaus die Rede: «Pfarrfamilien in Pfarrhäusern müssen damit leben, dass Gemeindeglieder an ihrem Leben Anteil nehmen, dass sie wissen wollen, wie die Mitglieder der Pfarrfamilie als Christen mit Konflikten und Verlusten umgehen, und dass sie häufig ihre individuellen Erwartun-

---

4   Kritisch beispielsweise Jürgen Schilling, leitender Pfarrer im Projektbüro Reformprozess im Kirchenamt der EKD, der an der ersten Land-Kirchen-Konferenz 2012 in Hannover meinte: «Die Arbeit in den ausgedünnten Regionen fern der Ballungszentren verdient in Zukunft ausserordentlich gefördert zu werden. Ein erstes Massnahmenbündel: Die Aufhebung der Residenz- und Präsenzpflicht, die als Grundsatz weder sach- noch zeitgemäss sind. Die Überprüfung der Leitlinien für ein Leben im Pfarrhaus. Die Ermöglichung eines an den Gaben der jeweiligen Personen orientierten Dienstes innerhalb der Dienstgemeinschaft einer Region. Strukturelle Freiräume für experimentell-kreative Ansätze. Nicht zuletzt sind auch finanzielle Anreize denkbar.» Jürgen Schilling, Anstösse und Aufgaben – Zur Zukunft von «Kirche in der Fläche», in: Du stellst meine Füsse auf weiten Raum – Perspektiven für «Kirche in der Fläche», Dokumentation der 1. Fachtagung der Land-Kirchen-Konferenz der EKD am 6. Juni 2012 in Hannover, epd-Dokumentation 43 (2012), 38.

5   EKD Evangelische Kirche in Deutschland (Hg.), Empfehlung zu Fragen des Pfarrhauses, September 2002 (www.ekd.de/EKD-Texte/pfarrhaus_2002.html [22.5.2013]).

6   Reformierte Kirchen Bern-Jura-Solothurn (Hg.), Merkblatt zur Ausgestaltung der Dienstwohnungspflicht für Pfarrerinnen und Pfarrer, September 2011 (www.refbejuso.ch/fileadmin/user_upload/Downloads/Theologie/Publikationen/TH_PUB_Merkblatt-Dienstwohnungspflicht_2011.pdf [22.5.2013].

gen zum Massstab für die Beurteilung der Geschehnisse im Pfarrhaus machen.»[7]
Es wird auch zugestanden, dass es für heutige Pfarrfamilien zur Belastung werden
kann, «ihr Leben als beispielgebend für die ganze Kirche beobachten und bewer-
ten zu lassen».[8] Die Folgen der Diversifizierung der Geschlechterrollen im Pfarrhaus, die einen Mehraufwand an Organisation und mehr Arbeit für die Pfarrperson bedeuten, werden ebenso thematisiert wie die Abgrenzungsproblematik und
die steigende finanzielle Belastung durch Erhöhung der steuerlichen Bewertung.[9]

Daraus folgt dann jedoch nicht, wie vielleicht zu erwarten wäre, eine grundsätzliche Infragestellung des Pfarrhauskonzepts. Die wahrgenommenen und anerkannten Schwierigkeiten bilden vielmehr den Hintergrund für ein umso vehemen-
teres Plädoyer für den Erhalt des Pfarrhauses. Begründet wird dies in erster Linie
mit der Bedeutung des Pfarrhauses als Symbol: «Trotz der beschriebenen Ero-
sionen der Dienstwohnungspflicht und ihrer Akzeptanz leistet das evangelische
Pfarrhaus weiterhin Wesentliches, das über eine blosse Wohnstätte für Pfarrerinnen und Pfarrer und ihre Familien hinausgeht. Das Pfarrhaus weist hin auf die
Bedeutung der Kirche vor Ort und ist auch weiterhin ein Sinnbild für die Präsenz
des Christlichen in unserer Gesellschaft.»[10]

Als zweite Begründung für die Beibehaltung des Status quo werden die
Bedürfnisse der Kirchgemeinden angeführt, die sich in Umfragen immer wieder
mit grossen Mehrheiten für den Erhalt der Pfarrhäuser aussprechen.[11]

So heisst es denn im Hauptteil: «Es ist notwendig, alle Anstrengungen zur
Erhaltung des evangelischen Pfarrhauses zu unternehmen und seine Wertschätzung in kirchenleitenden Gremien und in der Pfarrerschaft zu erhöhen, damit es
weiterhin

- ein Zeichen für Gegenwart und Anteil der Kirche in der Gesellschaft,
- ein sichtbarer Ort des gelebten Christ-Seins,
- ein Ort für den Pfarrdienst als Profession,
- ein Ort der Hilfe und Zuwendung und
- eine unverzichtbare Rahmenbedingung für die erforderliche Mobilität
  der Pfarrerschaft

sein kann.»[12] Diese fünf Punkte können als Kernaussage der *Empfehlung* verstanden werden, sie werden vielerorts zitiert und diskutiert.

---

7   EKD, Empfehlung, I.4.a).
8   Ebd.
9   A.a.O., I.4.b)–d).
10   A.a.O., I.5.a).
11   Ebd.
12   A.a.O., II.

In den nachfolgenden rechtlichen Regelungen wird festgehalten, dass Residenzpflicht und Dienstwohnungspflicht für alle Pfarrpersonen, in der Regel auch mit Teilzeitpensum, nicht zur Diskussion steht. Die Gemeinden werden gleichzeitig verpflichtet, eine Dienstwohnung zur Verfügung zu stellen.

Die beiden letzten Abschnitte der *Empfehlung* der EKD nennen Massnahmen, die dazu dienen sollen, das Leben und Arbeiten im Pfarrhaus zu erleichtern und zu unterstützen. Unter dem Titel *Anerkennung und Erleichterung des Lebens im Pfarrhaus* wird «grössere Aufmerksamkeit und Anerkennung» für das Leben im Pfarrhaus gefordert, was «sich auch auf die Familienmitglieder beziehen und ihre Belange berücksichtigen» muss.[13] Konkret vorgeschlagen werden zwei Massnahmen: Die Zulassung der Ausübung einer Berufstätigkeit des Ehepartners oder der Ehepartnerin im Pfarrhaus bei entsprechender Kostenübernahme sowie das Angebot von Fortbildungen für Pfarrpersonen und ihre Angehörigen mit Themen wie Arbeitsstrukturierung, Rollenreflexion und Abgrenzungsfragen.

Als letztes werden auch finanzielle Entlastungen empfohlen, z. B. bei durch das Pfarrhaus verursachter hoher Steuerbelastung, wobei nicht gesagt wird, wer diese Kosten übernehmen soll: die Gemeinde oder die Landeskirche.

2.1.2 *Merkblatt zur Ausgestaltung der Dienstwohnungspflicht für Pfarrerinnen und Pfarrer der Reformierten Kirchen Bern-Jura-Solothurn*

Das *Merkblatt* der Berner Kirche hat die *Empfehlung* der EKD zur Grundlage genommen. Eine einleitende Problemanzeige fehlt jedoch weitgehend. Im Einleitungsteil heisst es nur: «Der Synodalrat ist sich bewusst, dass sich die Lebensgewohnheiten in den letzten Jahren stark verändert haben. Trotzdem ist er der Auffassung, dass Pfarrpersonen in den dafür vorgesehenen Häusern und Wohnungen leben und arbeiten sollten – dies als Ausdruck für die Gegenwart der Kirche in der Gesellschaft. In der Volkskirche können Menschen hier einen Ort gelebten Christ-Seins miterleben.»

Auch im Berner Papier stehen die Feststellung und knappe Begründung der fünf oben genannten Punkte im Zentrum, die wörtlich aus dem EKD-Papier übernommen wurden.

Im Berner Merkblatt wird im unterstützenden Sinn eine gute Instandhaltung der Häuser empfohlen sowie ein sachlicher und konstruktiver Umgang mit Konflikten. Die Kirche bietet zudem eine Beratungsstelle für Personen an, die im Pfarrhaus wohnen. Ausserdem ist die Residenzpflicht nicht für alle Pfarrpersonen vorgeschrieben. Pro Gemeinde muss gemäss Kirchengesetz mindestens eine Pfarrperson mit Dienstwohnungspflicht angestellt sein.[14] Der Synodalrat empfiehlt

---

13   A.a.O., II.5.
14   Gesetz über die Bernischen Landeskirchen, Art. 54a neu.

jedoch den Gemeinden, möglichst alle Pfarrpersonen der Dienstwohnungspflicht zu unterstellen.

2.2 Kritische Anfragen

Wer die *Empfehlung* der EKD liest und dabei auch an die Bewohner/innen des Pfarrhauses denkt, wird sich über das ungleiche Verhältnis zwischen Problemanzeigen und Massnahmen zu deren Behebung wundern. Die wenigen konkreten Vorschläge zur Unterstützung der Pfarrhausbewohner/innen wirken ziemlich hilflos. Vielleicht zeigen sie aber auch, dass das Befinden der Pfarrhausbewohner/ innen für die Verfasser des Papiers nicht im Zentrum des Interesses steht. Bezeichnenderweise fehlt bei den fünf zentralen Punkten, welche die Funktion des Pfarrhauses in beiden Papieren definieren, ein sechster Punkt, der heissen könnte: Das Pfarrhaus soll (weiterhin) ein Ort sein, wo der Pfarrer oder die Pfarrerin gut und gerne wohnen und arbeiten kann.

Stattdessen wird der symbolische Wert des Pfarrhauses betont, und damit verbunden an zentraler Stelle der Wunsch geäussert, dass das Pfarrhaus ein sichtbarer Ort des gelebten Christ-Seins sein soll. In der *Empfehlung* der EKD heisst es dazu konkret: «Im Pfarrhaus wohnen Menschen, die bereit sind, mit ihrem Leben, mit Gelingen und Scheitern für ihren Glauben und ihr Getragen-Sein durch Gott einzustehen. Als ein Ort des bekennenden und gelebten Christ-Seins wird das Pfarrhaus zum Kristallisationskern für Hoffnungsbilder. Hierdurch ist es Projektionsfläche und Orientierungspunkt für Vorstellungen nicht nur der Kirchenmitglieder von gelungenem Leben.»[15]

Diese Erwartungen stehen in der Tradition der alten Vorbildfunktion der Pfarrfamilie, der *Gemeinde im Kleinen*. Sie ist aus verschiedenen Gründen in Frage zu stellen.

Für die Gemeinde bedeutet sie eine fragwürdige pädagogische Massnahme. Denn auch kirchennahe Menschen oder Familien nehmen sich heute kaum mehr die Pfarrfamilie zum Vorbild, und der Grossteil der Kirchenmitglieder delegiert sowieso eher das gelebte Christ-Sein ins Pfarrhaus, anstatt sich selber danach auszurichten. Wenn nicht gar das «von der Gemeinde gewünschte beispielhafte Leben»[16] dazu dient, nach Fehlern im Vorbild zu suchen, um von eigenem Ungenügen abzulenken.

Es gab Zeiten, in denen die Pfarrer gerne ihren Lebenswandel inklusive Familienleben im Pfarrhaus als Vorbild für die Gemeinde inszenierten. Heute jedoch ist es für die meisten Pfarrpersonen und ihre Familien eine Belastung, das «gelebte Christ-Sein» repräsentieren zu müssen. Es werden auch kaum hilfreiche Kriterien

---

15   EKD, Empfehlung, 1.5.a).
16   Ebd.

genannt, was» gelebtes Christ-Sein» heute bedeuten könnte, und in der Realität füllt sich diese Lücke nur zu gerne mit sehr disparaten Erwartungen von Gemeindegliedern. Gewiss sollen die Pfarrpersonen selber im Sinne des Ordinationsgelübdes den Dienst an Gottes Wort auch mit ihrem Leben bezeugen. Sie sollen das eigene Verhalten zu ihrem Glauben in Bezug setzen und theologisch reflektieren. Aber sie sind darum nicht per se bessere Christinnen und Christen, und müssen es auch nicht sein.[17] Bei den mit ihnen im Pfarrhaus lebenden Menschen kann zudem nicht mehr davon ausgegangen werden, dass sie dies als bekennende Christinnen und Christen tun. Die meisten Partner/innen von Pfarrpersonen sind nicht mehr stark kirchlich sozialisiert, einige gehören auch einer anderen Religion an.

Inhaltlich ist die Vorbildfunktion vor allem dann problematisch, wenn sie mit der Sehnsucht nach dem alten Ideal einer intakten, harmonischen Familie, am liebsten mit klarer, auch geschlechtsspezifischer Aufgaben- und Rollenverteilung verbunden wird. Solche Bilder stehen der Entwicklung hin zu einer geschlechtergerechten Kirche entgegen. Es ist kein Schaden, wenn sie aufgebrochen werden, und dafür einer Vielfalt von Bildern unterschiedlicher Lebens- und Gemeinschaftsformen Platz machen, die ihrerseits durchaus auch als Hoffnungsbilder und Beispiele gelebten Christ-Seins wirken können.

Gut immerhin, dass im EKD-Papier unter dem Stichwort des «gelebten Christ-Seins» auch vom Scheitern (und dem verantwortungsvollen Umgang damit) die Rede ist, so dass der Idealisierung der friedlichen Idylle ein lebensnäheres und für die allermeisten Menschen hilfreicheres (Vor-)Bild entgegengesetzt werden kann.

3. Neue genderbewusste Positionen zur Pfarrhausthematik

In den letzten drei Jahren sind einige Publikationen erschienen, die sich mit der Pfarrhausthematik beschäftigen und dabei die Genderperspektive mit einbeziehen. Niemand von den drei Autorinnen und Autoren, die hier vorgestellt werden sollen, spricht sich grundsätzlich für eine Aufhebung der von Pfarrpersonen bewohnten Pfarrhäuser aus. Sie alle stellen jedoch das Festhalten am alten Modell mit ihrer Idealisierung der Kleinfamilie in Frage. Sie fragen nach den Kernaufgaben der Gemeinden und entwickeln unterschiedliche Konzepte, wie das Leben im Pfarrhaus zur Erfüllung dieser Aufgaben, aber auch zum Wohle der Bewohner/innen gestaltet werden kann.

---

17 Vgl. dazu den Artikel von Friedrich Wilhelm Graf, Moral ist keine Religion. Der Protestantismus, der Fall einer deutschen Bischöfin und der Verlust von Unterscheidungen, in: Neue Zürcher Zeitung, vom 4.3.2010.

3.1 Ilona Nord: Wohnen als professionelles Element des Pfarrberufs

Ilona Nord, Juniorprofessorin für Praktische Theologie an der Universität Hamburg, fordert Konzepte, wie bereits vorhandene Pfarrfamilien, die gut mit dem Leben im Pfarrhaus zurechtkommen, gestärkt und gegen eine Überforderung abgesichert werden können. Zur Weiterführung des Konzeptes vom Pfarrhaus ist es weder nötig noch möglich, dass alle Pfarrerinnen und Pfarrer in einem Pfarrhaus wohnen. «Es gehört zum Leben im Pfarrhaus auch ein gewisses Geschick und eine Leidenschaft dafür, die eigene Lebensform in die Gemeinde und in den Stadtteil hinein zu kommunizieren.»[18]

Der Zugang zu einem Leben im Pfarrhaus soll für eine grosse Vielfalt von Lebensformen wie zum Beispiel Wohngemeinschaften oder Mehrgenerationenarrangements geöffnet werden. «Der Entwurf und der Aufbau von solchen auch für die Gesellschaft modellhaften Lebensformen sollte [dabei] nicht allein in die Kreativität und das Durchhaltevermögen von Pfarrerinnen und Pfarrern gestellt werden. Wenn eine Kirchenleitung oder ein Kirchenvorstand die Kultur des Pfarrhauses weiter aufrechterhalten bzw. erneuern möchte, muss sie dies auch als ein Element der Professionalität im Pfarrberuf schätzen und kommunizieren. Der Aufbau eines Mehrgenerationenhauses, in dem auch der Pfarrer oder die Pfarrerin mit oder ohne Familie lebt, ist dann als Teil des Berufsfeldes Pfarramt zu verstehen und nicht das Privatvergnügen der Pfarrperson. Zugleich sind solche Projekte nie als rein karitatives Engagement zu verstehen, sondern es geht gezielt darum, der Pfarrperson eine Einbettung in einen sozialen Zusammenhang, kurz: ein Zuhause zu schaffen, in dem sich die Pfarrerin und der Pfarrer wohl in ihrer ganzen Existenz fühlen können.»[19]

3.2 Annette Mehlhorn: Das Pfarrhaus als Ort von Sorge und Fürsorge

Die Pfarrerin und Theaterpädagogin Annette Mehlhorn plädiert ebenfalls für den Erhalt des Pfarrhauses, doch müssen dafür alte Rollenmuster hinterfragt und Aufgaben neu verteilt werden. Im Zentrum steht dabei die Aufgabe der (Für-)Sorge (*Caring*), laut Mehlhorn die Kernaufgabe einer christlichen Gemeinde. Sorgen und Fürsorge waren lange Zeit der Frauenrolle zugewiesene Tätigkeiten, sie wurden vorwiegend unentgeltlich geleistet, vor allem im privaten Bereich, und genossen kaum gesellschaftliche oder wirtschaftliche Anerkennung. Die Sorge-Aufgabe soll nun wieder ins Zentrum der kirchlichen Aufgaben gestellt werden. Dies, auch wenn von Frauen- und Männerseite Widerstand dagegen geleistet wird. Auf die

---

18   Ilona Nord, Wohnst Du schon oder lebst Du noch? Lebensformen im Pfarrhaus, in: Deutsches Pfarrerblatt 111. Jg., 9 (2011), 465–470; 469.
19   Ebd.

Männer bezogen fragt Mehlhorn: «Steht uns die Verweiblichung des Gemeinde-pfarramtes und der Gemeindedienste ins Haus, weil männliche Gemeindeglieder und Kollegen kein Interesse am Sorgen haben?»[20] Auch aus feministischer Sicht sind Vorbehalte zu gewärtigen, gehört es doch zu den Forderungen der Frauen-bewegung, das Dienen von der Frauenrolle zu lösen. Doch das «Dienen gehört zum Wesen dieser Profession und darf genau deshalb nicht ausschliesslich den Frauen und dies erst recht nicht ausschliesslich in Basisdiensten [...] überlassen werden».[21] Die Ausübung von Sorge und Fürsorge im Pfarramt ist eng mit der Gewährleistung von leiblicher Präsenz verbunden. Diese muss nicht immer und ausschliesslich über ein Pfarrhaus garantiert werden. Doch der Dienst im Pfarr-haus bleibt wichtig und wäre «als eine besondere Form pastoraler Tätigkeit zu beschreiben, entsprechend auszustatten und ähnlich wie ein ärztlicher Bereit-schaftsdienst zu entlohnen».[22]

3.3 Peter Scherle: Das Pfarrhaus als Botschafter für Nachhaltigkeit und solidarische Lebensformen

Peter Scherle, Professor für Kirchentheorie und Kybernetik am Theologischen Seminar in Herborn, hält das Pfarrhaus ebenfalls für unverzichtbar. Es muss aber eine neue Gestalt erhalten, um seine Aufgabe auch im 21. Jahrhundert erfüllen zu können. «Dafür braucht es einen zeitgemässen Traum, wie das Gottvertrauen im Pfarrhaus ins Leben gezogen werden kann: in einem ökologisch und ästhe-tisch ansprechenden Neubau, welcher die Spannung von Gottesgegenwart und -abwesenheit gestaltet und der Ausdehnung des *unternehmerischen Selbst* in alle Poren des Privatlebens architektonisch Widerstand entgegensetzt – einem Ort, der Aus-Zeiten ebenso markiert wie die gelassene Einladung, dass die Pfarrerin oder der Pfarrer Zeit haben [...]»[23] Die Pfarrhäuser der Zukunft sollten ökologi-sch(-ästhetisch) bewusst gebaut oder wenigstens saniert werden, um als attraktive Lebensräume die Lust am Leben im Pfarrhaus zu stärken. Die Gebäude können so selbst ein Zeichen für die Ausrichtung der Kirche an der frohen Botschaft sein.

---

20 Annette Mehlhorn, Haushalten im Modus des Sorgens. Das Pfarrhaus im Rahmen christ-licher Liebes-Ökonomie. Gender-Perspektiven auf die Rolle von Pfarrhaus, Pfarramt, Pfarrpersonen im Wandel der Lebensformen, in: Peter Scherle (Hg.): Haus halten. Gottes «oikonomia» und die kirchliche Haushalterschaft (Herborner Beiträge, 5), Berlin 2011, 223–247; 235.

21 A.a.O., 237.

22 Annette Mehlhorn, Leben im Modus des Sorgens. Ein genderpolitischer Beitrag zur Pfarr-hausdebatte, in: Stefanie Schäfer-Bossert u. a. (Hg.), Feministische Theologie – Politische Theologie. Entwicklungen und Perspektiven, Sulbach/Taunus 2012, 231–245; 242.

23 Peter Scherle, Welche Zukunft hat das Pfarrhaus? Thesen für ein notwendiges Gespräch, in: Scherle, Haus halten, 249–257; 254.

Von Herrschaftlichkeit und Bürgerlichkeit haben viele unserer Pfarrhäuser ja schon lange erzählt. Im 21. Jahrhundert sollen sie die Botschaft von Nachhaltigkeit und solidarischen Lebensformen verkündigen.

Ein Ort sichtbar gelebten Christ-Seins also in neuer Gestalt: «Es kann durchaus sein, dass ein solches Pfarrhaus nur in der Form grösser angelegter – in Einzelfällen vielleicht sogar: kommunitärer – Zusammenhänge möglich ist. Ein soziales Netzwerk mit hoher Verbindlichkeit, was die Solidarität angeht, und grosser Freiheit, was den Lebensstil angeht. Eine Lebensgemeinschaft, welche die Ressourcen hat, andere aufzunehmen und zu stärken. Eine Mahlgemeinschaft, die an ihrem Tisch Platz für hungrige Leiber und gequälte Seelen hat. Eine Gebetsgemeinschaft, die sich gelassen an Gott wenden kann, weil sie selbst die Welt nicht retten muss. Ein Haus, in dem Menschen mit sich, den anderen und mit Gott haushalten [...]»[24]

4. Was es braucht

Was muss nun aufgrund der oben gemachten Überlegungen und Literaturrecherchen für den zukünftigen Umgang mit den Pfarrhäusern und den Menschen, die darin leben, berücksichtigt werden?

- Freiwilligkeit
Es gibt viele Pfarrer und Pfarrerinnen, die gerne im Pfarrhaus wohnen, weil sie hier ihren Auftrag am besten umsetzen können, weil es zu ihrer Lebensform passt und weil sie mit den Erwartungen der Gemeinde gut umgehen können. Diese Pfarrpersonen gilt es mit allen Mitteln zu unterstützen. Für die anderen gibt es vielfältige Möglichkeiten, um Präsenz bzw. Erreichbarkeit zu gewährleisten. Das Konzept der Berner Kirche mit einem bewirtschafteten Pfarrhaus pro Gemeinde zeigt dafür einen gangbaren Weg auf.

- Attraktive Häuser
Viele Pfarrhäuser bieten sehr attraktive, sogar privilegierte Wohnmöglichkeiten. Andere sorgen eher für Konfliktstoff bezüglich Bauzustand, Lage, Arbeitsaufwand oder hohen Nebenkosten. Wo dies der Fall ist, muss nach Verbesserungsmöglichkeiten gesucht werden, wie es auch die Berner Kirche empfiehlt. Umbauten und Neubauten sollen dabei so gestaltet werden, dass sie auch nach ökologischen und ästhetischen Kriterien Orte gelebten Christ-Seins sein können. Zu beachten ist zudem eine klare Trennung von Arbeits- und Privatbereich. Dies nicht nur, weil das Bedürfnis danach unter den heutigen Pfarrpersonen wie auch bei den anderen Mitbewohner/innen zunimmt.

---

24 A.a.O., 256f.

Die klare Unterscheidung von beruflichem und privatem Bereich ist auch eine Forderung aus der Sicht der Prävention von sexuellen Übergriffen, wo Setting-Fragen in letzter Zeit zunehmend ins Zentrum der juristischen Aufmerksamkeit genommen werden.

- **Finanzielle Unterstützung**
Die Mietkosten bzw. Lohnabzüge für Pfarrhäuser müssen fair bleiben und auch für Teilzeit arbeitenden Pfarrpersonen bezahlbar sein. Die Gefahr besteht sonst, dass nur Vollzeit arbeitende Pfarrpersonen sich das Wohnen im Pfarrhaus überhaupt leisten können, was wiederum das traditionelle Familienmodell begünstigen würde. Nachzudenken wäre auch über finanzielle Entschädigungen für gewisse Leistungen, vergleichbar mit einem ärztlichen Pikettdienst.

- **Konzepte, Berufsbilder, Stellenbeschriebe**
Was es braucht, sind Konzepte, die für eine vielfältige Nutzung der Pfarrhäuser eine gute Grundlage bieten. Wenn Pfarrpersonen die Pfarrhäuser bewohnen, soll auch da eine Vielfalt von Lebensformen möglich sein. Die besonderen Bedürfnisse der Frauen im Pfarramt bzw. der Menschen mit Engagement in Familien oder anderen Kontexten müssen berücksichtigt werden. Neben unterschiedlichen Familienformen können auch Wohngemeinschaften z. B. mit Jugendlichen oder mit Bedürftigen, Gastfreundschaftsprojekte, Mehrgenerationengemeinschaften oder spirituelle Kommunitäten, mit oder ohne beteiligte Pfarrperson, sichtbare Orte gelebten Christ-Seins sein.

Die verschiedenen Aufgaben, die mit dem Leben im Pfarrhaus verbunden sind, gehören in Berufsbilder und Stellenbeschriebe und sind mit den nötigen Ressourcen auszustatten. Rückzugsorte und -zeiten sind dabei zu respektieren.

- **Personalentwicklung**
Kurse wie die im EKD-Papier empfohlenen können als Kompensation dafür dienen, dass heute nur noch sehr wenige Pfarrpersonen selber aus einem Pfarrhaus stammen und sich die speziellen Herausforderungen gewohnt sind. Beratungsstellen wie in der Berner Kirche sind zu begrüssen. Zu den Aufgaben von Personalverantwortlichen muss gehören, Pfarrpersonen, die im Pfarrhaus wohnen, zu begleiten, wach zu sein für die Gefahr von Krankheit und Burnout und strukturelle Probleme auch auf dieser Ebene anzugehen anstatt sie zu personalisieren.

- **Theologische Reflexion**

Viele Themen rund um das Pfarrhaus bieten sich an, sie theologisch zu reflektieren und für die Praxis noch weiter nutzbar zu machen. Exemplarisch genannt seien nur: *Familien- und Gemeinschaftsbilder*, die *Sorge-Kultur* oder das Thema *Wohnen*. Sie erweitern und bereichern die Möglichkeiten, was gelebtes Christ/in-Sein im Pfarrhaus heute und in Zukunft bedeuten kann.

Matthias Zeindler

Das Pfarrhaus als «Kirche vor Ort»

Theologische Überlegungen zur Präsenz der Volkskirche in der Gesellschaft

1. Das Pfarrhaus lässt nicht kalt

Eigentlich schien alles klar. Der Kirchgemeinde X, einer durchschnittlichen Berner Landgemeinde, standen gleichzeitig drei grössere Projekte bevor: Der Kanton hatte angekündigt, die Pfarrstelle werde gekürzt, so dass man vor der Frage stand, ob die Kirchgemeinde die verlorenen Stellenprozente selber übernehmen wolle. Zudem plante der Kanton das Pfarrhaus – bisher in seinem Besitz – der Kirchgemeinde verkaufen, und schliesslich musste in der Kirche unbedingt eine neue Orgel gebaut werden. Das waren finanzielle Belastungen, die eine kleine Gemeinde nicht ohne weiteres schultern kann. Der Kirchgemeinderat war deshalb gezwungen, die drei Projekte zu priorisieren. Dem Rat war die Reihenfolge schnell klar: An erster Stelle rangierte die Erhaltung der Pfarrstelle, denn ihr Personal ist das Kapital der Kirche. Weiter: Kern des Gemeindelebens ist der Gottesdienst, also muss als nächstes die neue Orgel gebaut werden. Im Vergleich zu diesen beiden schien dem Kirchgemeinderat das Pfarrhaus, die Privatunterkunft für die Pfarrfamilie, von untergeordneter Wichtigkeit, es rangierte in der Prioritätenliste deshalb klar an dritter Stelle.

Die Bevölkerung allerdings, das zeigten bald einmal Gespräche auf der Strasse, setzte andere Prioritäten. Wen immer man darauf ansprach, stets bekam man den klaren Bescheid, dass ein Verlust des Pfarrhauses schlicht undenkbar sei. Eine neue Orgel dagegen – na ja, die alte tönte ja noch. Klar war aber, das Pfarrhaus muss im Besitz der Kirchgemeinde sein. Jemand anderer als der Pfarrer oder die Pfarrerin kann unmöglich darin wohnen. Die Kirchgemeinde war in der glücklichen Lage, dass alle drei Projekte realisiert werden konnten. Hätte man auf etwas verzichten müssen, spricht vieles dafür, dass es nicht das Pfarrhaus gewesen wäre.

Es ist mir bewusst, dass man in anderen Kirchgemeinden anders gedacht hätte. Animierte Diskussionen hätte es aber in jedem Fall gegeben. Das Pfarrhaus, so zeigt dieses Beispiel, lässt die Menschen nicht kalt, und zwar Kirchennahe und

Distanzierte gleichermassen[1]. Es ist für die Mitglieder der Gemeinde wichtig zu wissen, dass da ein Haus ist, bei dem man sich darauf verlassen kann, es steht für Hilfebedürftigen aller Art offen. Erstaunlich bleibt dabei, wie stark diese Möglichkeit mit einer bestimmten, als Dienstwohnung des Pfarrers oder der Pfarrerin definierten und bekannten Liegenschaft verbunden ist. Immerhin wäre der leichte Zugang zu kirchlicher Hilfe auch zu gewährleisten, wenn der Pfarrer oder die Pfarrerin an einem von ihm oder ihr privat gewählten Ort innerhalb der Gemeinde Wohnsitz hätte.

Der oder die Geistliche soll nicht nur in der Gemeinde wohnen, er oder sie soll möglichst auch in einem Haus wohnen, das man als Pfarrhaus kennt. Beim Pfarrhaus schwingt offenkundig neben der praktischen Funktion auch noch eine symbolische Dimension mit: Die Präsenz der Kirche in der Form eines allgemein zugänglichen Hauses soll nicht nur faktisch bestehen, sie soll auch die Gestalt eines als Wohn- und Wirkungsort der Pfarrerin, des Pfarrers definierten, konstant so gebrauchten Gebäudes haben. Was doch wohl bedeutet: Das Pfarrhaus steht nicht nur für den Wohn- und Wirkungsort einer bestimmten Pfarrerin oder eines Pfarrers, sondern über die individuelle Amtsperson hinaus für die Gegenwart der Kirche im Lebensbereich der hier ansässigen Menschen.[2]

2. Zur «Theologie des Pfarrhauses»

In diesem Beitrag soll nun weniger die Sichtweise der betroffenen Menschen in den Kirchgemeinden thematisch werden. Gefragt wird vielmehr danach, wie das Pfarrhaus *theologisch* verstanden werden kann und was es von dort aus zu den aktuellen Veränderungen in der Wohnsituation von Pfarrerinnen und Pfarrern zu sagen gibt. Dass das Pfarrhaus theologische Fragen aufgibt, dürfte schon an den einleitenden Beobachtungen deutlich geworden sein. Mit der Problematik des Pfarrhauses wird die Frage nach der Form aufgeworfen, in der die Kirche in einer jeweiligen Gesellschaft präsent ist. Und wenn wir über die Präsenz der Kirche in einer jeweiligen Gesellschaft nachdenken, dann setzen wir uns mit der Frage auseinander, in welcher Weise das Evangelium in dieser Gesellschaft verkündigt wird. Die theologische Frage, die im Zusammenhang mit dem Pfarrhaus zu stellen ist, lautet demnach: *Inwiefern trägt die Wohn-, Arbeits- und Sozialform Pfarrhaus heute dazu bei, die der Kirche aufgetragene Botschaft von Jesus Christus den*

---

1   Die Terminologie von «Kirchennahen» und «Distanzierten» verwende ich provisorisch, im Bewusstsein darum, dass die Kriterien, gemäss denen die Distanz zur Kirche dabei gemessen wird, diskutiert werden müssten.

2   Vgl. David Plüss, Geist, Fleisch und Stein. Das Pfarrhaus als Brennpunkt einer gebauten Ekklesiologie, in diesem Band.

Menschen nahezubringen? Dazu möchte ich im Folgenden diese *These* zu begründen versuchen: *Das Pfarrhaus war lange Zeit die der volkskirchlich strukturierten Kirche entsprechende Form der Präsenz in der Gesellschaft. Auch unter heutigen Bedingungen bleibt das Pfarrhaus eine zentrale Gestalt solcher Präsenz.*

2.1 Volkskirche

Die vorgestellte These enthält die Behauptung, dass das Pfarrhaus für eine bestimmte Gestalt der Kirche eine sinnvolle Form gesellschaftlicher Präsenz sei, und zwar für die als Volkskirche strukturierte und sich verstehende Kirche. Was aber ist mit dem Begriff Volkskirche gemeint? Sowohl um den Begriff wie um die Sache wird seit Jahrzehnten gestritten. Während die einen das Ende der Volkskirche ausrufen, optieren andere vehement für deren Erhalt. Es gibt jene, die den Begriff der Volkskirche für überholt halten, und jene, die auf ihn nicht verzichten möchten. Ich will diese Diskussionen hier nicht nachzeichnen, sondern mit ein paar Stichworten zu zeigen versuchen, was ich meine, wenn ich von der Volkskirche spreche.

Vor allem die grösseren reformierten Kantonalkirchen der Schweiz begreifen sich nach wie vor als Volkskirchen. Damit ist nicht gemeint, dass sie eine Mehrheit der Bevölkerung zu repräsentieren beanspruchen oder dass sie sich als in einer spezifischen Weise volksnah oder gar volkstümlich verstehen. Sie verstehen sich als Volkskirchen, weil sie in sich eine Vielfalt von Glaubens- und Teilnahmeformen zu ermöglichen versuchen. Es gibt in dieser Kirche Leute, die regelmässig den Gottesdienst besuchen, und andere, die in einer kirchlichen Drittweltgruppe engagiert sind. Jemand ist Mitglied des Kirchgemeinderates, weil sie ihre organisatorischen und kaufmännischen Fähigkeiten für eine «gute Sache» einsetzen möchte. Es gibt solche, die zur Kirche gehören, weil sie es wichtig finden, dass ihre Kinder in religiösen Themen unterrichtet werden. Viele besuchen Gottesdienste zu wichtigen biografischen Anlässen: Taufe, Konfirmation, Hochzeit, Bestattung – und bei diesen Gelegenheiten ist ihnen ein sorgfältig gestalteter, gehaltvoller Gottesdienst wichtig. Wieder andere bleiben Mitglieder der Kirche, weil sie überzeugt sind, dass es die sozialen Leistungen dieser Organisation in unserer Gesellschaft dringend braucht. Von einer Volkskirche sprechen wir dann, wenn diese Kirche die unterschiedlichen Formen der Mitgliedschaft zulässt und als legitim bejaht. Weder fordert sie von ihren Mitgliedern ein explizites Bekenntnis zu bestimmten Lehren noch eine bestimmte Lebensform oder eine bestimmte Intensität der Teilnahme.

Zu den Charakteristika der Volkskirche gehört damit, dass ihre Mitglieder die Gestaltung ihrer Zugehörigkeit selbst bestimmen. Man kann, mit dem praktischen Theologen Kristian Fechtner, die Volkskirche als eine Kirche beschreiben, deren Mitglieder «als selbständige Subjekte handeln, mittun oder sich distanzieren».[3] In dieser Sicht zeichnet sich die Volkskirche aus durch eine Wertschätzung der religiösen Individualität; eine volkskirchlich verfasste Kirche wäre dann jene, «die auf die selbständige Ausübung des Christentums aus ist».[4]

Die Vielfalt von Glaubens- und Teilnahmeformen ist nur *ein*, wenn auch ein wichtiges Kennzeichen der Volkskirche. Nur erwähnt seien ausserdem ihr Öffentlichkeitscharakter, ihr vielfältiges diakonisches Angebot oder ihr kooperatives Verhältnis zum Staat.[5] Für unsere Fragestellung wichtig ist daneben ein weiteres Charakteristikum, nämlich die territoriale Verfasstheit der Volkskirche in Lokalgemeinden. Diese Form der räumlichen Nähe zu den Menschen ist eine wesentliche Bedingung für ihre Offenheit: Gerade die prinzipielle Erreichbarkeit ihrer Angebote ermöglicht die verschiedenen Grade von Nähe und Distanz, die die Volkskirche auszeichnen.

2.2 Volkskirche und Pfarrhaus

a. Volkskirche und Ortsgemeinde

Nun behaupte ich in meiner These, dass das Pfarrhaus eine der Volkskirche besonders angemessene Gestalt kirchlicher Präsenz in der Gesellschaft sei. Die unterste Organisationsebene der Volkskirche bildet die *Ortsgemeinde*. Es ist nach wie vor unbestritten, dass diese Ebene das eigentliche Fundament kirchlicher Arbeit ausmacht, jene Struktur, durch die die Kirche alltagsnah und erreichbar bleibt, sichtbar und erfahrbar mit Aktivitäten für unterschiedlichste Bevölkerungsgruppen. Zwar wird das sogenannte Parochialsystem in letzter Zeit vermehrt diskutiert, nicht zuletzt unter dem Druck schwindender Mitgliederzahlen und – als Folge davon – eingeschränkterer finanzieller Möglichkeiten der Kirchen. Aber auch Alternativen wie stärker an bestimmten Altersgruppen, Milieus oder Interessen orientierte kirchliche Zentren werden mit derselben Idee vertreten, nämlich einer grösstmöglichen Nähe zu denjenigen Menschen, die man erreichen möchte.[6] Auch in Zukunft werden kirchliche Strukturen deshalb immer eine Mischform von Parochial- und Profilgemeinde bleiben.

---

3   Kristian Fechtner, Späte Zeit der Volkskirche. Praktisch-theologische Erkundungen, Stuttgart u. a. 2010, 18.
4   A.a.O., 44.
5   Vgl. Michael Beintker, «Kirche spielen – Kirche sein». Zum Kirchenverständnis heute, in: Zeitschrift für Theologie und Kirche 93 (1996), 243–256; 253f.
6   So ist der programmatische Satz in der Zürcher Sinusstudie gemeint: «Die Kirchen stehen heute nicht mehr vor der Herausforderung, eine neue Wahrheit in einer alten Welt oder eine alte Wahrheit in einer alten Welt, sondern eine alte Wahrheit in einer neuen Welt zu vermitteln.» Roland Diethelm/Matthias Krieg/Thomas Schlag (Hg.), Lebenswelten. Modelle kirchlicher Zukunft. Orientierungshilfe, Zürich 2012, 17.

In der lokalen Gemeinde zeigt sich, dass Nähe zu Menschen immer eine räumliche Nähe bedingt. Ulrich Körtner hält die Ortsgemeinde für unverzichtbar, «weil die grundlegenden Kommunikationsformen des Christentums, also die Kommunikation des Evangeliums im weitesten Sinne des Wortes, *leibhaftige* Anwesenheit voraussetzen. Ihre *regelmässige Ermöglichung* ist auf die *räumliche Nähe* ihres Angebotes angewiesen.»[7] Konkret: Zum Gottesdienst kann man nur gehen, wenn ein solcher innerhalb einer zumutbaren Distanz stattfindet; dasselbe gilt für den kirchlichen Unterricht; Menschen besuchen kann man nur, wenn man sich in ihrer Nähe befindet – die Beispiele lassen sich leicht vermehren. Körtner interpretiert diese Tatsache auch theologisch: «*Kirche für andere* (D. Bonhoeffer) muss in der Nähe dieser Anderen *erreichbar* sein.»[8] Kirchliche Präsenz ist ohne sichtbare örtliche Präsenz nicht möglich. Diese Einsicht muss man in allen kritischen Diskussionen über die Territorialkirche bewusst halten.

b. Das Pfarrhaus: lokale, temporale und personale Präsenz der Kirche

Volkskirchliche Präsenz der Kirche ist demnach vorrangig *ortskirchliche* Präsenz. Und ein nicht zu unterschätzendes Element dieser Form der Präsenz, davon bin ich überzeugt, ist das Pfarrhaus. Das Pfarrhaus bleibt eine wesentliche Dimension der «Kirche vor Ort», wie sie die Volkskirche zu sein intendiert. Und dies bedeutet: Es bleibt eine wesentliche Dimension der Verkündigung einer volkskirchlich strukturierten Kirche. Die kirchliche Präsenz in Gestalt des Pfarrhauses und seiner Bewohner/innen gliedert sich dabei in drei Aspekte, nämlich lokale, temporale und personale Präsenz.

Mit der *lokalen* Präsenz ist zunächst die schlichte physische Gegenwart eines kirchlichen Gebäudes und von Menschen, die diese Kirche repräsentieren, gemeint. Mit dem Pfarrhaus nimmt die Kirche – neben dem Gottesdienstgebäude und allenfalls einem Kirchgemeindehaus – mit einem weiteren, häufig markanten und prominent situierten Bau in einem Siedlungsgebiet Raum ein. Das Pfarrhaus macht Kirche sichtbar. Dabei ist dieses Haus insbesondere für die *volkskirchliche* Präsenz der Kirche wichtig, weil im Verhältnis zu diesem Haus die unterschiedlichen Grade der Nähe und Distanz, die die Volkskirchlichkeit ausmachen, konkret erfahrbar werden. Das Pfarrhaus steht zunächst einfach da – die Kirche ist präsent, unabhängig davon, wie man sich zu ihr verhält. Man kann mit den Bewohnern dieses Hauses Umgang pflegen, muss aber nicht. Man mag regelmässig dort ein- und ausgehen, sei es aus privaten oder kirchlichen Gründen, genauso gut kann das aber auch unterbleiben. Wie zur Kirche generell, so sind auch hier differenzierte Grade der Nähe möglich.

---

7   Ulrich Körtner, Die Gemeinschaft des Heiligen Geistes. Zur Lehre vom Heiligen Geist und
     der Kirche, Neukirchen-Vluyn 1999, 40. Hervorhebungen dort.
8   Ebd.

Für viele Menschen wichtig ist auch die durch das Pfarrhaus angezeigte *temporale* Präsenz der Kirche vor Ort. Während die Kirche im Gottesdienst, aber auch im Gemeindebüro bloss zeitlich begrenzt zugänglich ist, verbindet man mit dem Pfarrhaus nach wie vor die Auffassung, dass hier jederzeit eine offene Tür und ein offenes Ohr findet, wer dessen bedarf. Das alte Bild, dass im Pfarrhaus noch Licht brenne,[9] steht für diese Zugänglichkeit auch zu Zeiten, wo sie anderswo nicht mehr zu erwarten ist. Auch wenn diese Verfügbarkeit rund um die Uhr wohl stets Ideal war und heute von vielen Amtsinhaberinnen und Amtsinhabern als unrealistisch empfunden wird, grundsätzlich bleibt es für die Kirche wichtig, dass bei ihr Menschen auch dann in Nöten Hilfe finden, wenn die Türen anderswo geschlossen sind. Viele Mitglieder der Kirche rechnen nicht damit, dass sie selbst diese Möglichkeit einmal in Anspruch nehmen werden, es ist ihnen aber umso wichtiger zu wissen, dass sie für andere besteht. Auch hier gilt die verbreitete volkskirchliche Haltung, die sich im Satz verdichtet: «Die Kirche ist wichtig, aber nicht für mich.»

Der bedeutendste Aspekt kirchlicher Präsenz, der durch das Pfarrhaus repräsentiert wird, ist die *personale* Präsenz: Durch die Bewohnerin oder den Bewohner eines Pfarrhauses ist die Kirche in Gestalt einer Person in einer Gemeinde anwesend. Dies ermöglicht als erstes die Möglichkeit einer grossen Nähe zu den Gemeindegliedern. Wenn ein Pfarrer in seiner Gemeinde lebt, dann eröffnet dies Möglichkeiten, Menschen nahe zu kommen, wie sie mit einer punktuellen Präsenz nie realisierbar wären. Dabei spielt nicht nur eine Rolle, dass man durch regelmässige, auch informelle Kontakte ein reiches Beziehungsnetz aufbaut, das in pädagogischen, gottesdienstlichen und seelsorgerlichen Kontakten jeweils zum Tragen kommen kann. Ebenso wichtig ist, dass man durch das Mitleben in einer Gemeinschaft eine Unzahl von Informationen aller Art bekommt, ja, dass man mit der Zeit den «Puls» eines Gemeinschaftszusammenhang spürt und damit erst ein wirkliches Verständnis für den Bereich entwickelt, in dem man tätig ist. Einer aufmerksamen Pfarrerin erschliesst sich auf diese Weise der Kontext, in den hinein sie das Evangelium zu verkündigen hat, in einer einmaligen Feinheit und Detailliertheit.

Die durch das Leben im Nahbereich mögliche grössere Vertrautheit mit der Gemeinde ist aber nur ein Aspekt des Pfarrhauses als personale Präsenz der Kirche vor Ort. Es zeigt darüber hinaus auch, auf welche Weise die Kommunikation des Evangeliums in dieser Kirche stattfindet, nämlich nicht allein durch die expliziten Verkündigungsformen Gottesdienst, Unterricht und Seelsorge, sondern ebenso stark in alltäglichen Begegnungen, in scheinbar trivialen Gesprächen, in kleinen

---

9   Günther S. Wegener, Im Pfarrhaus brennt noch Licht, in: Günter E. T. Bezzenberger/Ders. (Hg.), Im Pfarrhaus brennt noch Licht. Geschichten aus deutschen Pfarrhäusern, Kassel 1982, 11–15.

Gesten der Solidarität. Oft ist sich ein Pfarrer selbst nicht bewusst, in welchem Masse ein kurzer Austausch in der Schlange im Supermarkt vom Gegenüber als «Verkündigung», als bedeutungsvolles Zeichen der Zuwendung, erlebt worden ist. Das breite Spektrum von Interaktionen im Zusammenleben von Tag zu Tag birgt ein grosses Potenzial an Begegnungen, die für die Betroffenen als Kontakte mit der Kirche aufgefasst werden.

Zur Lebens-, Arbeits- und Sozialform Pfarrhaus gehört aber noch ein Weiteres. Mit dem Pfarrhaus ist Kirche nicht nur mit ihren Gottesdiensten, ihrem Unterricht und ihren diakonischen und kulturellen Angeboten «vor Ort», sie ist es auch in der Gestalt einer Person (oder einer Personengruppe), die das Leben in einem Dorf oder einem Stadtteil mit den dort ansässigen Menschen teilt. Der Pfarrer oder die Pfarrerin ist die als Person greifbare und erfahrbare Kirche, sie ist die Kirche «in Person». (Was sich darin niederschlägt, dass missglückte Kontakte mit Pfarrpersonen regelmässig zu Kirchenaustritten führen.) Wenn diese Person im eigenen Lebensbereich wohnt, wenn sichtbar wird, dass sie in denselben Läden einkauft, im gleichen Wald joggt und wie man selbst eine Katze besitzt, dann wird die Kirche, welche diese Person vertritt, zur Kirche, die dem eigenen Lebensbereich zugehört. Durch die im Pfarrhaus wohnhafte Pfarrerin wird die Kirche zur Kirche «im Dorf» (wobei das Dorf ohne weiteres ein Stadtteil sein kann). Sie ist damit nicht nur mehr in einem geografischen Sinne Teil dieses Ortes, sondern wird zu einem Stück Lebenswelt. Dass einem dieses Stück Lebenswelt auch fremd bleiben kann, ist damit nicht ausgeschlossen.

Die in diesem Beitrag verfolgte These lautet, dass das Pfarrhaus nach wie vor eine der Volkskirche in hohem Grade angemessene Form kirchlicher Präsenz in der Gesellschaft ist. Das Pfarrhaus ist dies deshalb, weil mit der in diesem Haus wohnhaften Person (oder den Personen) für die hier ansässigen Menschen christliche Existenz im alltäglichen Lebensvollzug sichtbar und erlebbar ist. Der Pfarrer oder die Pfarrerin verkörpert exemplarisch, was es heisst, in der Welt, wie sie sich an diesem Ort und zu dieser Zeit nun mal darstellt, Christ oder Christin zu sein. Auch wenn man es von anderen nicht erwartet, mindestens von der Pfarrerin erwartet man, dass sie «auch lebt, was sie predigt», d. h. dass sie bis in die trivialen Verrichtungen hinein aufzeigt, wie man als Christ wenn nicht leben muss, so doch leben kann. Pfarrerinnen und Pfarrer sind nicht nur «Kirche in Person», sie sind auch «christlicher Glaube» in Person. Der Pfarrer steht, ob er das möchte oder nicht, mit seiner Person für die von ihm vertretende Botschaft ein, und es ist deshalb «nach wie vor eine Aufgabe im Pfarramt, das Leben so zu gestalten, dass es vor den Augen der Öffentlichkeit standhalten kann», so die Theologin Ulrike Wagner-Rau.[10] Auf diese unauflösbare Verbindung von Beruf und Person weist

---

10 Ulrike Wagner-Rau, Auf der Schwelle. Das Pfarramt im Prozess kirchlichen Wandels, Stuttgart 2009, 25.

der theologische Begriff des Amtes hin, und diese Verbindung sollte einen vorsichtig machen bei der Behauptung, Pfarrer sei «ein Job wie jeder andere».[11]

3. Wie entscheiden? Gewinn- und Verlustrechnung

Das Pfarrhaus lässt die Menschen nicht kalt, weshalb auch Diskussionen über neue Wohnformen von Pfarrerinnen und Pfarrern oder über die Umnutzung von Pfarrhäusern häufig leidenschaftlich geführt werden. Immer mehr Teilzeitstellen, neue Familienformen und veränderte Auffassungen des Pfarrberufs bringen es mit sich, dass Pfarrerinnen und Pfarrer nicht mehr selbstverständlich im Pfarrhaus Wohnsitz nehmen. Kirchgemeinden stehen damit in schwierigen Entscheidungssituationen und Kirchenleitungen suchen Regelungen, die den verschiedenen Ansprüchen von Pfarrpersonen und Gemeinden gerecht werden.

In diesem Beitrag wird zu zeigen versucht, welche theologische Relevanz die Institution Pfarrhaus hatte und hat und was bei deren Verlust auf dem Spiel stehen könnte. Eines ist mir dabei wichtig, nämlich dass es nicht darum geht, eine bestimmte Wohn-, Arbeits- und Sozialform um jeden Preis zu bewahren. Auch in Bezug auf die strenger oder weniger streng auszugestaltende Residenzpflicht der Pfarrerin kann das Ziel nicht sein, sozialkonservativ ein bestimmtes Ideal erhalten zu wollen. Bei einer so zentralen Frage wie derjenigen nach dem Umgang mit dem Pfarrhaus halte ich es aber für unumgänglich, dass die Verantwortlichen in Kirchgemeinden theologische Gesichtspunkte prominent in ihre Entscheidungen mit einbeziehen. Es sei nochmals unterstrichen: Wo es um die Wohnsituation von Pfarrerinnen und Pfarrern geht, steht die Kirche vor keiner geringeren als der Frage, in welcher Form das ihr anvertraute Evangelium in dieser Gesellschaft vermittelt werden soll. Das Pfarrhaus ist eine historisch gewachsene Gestalt dieser Vermittlung und muss als solche immer wieder auf ihre Angemessenheit überprüft werden. Wo man die Frage des Umgangs mit Pfarrhäusern aber auf eine reine Finanzfrage reduziert, bewegt man sich unter dem Niveau wahrhaft kirchlicher Entscheidungsprozesse.

In den Entscheidungsprozessen ist es wichtig, dass man in aller Offenheit sowohl die Gewinn- als auch die Verlustrechnungen aufmacht. Mit dem Hinweis auf die lokale, temporale und personale Präsenz der Kirche, die durch das Pfarrhaus ermöglicht wird, sind aus theologischer Sicht die zentralen Posten einer Gewinnrechnung genannt. In der Verlustrechnung werden auftauchen: die Exis-

---

11   Christoph Amman, Wider den Gemeinplatz, Pfarrer sei ein Beruf wie jeder andere, in: Reformatio 57 (2008), 250–256.

tenz im «Glashaus»[12], die einer Pfarrfamilie im Pfarrhaus zugemutet wird; die möglicherweise grossen Kosten für die Kirchgemeinde; aber auch – bei einem historischen Gebäude – die herrschaftliche Symbolik, die an eine vergangene, oft zweifelhafte Symbiose von Kirche und weltlicher Obrigkeit erinnert. Auch wenn ein Pfarrer oder eine Pfarrerin andere Wohnräume als die im Pfarrhaus bezieht und wenn das Pfarrhaus stattdessen umgenutzt wird, zum Beispiel als Bürogebäude für alle kirchlichen Mitarbeiterinnen und Mitarbeiter oder als Kindergarten, auch dann gibt es eine Gewinn- und eine Verlustrechnung. Auf der Gewinnseite schlägt zu Buche, dass auch dem Pfarrer eine Lebensform ermöglicht wird, die ihm entspricht; dass ein grosses Gebäude in einer der Öffentlichkeit vielleicht dienlicheren Art genutzt werden kann; oder dass die Kirchgemeinde als ganze einen örtlichen Mittelpunkt bekommt, wo Menschen ohne grosse Umwege zu jenen Mitarbeitenden gelangen, die sie nötig haben. Auf die Verlustseite gehört, dass die Pfarrerin – gerade wenn sie ausserhalb der Gemeinde wohnt – nicht mehr in alltäglichen Zusammenhängen erlebbar ist oder dass ein vormals eindeutig kirchliches Gebäude möglicherweise eine säkulare Zweckbestimmung bekommt.

Das Pfarrhaus war lange Zeit jene Wohnform von Pfarrern und Pfarrfamilien (Pfarrerinnen gab es in diesem Zeitraum erst wenige), durch die die Volkskirchlichkeit der Kirche konkret wurde. Mit diesem Haus und seinen Bewohnern war die Kirche und damit das Evangelium «vor Ort» präsent. Wie immer eine Kirchgemeinde im Umgang mit ihren Pfarrhäusern zuletzt entscheidet, im Vordergrund muss dabei immer die Frage stehen, bei welcher Lösung die vormals durch das Pfarrhaus garantierte lokale, temporale und personale Präsenz der Kirche am besten gewährleistet bleibt. Diese Art der Präsenz gehört zum Kapital einer sich volkskirchlich verstehenden Kirche, und es wäre nicht gut, wenn dieses Kapital leichtfertig verspielt würde.

---

12 Wolfgang Steck, Im Glashaus: Die Pfarrfamilie als Sinnbild christlichen und bürgerlichen Lebens, in: Martin Greiffenhagen (Hg.), Das evangelische Pfarrhaus. Eine Kultur- und Sozialgeschichte, Stuttgart 1984, 109–125.

David Plüss

Geist, Fleisch und Stein

Das Pfarrhaus als Brennpunkt einer gebauten Ekklesiologie

1. «Gemässigte Spiritualisten»

«Der Geist ist es, der lebendig macht, das Fleisch vermag nichts. Die Worte, die ich zu euch geredet habe, sind Geist und sind Leben.» Mit diesem Vers aus dem Johannesevangelium (Joh 6,63) endet die Evangelienlesung in Huldrych Zwinglis Abendmahlliturgie von 1525. «Danach küsse der Leser das Buch.»[1] – Diese liturgische Miniatur zeigt wie durch ein Brennglas Tendenzen und Spannungen innerhalb der reformierten Theologie, die sich bis in die Gegenwart nachzeichnen lassen und auch die Diskussion um die Bedeutung des Pfarrhauses nicht unwesentlich bestimmen. Der Theologe und Krimiautor Ulrich Knellwolf hat Zwingli zu Recht einen «gemässigten Spiritualisten» genannt.[2] Und zwar deshalb, weil dieser im Gottesdienst allem Sinnlichen misstraute, die Liturgie radikal entschlackte, Altäre und Orgeln entfernen liess, ebenso Bilder und Statuen, Heilige Gewänder und Geräte. Das Abendmahl wurde an einem Holztisch im Kirchenschiff gefeiert, mit einfachen Schalen und Bechern. Denn «der Geist ist es, der lebendig macht, das Fleisch vermag nichts». Mehr noch: das Fleisch lenke ab von Gottes Geist, lenke ab von der Andacht, irritiere die Heiligung und verführe zum verdienstlichen Werk, verführe zum Götzendienst. – Dieser gemässigte Spiritualismus der Zürcher Reformation hat eine Rück- oder Gegenseite: Gerade die Abendmahlsliturgie von 1525 macht deutlich, wie ernst es Zwingli war mit seinem Misstrauen gegenüber dem Rituellen und Sinnlichen und wie rigoros er zu Werke ging.

Allerdings ging er mit rituellen und sinnlichen Mitteln zu Werke. Offenbar lässt sich Rituelles nur mit Rituellem, Sinnliches nur mit Sinnlichem begrenzen

---

1   Text nach Michael Meyer-Blanck, Liturgie und Liturgik. Der Evangelische Gottesdienst aus Quellentexten erklärt, Gütersloh 2001, 155.

2   Ulrich Knellwolf, Die Musik im reformierten Gottesdienst, in: Institut für Kirchenmusik der evangelisch-reformierten Landeskirche des Kantons Zürich (Hg.), Musik der evangelisch-reformierten Kirche. Eine Standortbestimmung, Zürich 1989, 45–86,48.

und gestalten. Und offenbar bedarf auch der Geist einer *rituellen Geste*: *Das Küssen des Buches* verleiblicht und ritualisiert Zwinglis Wertschätzung der johanneischen Geist-Theologie. Der radikale Umbau der Messe setzt Zwinglis Spiritualismus ins Szene, schafft der reformierten Theologie Raum, entwickelt stimmige Gesten und liturgische Elemente. Reformierte Theologie und Frömmigkeit ist bis in die Gegenwart geprägt von dieser Ambivalenz zwischen einer *Hochschätzung des Geistes und der Innerlichkeit* zum einen und der *Unvermeidbarkeit des Liturgischen, Symbolischen und Leiblichen* zum anderen. Reformierte Theologie pflegt bis in die Gegenwart einen gemässigten Spiritualismus.

2. Geheiligte Steine

Dieser gemässigte Spiritualismus lässt sich sehr schön in der theologischen Bewertung des *Kirchenraumes* ablesen. Dieser gilt gemeinhin nicht als Sakral-, sondern als Funktionsraum.[3] Ihm komme an sich keine sakrale Bedeutung zu, sondern er würde einzig und allein durch den Gebrauch als Versammlungsraum der Gemeinde, als Ort der Verkündigung «geheiligt». Die gepflasterten Steine dagegen seien theologisch belanglos.

Diesem Spiritualismus hat schon der Zürcher Reformator Heinrich Bullinger widersprochen, wenn er in im *Zweiten Helvetischen Bekenntnis* pointiert, dass Kirchen durchaus heilige Orte seien: «Wie wir aber glauben, dass Gott nicht wohne ‹in Tempeln von Händen gemacht›, so wissen wir doch aus Gottes Wort und aus den heiligen Gebräuchen, dass die Gott und seiner Anbetung gewidmeten Stätten nicht gewöhnliche, sondern heilige Orte sind, und wer sich darin aufhält, soll sich ehrerbietig und geziemend benehmen, da er ja an heiligem Orte ist, vor Gottes und seiner heiligen Engel Angesicht.»[4] – Auch die Reformierten feiern ihre Gottesdienste demnach in besonderen, heiligen Räumen, geheiligt durch Gottes und seiner heiligen Engel Gegenwart, geheiligt aber auch durch das Verhalten der Menschen, durch ihren *Habitus* und ihre *Liturgie.*[5]

Den gemässigten Spiritualismus der Reformierten dokumentieren aber auch die Versuche der letzten fünfzig Jahre, Gottesdiensträume konsequent zu funktionalisieren und als Mehrzweckräume in Gebrauch zu nehmen. Diese funktionalen Raumkonzepte haben sich zwar vielerorts bewährt. Gleichwohl ist gegenwärtig

---

3   Vgl. hierzu die Beiträge in Christoph Sigrist (Hg.), Kirche Macht Raum. Beiträge zu einer kontroversen Debatte, Zürich 2010.

4   Heinrich Bullinger, Das Zweite Helvetische Bekenntnis (1566), Zürich 1998, XXII.

5   Zum Zusammenhang von Glaube, Habitus und Liturgie vgl. den am Calvin College in Grand Rapids lehrenden reformierten Liturgiewissenschaftler James K. A. Smith, Desiring the Kingdom. Worship, Worldview, and Cultural Formation, Grand Rapids 2009, 37–73.

eine Tendenz zur Re-Sakralisierung des Raumes festzustellen.[6] Die gepflasterten Steine sind offenbar für den Gottesdienst keineswegs belanglos, weder theologisch noch anthropologisch. Gottes Geist lässt sich nicht separieren, weder von den Steinen der Kirchenräume noch von den Körpern der Feiernden. Gerade der Gottesdienstraum zeigt: Der Mensch ist kein *animal rationale* im Sinne Descartes, er ist kein reines Geistwesen. Sein Körper, seine Gefühle und seine Sinnlichkeit prägen ihn in grundlegender Weise. So ist auch der christliche Glaube mehr als ein bestimmtes Wissen, mehr als eine Lehre oder eine Weltanschauung. Der Glaube ist zunächst eine *bestimmte Praxis*: nämlich die Praxis des Bezeugens (*Martyria*) und des Betens (*Leiturgia*), des sich Versammelns (*Koinonia*) und der Fürsorge (*Diakonia*).[7] Er ist zunächst eine körperliche und eine soziale Praxis, die sich mit bestimmten Geschichten, Bildern und Einstellungen verbindet und einen bestimmten *Habitus*, ein *vorbewusstes Verstehen der Welt* ausprägt, bevor er zu Deutungen, Lehren und Wissen kondensiert. Der Glaube ist eine soziale und kultische Praxis, verbunden mit einer *kollektiv verfassten Vorstellungswelt*[8], die *Institutionen* ausgeprägt und den Bau bestimmter *Räume* und *Gebäude* inspiriert hat. *Gottes Geist*, der *menschliche Körper* und der *gebaute Raum* gehören zusammen, wenn der Glaube als eine bestimmte Praxis verstanden werden soll.

3. Kirche und Pfarrhaus: zwei ekklesiologische Brennpunkte

Was vom Kirchenraum gesagt wurde, gilt auch für das Pfarrhaus. Denn es ist augenfällig, dass sich beide in der Neuzeit als *Ensemble* etabliert und institutionalisiert haben.[9] Sie stellen ein historisch gewachsenes und also nicht zwingendes, aber über Jahrhunderte bewährtes *Modell gebauter Ekklesiologie* dar: Kirche und Pfarrhaus, unterschieden und doch aufeinander bezogen. Sie symbolisieren als Ensemble die Kirche als *Ortsgemeinde*, als *Parochie*. Sie bilden zwei Brennpunkte einer Ellipse, um die herum sich das Gemeindeleben abspielt. Aber was verkör-

---

6   Vgl. Johannes Stückelberger / Asha De, Funktionaler oder sakraler Raum? in: Ralph Kunz, Andreas Marti und David Plüss (Hg.), Reformierte Liturgik – kontrovers, Zürich 2011, 19–28.

7   Damit sind die vier Grundvollzüge der Kirche angesprochen – in traditioneller Begrifflichkeit: *Martyria, Leiturgia, Koinonia* und *Diakonia*. Vgl. dazu Jochen Arnold, Theologie des Gottesdienstes. Eine Verhältnisbestimmung von Liturgie und Dogmatik, Göttingen 2004, 22f.

8   Vgl. dazu das von Charles Taylor formulierte Konzept eines «social imaginery»: Charles Taylor, Modern Social Imaginaries, Durham/NC 2004, 23–30.

9   Vgl. hierzu den instruktiven Beitrag von Martin Greiffenhagen, Einleitung, in: Ders. (Hg.), Das evangelische Pfarrhaus. Eine Kultur- und Sozialgeschichte, München 1984, 7–22.

pern oder materialisieren die beiden Pole? Folgende Bedeutungen stehen meines
Erachtens im Vordergrund:

- **Gottesdienst und Seelsorge**
  Während der Kirchenraum den *Gottesdienst* repräsentiert, steht das Pfarrhaus für die *seelsorgerliche Dimension* von Kirche. Als «Muttersprache der
  Kirche»[10] entspricht die Seelsorge deren diakonischer Grundausrichtung.
  Menschen erwarten von der Kirche – personalisiert durch die Pfarrerin oder
  den Pfarrer – Zuwendung und Verständnis, eine offene Tür und ein offenes
  Ohr, Trost und Orientierung. Dies belegen verschiedene empirische Studien
  in erstaunlicher Eindeutigkeit.[11] Die hohen Erwartungen korrelieren allerdings *nicht* mit einer ebensolchen Inanspruchnahme. An die Tür des Pfarrhauses wird nur noch selten geklopft, um seelsorgerliche Beistand oder gar
  Begleitung zu erhalten – mit Ausnahme der Seelsorge im Zusammenhang von
  Taufen, Hochzeiten oder Bestattungen.[12] Diese Differenz ist bemerkenswert
  und kann irritieren. Sie gehört aber zur Eigenart der spätneuzeitlichen Insti-
  tutionalisierung von Kirche. Es ist vielen Menschen – ob Kirchenmitglieder
  oder nicht – wichtig, dass es die offene Tür und das offene Ohr gibt, dass
  Seelsorge bei Bedarf in Anspruch genommen werden kann, dass im Pfarrhaus
  Licht brennt, dass die Pfarrerin oder der Pfarrer im Notfall da ist.

  Damit verbindet sich der Aspekt der *Personalität* der Seelsorge und des
  Pfarrhauses. Die Institution erhält durch die Seelsorgerin ein *Gesicht*, wird
  durch eine Person repräsentiert, von der ein hohes Mass an Authentizität
  erwartet wird.[13] Die Pfarrerin und der Pfarrer stehen für das christliche Programm, sie verkörpern die christliche Hoffnung und sollen die evangelische
  Freiheit in ihrem Leben vorbildhaft realisieren. Die gepflasterten Steine des
  Pfarrhauses symbolisieren diese personale Seite der Kirche, symbolisieren
  das freundliche und zugewandte Gesicht der Pfarrerin oder des Pfarrers, das
  immer wieder durchlässig werden soll für Gottes leuchtendes Angesicht.

  Diese hohen Erwartungen an die offene Tür und das offene Ohr, an die
  grundsätzliche Ansprechbarkeit der Pfarrerin für Lebensfragen rund um die

---

10   Vgl. dazu Michael Klessmann, Seelsorge. Begleitung, Begegnung, Lebensdeutung im Hori-
     zont des christlichen Glaubens, Neukirchen-Vluyn 2008, 147–177.
11   Vgl. etwa David Plüss / Dominik Schenker, Welche Seelsorge hätten Sie gerne? Oder: Was
     willst du, dass ich für dich tun soll? (Lk 18,41) Ergebnisse einer Patientinnen- und Patien-
     tenbefragung im Kantonsspital Basel, in Praktische Theologie 37 (2002), 22–33.
12   Nach Martin Greiffenhagen war dies früher anders, wurde der seelsorgerliche Rat des Pfar-
     rers stärker nachgefragt (Greiffenhagen, Einleitung, 10). Wie dem auch sei, verlässliche
     Zahlen hierzu fehlen.
13   So auch Isolde Karle, Volkskirche ist Kasual- und Pastorenkirche?, in: Deutsches Pfarrer-
     blatt 12/2004, 625–630.

Uhr – auch an der Migros-Kasse oder beim Spaziergang mit dem Hund –, steht in Spannung zu Tendenzen innerhalb der Kirchen, zwischen Amtsperson und Privatperson trennscharf zu unterscheiden, die Arbeitszeit des Pfarrers zu reglementieren und die Arbeitszeit kategorisch von Freizeit zu trennen. Der beschriebenen Eigenart des Pfarramtes wird mit solchen Entwicklungen allerdings nicht Rechnung getragen, und dessen Spielräume, das Evangelium zu kommunizieren, werden nicht unerheblich beschnitten.

- **Gemeinde und Pfarramt**

Kirchen und Pfarrhaus repräsentieren als Ensemble zum anderen das Verhältnis von *Gemeinde* und *Pfarramt*. Während die Kirche Gemeinde- und Gemeinschaftsraum ist, in dem das Evangelium in Gemeinschaft kommuniziert und liturgisch zur Darstellung gebracht wird, ist das Pfarrhaus der unverkennbare *Ort des Pfarramtes*. In seiner konkreten Gestalt ist es *gebaute Pastoraltheologie*. Denn das allgemeine Priestertum der Getauften führt nicht zu einer Egalisierung der Rollen und Funktionen. Im Gegenteil! Der Leib Christi bedarf nach Paulus (1Kor 12) der funktionalen Differenzierung, wobei dem Pfarramt seit Luther und Zwingli eine herausgehobene theologisch-geistliche Leitungsrolle zukommt. Das Pfarrhaus steht für diese funktionale Differenzierung der kirchlichen Dienste und die besondere Stellung des Pfarramtes. Die Gemeinde bedarf des dazu berufenen und ordinierten *Verbi Divini Ministeriums*, des Dienstes am göttlichen Wort, um zu ihrem eigenen Verkündigungsauftrag befreit und gestärkt zu werden. Dieses komplexe Verhältnis zwischen Gemeinde und Amt der öffentlichen Verkündigung wird durch das Ensemble von Kirche und Pfarrhaus dargestellt.

Dieses Verhältnis wie auch dasjenige zwischen den verschiedenen Diensten der Gemeinde – Calvin hat bekanntlich unterschieden zwischen *Lehrern*, *Pastoren*, *Presbytern* und *Diakonen* – steht auch in der Gegenwart zur Debatte. Der Brennpunkt der Kontroverse liegt dabei in der Beurteilung der *Eigenart pastoraler Verantwortung*, welche auch das Verhältnis des Pfarramtes zum Kirchgemeinderat und zu den Katechetinnen und den Sozialdiakonischen Mitarbeitenden bestimmt. Die aktuelle Infragestellung von Pfarrhäusern gehört in den Kontext dieser Debatte und ist zugleich Symptom derselben.

- **Transzendenz und Immanenz**

Kirche und Pfarrhaus symbolisieren und materialisieren auch das Verhältnis von Transzendenz und Immanenz, von Gottesbezug und Weltbezug, von *sonntäglicher Liturgie* und *Gottesdienst im Alltag der Welt*, von Zuspruch und Anspruch. Der Glaube bewegt sich immer zwischen diesen beiden Polen. Mit den Worten Luthers: «Möchte darum die ganze Welt voll Gottesdienstes sein. Nicht allein in der Kirche, sondern auch im Haus, in der Küche, im Keller, in der Werkstatt, auf dem Feld, bei Bürgern und Bauern».[14] Dabei ist der reformierte Gottesdienst in besonderer Weise auf die Bewährung im Alltag bezogen: in der Familie, im Beruf, in der Freizeit, in Politik oder Zivilgesellschaft.

Das Pfarrhaus repräsentiert den zweiten Pol dieses Verhältnisses. Es steht für die *Welthaftigkeit* und *Weltförmigkeit* der christlichen Hoffnung.[15] Es steht für die Bewährung des Glaubens. Aber wiederum nicht als Haus, sondern in Bezug auf seine Bewohner: Denn von der Pfarrerin wird erwartet, dass sie mit ihrer Familie lebt, was sie verkündigt, dass sie der *Freiheit der Kinder Gottes* in einem befreiten Leben Gestalt verleiht. Das Pfarrhaus somit als *Laboratorium und Lackmustest evangelischer Freiheit*, auch im Umgang mit Versagen, mit Schuld und mit Grenzen. Dieser Anspruch kann die Menschen im Pfarrhaus bedrängen und überfordern. Vermeiden lässt er sich nicht, auch nicht durch die Auflösung des Ensembles von Pfarrhaus und Kirche.

• *Lex orandi, lex credendi*

Wenn der Glaube im Gebet seine erste und eigentliche Gestalt gewinnt, wenn somit die *Theologie* von der *Liturgie* herkommt und diese reflektiert[16], dann wird in der Doppelheit von Kirche und Pfarrhaus auch dieses Verhältnis abgebildet: die Kirche als *Haus des Gebets*, das Pfarrhaus als *Ort der Theologie*. Wenn in der Erwartung der Gemeindeglieder im Pfarrhaus Licht brennen soll, dann wohl auch deshalb, weil von der Pfarrerin zu Recht erwartet wird, dass sie das Licht der Verheissung immer wieder neu und anders auf das Leben der Hörer zu beziehen vermag, geistreich und einleuchtend, und dass sie für diese je aktuelle und passende Bezugnahme Mühe und Zeit aufwendet. Im Pfarrhaus soll gründlich und fortdauernd nachgedacht werden über die Relevanz des Evangeliums, über das, was uns Christus gerade heute bedeutet, die Bibel in der einen, die Zeitung in der anderen Hand. Im Pfarrhaus soll gründlich und fortdauernd nachgedacht werden über den Grund unserer Hoffnung und die geeigneten Weisen der Kommunikation und Darstellung derselben.

---

14   Martin Luther, zit. in: Greiffenhagen, Das evangelische Pfarrhaus, 7.
15   Greiffenhagen spricht zutreffend von der gleichzeitigen *Verweltlichung* des Sakralen und einer *Vergeistlichung* des Weltlichen. Eine Dialektik, die zu einer spezifischen Weltfrömmigkeit des Protestantismus geführt hat. Vgl. a.a.O., 7f.
16   Vgl. zur altkirchlichen Formel *Lex orandi – lex credendi*: Albert Gerhards / Benedikt Kranemann, Einführung in die Liturgiewissenschaft, Darmstadt 2008, 49f. Dass es sich hier nicht um ein römisch-katholisches Konstrukt handelt, macht der bereits genannte Smith deutlich (Smith, Kingdom, 133–154), nota bene ein Reformierter!

3. Späte Zeit des Pfarrhauses

Es bleibt dabei: Das Ensemble von Kirche und Pfarrhaus ist kontingent. Es ist historisch gewachsen und hat sich vielfach verändert. Pfarrhäuser sind für das Leben der Kirche keineswegs unverzichtbar. Andere Modelle als das etablierte Ensemble sind denkbar und werden bereits vielfach und mit Erfolg gelebt. Dennoch: Die Institution des Pfarrhauses ist über lange Zeit gewachsen und hat sich bewährt. Sie verbindet sich wie jede Institution mit bestimmten Zielen, Rollen- und Verhältnisbestimmungen. Sie ist gebaute Ekklesiologie und gebaute Pastoraltheologie. Sie materialisiert eine Theologie des Gottesdienstes und der Seelsorge. Sie symbolisiert das Verhältnis von Pfarramt und Gemeinde in anschaulicher Weise. Der Alltags- und Gesellschaftsbezug christlicher Hoffnung wird mit dem Pfarrhaus als Laboratorium christlicher Freiheit dauerhaft ermöglicht und auf Bewährung gestellt. Der feierlichen Kommunikation des Evangeliums wird ein Ort der institutionalisierten Reflexion zugeordnet.

Pfarrhäuser stehen darüber hinaus in besonderer Weise für die spätneuzeitliche Gestalt der Volkskirche: für eine bestimmte Gestalt kirchlichen Lebens, die sich in unseren Breiten etabliert und bewährt hat, die aber in den letzten Jahrzehnten infolge religiöser Transformationsprozesse vielfältigen Veränderungen und Infragestellungen unterliegt. Diese Veränderungen und Infragestellungen der Volkskirche schlagen direkt durch auf die Wahrnehmung und Beurteilung des Pfarrhauses. Wie auch immer diese erfolgt: Die Potenziale volkskirchlichen Lebens gilt es auch und gerade in Zeiten fortschreitender Säkularisierung, Pluralisierung und Individualisierung genau zu beachten und zu pflegen. Hierzu gehört in besonderer Weise die Bedeutung des Pfarramtes und des damit verbundenen Pfarrhauses. Dieses Tafelsilber sollte nicht ohne Not verscherbelt werden.

4. Das Pfarrhaus – genutzt

Claudia Kohli Reichenbach

Kirchliche Präsenz einmal anders

Alternative Nutzungsmöglichkeiten von Pfarrhäusern

Sein Vorgänger habe mit seiner siebenköpfigen Familie im Pfarrhaus gewohnt, erzählt mir ein Pfarrer am Telefon, und morgens um 5 Uhr sei die Pfarrfrau jeweils schon beim Jäten im Pfarrgarten anzutreffen gewesen. «Das hat der Gemeinde Eindruck gemacht», fügt er nüchtern an. Heute wird die Gemeinde da und dort feststellen, dass um 7 Uhr die Pfarrfrau zur Busstation geht und zur Arbeit in die Stadt fährt. Manchmal ist es auch der Partner des Pfarrers. Man wird frühmorgens den Ehemann der Pfarrerin sichten, der die Kinder zur Tagesmutter bringt, um anschliessend seine letzten Vorbereitungen für die Geschäftssitzung zu treffen. Bei Pfarrerin X müsste man länger spähen, bis sich etwas bewegt, sie wohnt nämlich alleine im 7-Zimmer-Pfarrhaus. Anders bei Pfarrer Y, da steht pünktlich um 8 Uhr die Haushälterin zum Dienst bereit. Und um diese Zeit trifft auch im Nachbarsdorf Pfarrerin Z im Pfarrhaus ein, wenig später ihre beiden Kollegen. Erst jetzt brennt das sprichwörtliche Licht im Pfarrhaus, nämlich in den verschiedenen Büro- und Amtsräumen. Der bestehende Wohnraum wurde vor drei Jahren entsprechend umgenutzt.

Wer nach der gegenwärtigen Nutzung von Pfarrhäusern in der Schweiz fragt, bekommt ein buntes Bild präsentiert. Auch im Kontext anderer Länder wie Deutschland oder den Niederlanden werden – aufgrund veränderter und vielfältiger Lebensformen – Pfarrhäuser ganz unterschiedlich bewohnt. Das scheint heute eine Selbstverständlichkeit zu sein. Immer noch Neuland aber – und in den beiden andern genannten Ländern zurzeit noch seltener Realität – ist, dass Pfarrhäuser auch ohne Pfarrpersonen als lebendige Orte kirchlicher Präsenz genutzt werden. Die Schweizer Situation zeichnet sich auch dadurch aus, dass da und dort neue Formen des Zusammenlebens im Pfarrhaus erprobt werden. Im folgenden Beitrag werden spannende und zukunftsweisende Beispiele aus verschiedenen Ecken der Schweiz vorgestellt.

Die Gründe, warum neue Projekte in diversen Pfarrhäusern realisiert wurden, sind unterschiedlich. Verschieden sind auch die Meinungen darüber, was mit der alternativen Nutzung gewonnen, was verloren wird. Die Diskussion rund um die Stärkung des «klassischen» Pfarrhauses wird an anderer Stelle in dieser Publikation geführt. In meinem Beitrag geht es weniger um Grundsatzüberlegungen als darum, in einer «Galerie der guten Praxis» vor Augen zu führen, wie Pfarrhäuser gegenwärtig auch noch sinnvoll genutzt werden könnten – durchaus im Sinne einer Anregung.

Im Rahmen einer Dauerausstellung führt im Lutherhaus in Eisenach (D) eine Zeitreise durch die Geschichte des evangelischen Pfarrhauses. In sechs Etappen werden die Besucher/innen von der Reformation in die Gegenwart und darüber hinaus in die Zukunft geleitet. Über dem letzten Teil der Ausstellung zum «Pfarrhaus der Zukunft» steht die Frage, wo sich die Einrichtung «zwischen Lebenshaus und Serviceagentur» positionieren werde.[1] Seit 1996, als die Ausstellung eröffnet wurde, werden im Zukunftsraum neun Modelle präsentiert:[2] 1) «Traditionelles Pfarrhaus», wobei bemerkt wird, dass «das traditionelle Pfarrhaus auch heute noch am weitesten verbreitet» sei;[3] 2) «Klassisches Pfarrhaus mit neuer Rollenverteilung» aufgrund der Tatsache, dass Pfarrerinnen im Amt tätig sind; 3) «‹Zwei Berufe›-Pfarrhaus»; 4) «Das ‹Single-Pfarrhaus›»; 5) «Pfarrhaus mit Jobsharing» – gemeint sind Pfarrehepaare, die sich eine Stelle teilen; 6) «Das ‹Teilzeit-Pfarrhaus›», in dem die Pfarrperson eine halbe Stelle innehat. Bis hierher ist die Besucherin mit Modellen konfrontiert, welche ihr aus dem Schweizer Kontext – das hat die Schilderung zum Auftakt gezeigt – längst bekannt sind. Auch die Tatsache, dass Pfarrer/innen in Privat- anstatt in Dienstwohnungen bzw. im Pfarrhaus wohnen, wie es in Modell 9) «Gemeinde ohne Pfarrhaus», vorgestellt wird, scheint aus heutiger Perspektive weniger innovativ als seit langem Realität. Spannend sind die beiden verbleibenden Szenarien: In Modell 7) wird «Das ehrenamtliche ‹Team-Pfarrhaus›» als «Begegnungsstätte, Jugendzentrum und Gemeindebüro» präsentiert.[4] Bereits in diversen Schweizer Kirchgemeinden fungieren Pfarrhäuser als wichtige Drehscheiben für die Teamzusammenarbeit: Amtsräume verschiedener Pfarrpersonen, Büroräume von Sozialdiakon/innen und des Sekretariats befinden sich unter einem Dach. Zum Teil ist in einem Teil des Hauses auch noch eine Dienstwohnung eingebaut. Durch die örtliche Nähe werden gewisse Arbeitsabläufe verkürzt und vor allem der Austausch unter einander angeregt. Insofern sind solche Team-Pfarrhäuser an vielen Orten zu lebendigen Begegnungsstätten geworden.[5] Die Intensität der Beziehungen untereinander wird in Modell 8) nochmals

---

1   www.lutherhaus-eisenach.de/index.htm [14.3.2013].

2   Vgl. Hauskatalog «Lutherhaus Eisenach – Martin Luther neu entdecken. Eine Zeitreise durch die Geschichte des evangelischen Pfarrhauses», Eisenach 1996, 68f.

3   A.a.O., 68.

4   A.a.O., 89.

5   Die «Zukunftswand» im Pfarrhausmuseum des Lutherhauses geht insofern über die in der Schweiz bereits bestehende Realität hinaus, als sie Ehrenamtliche im Team-Pfarrhaus vor-

gesteigert: Es sieht ein «Pfarrhaus mit Lebensgemeinschaft» vor: «Das Pfarrhaus wird Ort für Formen gemeinschaftlichen Lebens, die an die Ursprünge des Pfarr-hauses, die klösterliche Gemeinschaft, erinnern. Nicht nur die Pfarrfamilie lebt im Pfarrhaus, sondern auch andere Einzelpersonen und Familien.»[6] Bei diesem letzten Modell setzt der Schweizerische Rundgang ein.

1. Gemeinschaftlich Leben im Pfarrhaus

Seit rund zwei Jahren haben sich Menschen in Zürich zu einer Spurgruppe zusam-mengeschlossen, um die Idee eines evangelischen Stadtklosters weiter voranzutrei-ben. Um dem Projekt Konturen zu verleihen, wurden in verschiedenen Arbeits-gruppen mögliche Umsetzungen geprüft und seither realisiert, so seit Anfang 2013 in der *Pfarrhausgemeinschaft in Zürich-Altstetten.* Die Ortspfarrerin Ulrike Müller und die Sozialdiakonin Hanna Baumann aus Zürich-Wollishofen wohnen und essen gemeinsam, öffnen ihre Türen für Gäste, nehmen gemeinsam an Got-tesdiensten teil und – so das Herzstück ihrer vorerst noch kleinen Kommunität im Pfarrhaus – feiern regelmässig eine Morgenmeditation zusammen. Durch diese verbindliche Form des Zusammenlebens und gemeinsamen Betens erhoffen sie sich Stärkung für ihre je eigenen Aufgaben in ihren Gemeinden. Gleichzeitig hält sie das gemeinsame Unterwegssein auch wach für die Frage, die sie gemäss Hanna Baumann im Blick auf die Kirche schon lange beschäftigt: «Welche Vorausset-zungen braucht es für eine gesunde Gemeinschaft, die offen ist und gleichzeitig genügend Halt bietet?» Die Pfarrhausgemeinschaft soll in den nächsten Mona-ten erweitert werden um Menschen, die zwar nicht im Pfarrhaus wohnen, aber gewisse Verbindlichkeiten teilen; angedacht sind gemeinsame Essen, Plattformen für den persönlichen Austausch, möglicherweise sogar ein Engagement in einem gemeinsamen Projekt. Finanzielle Ressourcen werden bereits jetzt u. a. dadurch frei, dass die Einnahmen für die Untermiete im Pfarrhaus in einen Fonds ein-bezahlt werden, mit dem Projekte im Pfarrkreis von Ulrike Müller unterstützt werden.

Das ganze Unterfangen ist auf Zeit angelegt, denn Pfarrhäuser sind Dienst-häuser und an die Ausübung der Pfarrtätigkeit gebunden. Das «Experiment» zu wagen, schien der Pfarrerin lohnenswert, mit den Platzverhältnissen etwas zu gestalten (sie und ihre Tochter alleine brauchen nicht so viele Räume) war gleich-sam ein Gebot der Stunde.

Auch in der evangelisch-reformierten Kirchgemeinde *Illnau-Effretikon* ist zurzeit im Pfarrhaus ein Gemeinschaftsprojekt im Entstehen. Der Ortspfarrer

---

sieht, die klassische Aufgaben der Pfarrperson übernehmen.
6   Vgl. Hauskatalog, 69.

Konrad Müller verlässt das grosse Haus, zieht in eine Wohnung in der Gemeinde und schafft damit Raum für den Jugendarbeiter und drei bis vier junge Erwachsene. Schon seit längerem sind sie auf der Suche nach geeignetem Wohnraum, um gemeinsam darin leben zu können. Die Gemeinschaft, die sich an christlichen Werten orientiert, möchte auch ein Zimmer freihalten für Leute, die in schwierigen Zeiten vorübergehend ein Dach über dem Kopf suchen. Für Konrad Müller ist dieser Schritt gut vorbereitet: Im Rahmen seines Studienurlaubs hat er sich intensiv mit der Zukunft der reformierten Kirche und in diesem Zusammenhang auch mit der Nutzung von Pfarrhäusern auseinandergesetzt.[7]

Eines der evangelischen Pfarrhäuser in *Thalwil* wird schon seit mehreren Jahren von einer *Wohngemeinschaft* bewirtschaftet. Die Pfarrerin Thala Linder befand, dass «ein 11-Zimmer-Pfarrhaus für eine Person zu gross und der Teilzeitlohn für die ganze Miete inklusive Nebenkosten zu klein» sei. Dazu kommt noch die Arbeitsbelastung: «Ein solches Haus mit Garten bringt zudem sehr viel Arbeit mit sich (ca. einen Tag in der Woche), die ich alleine nie hätte bewältigen können.» Thala Linder verständigte sich bei ihrem Amtsantritt mit der Kirchenpflege; seither wohnen, in wechselnder Besetzung, verschiedene Leute gemeinsam im Pfarrhaus. Diese übernehmen durchaus ab und zu Aufgaben der «klassischen Pfarrfrau»: Sie helfen bisweilen bei Gemeindeanlässen mit, pflegen Haus und Garten, und vor allem: Sie gewährleisten, dass das Pfarrhaus belebt ist, weil meist jemand daheim ist. Die Akzeptanz im Dorf scheint gross. Thala Linder: «In der Gemeinde habe ich nie eine negative Äusserung über die WG gehört, dafür aber viele Leute, die das toll fanden (wohl gerade auch deshalb, weil sie selbst nicht in einer klassischen Familienkonstellation leben).» Anders als andere Gemeinschaften hat die WG im Thalwiler Pfarrhaus nicht zum Ziel, ein exemplarisches «christliches Leben» als Vorbild für die «Welt» zu führen. Vielmehr sieht die Pfarrerin den Gewinn ihrer Gemeinschaft darin, dass die «Welt» ins Pfarrhaus kommt – Menschen, die mehr oder weniger kirchlich sozialisiert sind, gehen ein und aus, diskutieren mit, wenn die Pfarrerin ihre Predigten vorbereitet, empfangen Gäste etc. Eine WG garantiere, so fasst die Pfarrerin zusammen, dass die Pfarrpersonen auch etwas von der Welt ausserhalb ihrer Kirchgemeinde erfahren. Und manchmal ermöglicht sie auch, dass kirchenferne Menschen mit der Kirche in Berührung kommen.

Zu diesen drei aktuellen Beispielen kommen schweizweit diverse andere dazu. Das Wohnprojekt von Pfarrer Lukas Spinner, ehemals Meilen, ist im ersten Beitrag in diesem Band beschrieben.[8] Was sich lohnt, ist ein Blick über die evangelisch-reformierte Kirche hinaus, zum Beispiel ins *katholische Basel*: Da leben

---

7 Vgl. www.theologie.uzh.ch/faecher/praktisch/kirchenentwicklung/projects/Diskussionsbei
traege.html, v.a. 126 [15.7.2013].
8 Vgl. Alfred Aeppli, Ella de Groot, Stephan Haldemann, Lukas Spinner, Christian Moser,
Leben im reformierten Pfarrhaus – ein Gespräch, in diesem Band.

gleich mehrere Priester, die in unterschiedlichen Gemeinden tätig sind, zusammen und feiern gemeinsame Gebete. In den zwei gemieteten Pfarrhäusern und im Sakristanenhaus ist zudem eine Lebensschule für junge Erwachsene einquartiert. Während zehn Monaten stehen «Persönlichkeitsbildung, Bibelstudium, Gebetsleben und christliche Gemeinschaft» im Zentrum.[9] Die jungen Menschen wohnen in Wohngemeinschaften und werden teils von den Priestern, aber auch von weiteren Personen angeleitet und begleitet. Insgesamt, so Pfarrer Ruedi Beck, sind die Häuser offen für Gäste – seien es Menschen, die sich von ihren Auslandeinsätzen in der Schweiz erholen oder in Europa keine Familien haben: «Natürlich ist da unser Platz sehr begrenzt, doch ist es wenigstens ein Zeichen der Gastfreundschaft über allzu enge Grenzen hinaus.»

2. Gelebte Gastfreundschaft im Pfarrhaus

Gastfreundschaft wird auch in anderen Pfarrhäusern grossgeschrieben und hat zu kreativen Projekten im Pfarrhaus geführt. So im jährlichen *Homecamp* in der bernjurassischen Gemeinde *Reconvilier*. Pfarrer Patric Reusser-Gerber und seine Familie öffnen jedes Jahr für eine Woche die Türen ihrer Wohnung und laden junge Menschen ein, mitzuleben. Am Sonntagabend werden organisatorische Angelegenheiten geregelt (Essenszubereitung, Zeitpunkt für die Abendandacht, andere gemeinsame Anlässe etc.), damit ab Montag die ganz normale Arbeitswoche, in der jeder seiner Ausbildung oder seinem Beruf nachgeht, starten kann. Alle beteiligen sich an den finanziellen Ausgaben. Patric Reusser-Gerber: «Die Idee des Homecamps und unser Wunsch ist es, dass wir eine ganz gewöhnliche Woche andersartig leben. Wir bilden während einer Woche eine grosse Familie.» Die Homecamper, so betont er, sind nicht mehr Gäste, sondern Gastgeber im Pfarrhaus: Sie empfangen ihre Freunde und helfen mit, dass das alltägliche Leben funktioniert. Und: Sie öffnen die Pfarrhaustür. Die Erfahrungen sind sehr positiv: «Ja, wir fühlen uns geehrt und glücklich, dass Jugendliche mit uns im Pfarrhaus zusammenleben möchten. Wir werden so zu ganz normalen Menschen, die an einem ziemlich normalen Ort leben. Unser Glaube und unsere Berufung werden ein Stück realer und realistischer. Leben teilen und Gemeinschaft leben; Pfarrer- und Christ-Sein werden greifbarer und alle ein bisschen glücklicher.»

Auch in einer andern Ecke der Schweiz, im Pfarrhaus in *Dörflingen* im Kanton Schaffhausen, werden immer wieder Gäste auf Zeit willkommen geheissen. Das Pfarrhaus, in das die fünfköpfige Pfarrfamilie vor zwölf Jahren einzog, hatte ein Gästezimmer. «Für uns war klar», sagt Pfarrerin Kati Rechsteiner, «dass ein Gästezimmer nicht leer stehen sollte.» Einmal war es bewohnt von einer jungen

---

9   Vgl. www.itlbasel.ch.

Maturandin, die den Eltern erst nach Abschluss der Matura in einen andern Kanton folgte, ein andermal von Menschen, die privat oder beruflich in schwierigen Situationen waren. Auch der Tisch im Esszimmer wird rege von verschiedenen Menschen genutzt, die zur Familie dazustossen. Insgesamt übernimmt das Dörflinger Pfarrhaus Funktionen eines Kirchgemeindehauses. Im Dachstock, den man durch den privaten Eingangsbereich erreicht, finden u. a. Unterrichtsstunden, Jugendgruppentreffs und die Sonntagsschule statt. «Dass so viele Menschen bei uns ein- und ausgehen, gehört für uns zum ‹Leben-Teilen› und wir betrachten das Pfarrhaus als Geschenk zum Teilen, wo dies räumlich gesehen möglich ist. Aber natürlich gibt's auch Momente, wo ich gerne einmal Ruhe hätte oder sich die Lust in Grenzen hält, den ganzen Gang im Eingangsbereich und bei den Zimmern in Ordnung zu halten. Aber ich glaube, diese Momente hätte ich auch sonst ...», resümiert Kati Rechsteiner.

Gastfreundschaft hat in sehr vielen Pfarrhäusern eine grosse Bedeutung. Die beiden Beispiele deuten an, wie kreativ sie an unterschiedlichen Orten gelebt wird. Wer sich in weitere Bespiele vertiefen möchte, greife zu den bereits über zwanzig Jahre alten Büchern von Pfarrer Ernst Sieber, in denen er das Leben im Pfarrhaus mit seinen Gästen beschreibt. Eine Garnitur Bettzeug stand jeweils hinter der Zwischentüre im Gang bereit ...[10]

3. Diakonisches Projekt im Pfarrhaus

Konsequent weitergeführt ist der Gedanke der Gastfreundschaft in diversen diakonischen Projekten, die in Pfarrhäusern gegenwärtig professionell umgesetzt werden – beispielsweise in der evangelisch-reformierten Kirchgemeinde *Zürich-Leimbach*, wo seit 2012 in einem Pfarrhaus das *Kinderhaus Rüetschlibach* angesiedelt ist. Seit längerem bestand im Quartier dringender Bedarf an Raum für eine Kindertagesstätte. Und dieser Raum kam in Sichtweite, als klar wurde, dass Pfarrerin Angelika Steiner eine kleinere Wohnung dem 9-Zimmer-Haus vorziehen würde. Nachdem die Idee erstmals aufgekommen war, das Pfarrhaus anstatt mit Pfarrpersonen mit einer Kindertagesstätte zu beleben, brauchte es für die Initiant/innen einen langen Atem. Die emotionale Bindung an das Pfarrhaus war für gewisse Kirchgemeindemitglieder gross, das Loslassen von Vorstellungen bezüglich Lebensform der Pfarrperson herausfordernd. Schliesslich bewilligte die Kirchgemeindeversammlung das Projekt, sprach Geld für den Umbau und vermietete die Räumlichkeiten an einen unabhängigen Verein. Angelika Steiner ortet in solchen diakonischen Projekten grosses Potenzial für die Kirche. Sie sieht viele

---

10   Vgl. Ernst Sieber, Platzspitz – Spitze des Eisbergs. Jugend- und Erwachsenenprobleme unserer Zeit: Begegnungen, Begebenheiten und eine Vision für die Zukunft, Bern 1991, 59.

diakonischen Aufgaben, die in den Räumlichkeiten der oft grossen Pfarrhäuser realisiert werden könnten, vom betreuten Wohnen für Lehrlinge, zu Wohnheimen für behinderte Frauen und Tagesstätten für süchtige Teenagermütter etc. Gleichzeitig ist Angelika Steiner überzeugt, dass im Rahmen solcher Projekte spannende Leistungsverträge mit dem Staat ausgehandelt werden könnten, denn die Kirchen verfügen in vielen Fällen über sehr gut ausgebildetes Personal (oft mit staatlich anerkannten Ausbildungen). Wenn die Pionierin heute Rückschau hält, so stellt sie fest: «Ganz zentral sind gute Kooperationen. Wir müssen das Wissen von Leuten nutzen, die entsprechende Projekte bereits erfolgreich umgesetzt haben.» Und sie weist darauf hin, dass es für andere Kirchgemeinden, die ähnliche Umnutzungsprojekte realisieren möchten, gewinnbringend sein könnte, davon zu hören, was Hindernisse und Herausforderungen sind: Auf dass diese bestanden werden und der Durchhaltewille gestärkt werde.

Auch im Bereich des diakonischen Engagements gäbe es aus anderen Kantonalkirchen weitere Projekte anzufügen. In *Ostermundigen* beispielsweise hat die evangelisch-reformierte Kirchgemeinde ihr Pfarrhaus u. a. an eine kirchlich mitgetragene Seniorentagesstätte weitervermietet. Dafür arbeitet sie mit einer Stiftung zusammen.

4. Zukunftswerkstatt

In vielen Kirchgemeinden taucht da und dort die Frage auf, wie die oft grossen Pfarrhäuser sinnvoll genutzt werden könnten. Die aufgeführten Beispiele aus verschiedenen Kantonalkirchen der Schweiz zeigen auf, dass Kreativität gefragt ist, wenn es um Neunutzungen geht. In unserem Gespräch hat Pfarrerin Angelika Steiner aus Zürich-Leimbach angeregt, zu dieser Thematik doch einmal eine Zukunftswerkstatt durchzuführen – um die nötige Kreativität freizusetzen, zu fördern und in konkrete Projekte einfliessen zu lassen. Die Idee finde ich sehr bedenkenswert. Die Entwicklung, dass sich zunehmend Pfarrpersonen aufgrund eines veränderten Berufsverständnisses und gewandelter Lebensformen neue Lösungen für ihren privaten Wohnraum wünschen, lässt sich nicht aufhalten, auch nicht mit kurzfristigen Verschärfungen der Bindung ans Pfarrhaus. Verheissungsvoller scheint mir der Weg, aktiv zu fragen, wie die vorhandenen Gebäude – möglicherweise auf ganz neue Weise – als Orte kirchlicher Präsenz weiterhin belebt werden können.

Thomas Uhland

Das Pfarrhaus – mehr als nur das Wohnhaus der Pfarrleute

Finanzielle und juristische Aspekte

1. Zur Geschichte

Die mittelalterliche Kirche war eine reiche Kirche. Weite Ländereien, Gebäude, Gold- und Silberschätze sowie fast unermessliche Barmittel befanden sich im Besitz ihrer Stiftungen, Pfründen, Klöster, Pfarreien und Bistümer. Mit der Reformation gingen die Klöster samt ihren umfangreichen Ländereien in die Hände der jeweiligen weltlichen Obrigkeit über. Der Staat Bern richtete darin, wie viele andere auch, Anstalten und Heime ein – wenn er die Gebäude nicht einfach als Lagerhallen gebrauchte oder verfallen liess.

Das älteste Kloster der Schweiz, Romainmôtier, wurde nach der Reformation und der Eroberung der Waadt durch die Berner 1536 aufgehoben. Im Priorhaus nahm der Landvogt Wohnsitz, die Stiftskirche (erbaut um 1000) wurde zum reformierten Gottesdienstsaal und die übrigen Gebäude wurden dem Erdboden gleich gemacht. Das Cluniazenser-Kloster Münchenwiler wurde in ein Schloss umgestaltet. Noch schlimmer erging es der Abteikirche von Payerne (11. Jh.); in ihr wurde nach der Reformation eine Glockengiesserei eingerichtet. Nachdem Zwischenböden eingezogen worden waren, diente sie nacheinander als Kornhaus, als Gefängnis und als Kaserne. Die übrigen Gebäude wurden abgerissen oder umgenutzt.

Mit einem Dekret von 1804 übernahm der Staat Bern sämtliche Kirchengüter der Pfarreien. Eine Pfarrei war bis dahin immer auch ein Wirtschaftsbetrieb gewesen; die Attraktivität einer Pfarrstelle bemass sich unter anderem aus dem Eintrag, den sich der Pfarrherr von der Pfründe erhoffen durfte. Und schliesslich gehörte zur Pfarrei auch ein Pfarrhaus. All dies ging nun also an den Staat über; im Gegenzug verpflichtete sich dieser, für die Besoldung und die Unterkunft der Geistlichen zu sorgen.[11]

---

11 Diese bis heute gültige Verpflichtung gibt immer wieder Anlass zu Diskussionen, zuletzt im Kanton Bern im Zusammenhang mit der grossrätlichen Motion Wüthrich im September 2012. Diese verlangte einen Bericht darüber, ob die Entlöhnung der Pfarrer künftig Sache der Kirchen selbst sein solle.

Obwohl die Pfarrhäuser im juristischen Sinn sein Eigentum waren, über-
liess der Staat und später der Kanton die Pfarrhäuser den Kirchgemeinden zum
Gebrauch. Damit verbunden war allerdings die strenge Auflage, dass die Pfarrhäuser den Zwecken der Kirche zu dienen hatten – genauer: sie waren weiterhin
Wohnhäuser der Pfarrer. Der Unterhalt der Pfarrhäuser – viele sind zwischen 250
und 350 Jahren alt – oblag dem Staat. Er erhielt dafür einen Mietzins (Dienstwoh-
nungsabzug), der den Pfarrpersonen vom Lohn abgezogen wurde.

Etwas anders ist die Situation im Kanton Zürich. Ab 1832 wurden die Pfarrer
ausschliesslich in bar besoldet. Im Gegenzug übernahm der Kanton die bisherigen
Pfründen und die kirchlichen Liegenschaften. Die Pfarrhäuser stellte er den Kirchgemeinden als Amtswohnungen der Pfarrer zur Verfügung. Ab der zweiten Hälfte
des letzten Jahrhunderts übertrug der Kanton laufend die kirchlichen Liegenschaften – in erster Linie Pfarrhäuser – an die Kirchgemeinden. Diese erhielten dadurch
nicht nur die Pfarrhäuser unentgeltlich, sondern zusätzlich eine Ablösesumme
für den geschätzten, während der kommenden fünfzehn Jahre zu erwartenden
Unterhalt. Mit der Übertragung sind allerdings strenge Auflagen verbunden: Die
Häuser dürfen ausschliesslich für kirchliche Zwecke verwendet werden. Bei einem
Verkauf ist die Ablösesumme *pro rata temporis* an den Kanton zurückzuerstatten
und der in guten Treuen erzielbare Verkaufserlös dem Kanton abzuliefern.

2. Aus einer anderen Zeit

Die bauliche Situation war nicht immer optimal. Viele Pfarrhäuser entstammen
einer Zeit, in der das Bild des «Herrn Pfarrer» ein anderes war als heute. Berufliches und privates Leben waren kaum getrennt, was sich auch in der Raumauf-
teilung der Pfarrhäuser zeigte. Das Empfangszimmer der Pfarrperson war in der
Regel nur durch den privaten Hauseingang zu erreichen und grenzte unmittelbar
an die Privaträume, oder die Besuchenden wurden gar in die private Stube des
Pfarrers eingeladen.

Das Berufsbild des Pfarrers wandelte sich mit der Zeit in Richtung einer kla-
reren Trennung von Arbeits- und Berufsleben, doch die Pfarrhäuser blieben, wie
sie waren. Doch hatten die Pfarrpersonen weiterhin in den für sie bestimmten
Häusern zu wohnen. Eine Alternative gab es nicht, denn das Bernische Kirchengesetz verpflichtete die Pfarrpersonen zur Wohnsitznahme in der Gemeinde. Glück
hatte, wer in einer Gemeinde angestellt war, deren Kirchgemeinde im Wachsen
begriffen war, denn da wurden für weitere Pfarrstellen oft neue Pfarrhäuser gebaut
oder gekauft.

Die historischen Häuser sind oft nicht nur unpraktisch eingeteilt, sondern
auch schlecht zu heizen und oft schwierig an heutige Ansprüche anzupassen. Ganz
generell bestand (und besteht) häufig Erneuerungsbedarf. Dies kann ins Geld

gehen, dies umso mehr, als viele dieser herrschaftlichen Häuser unter Schutz stehen. Als Ensemble mit der Kirche und weiteren Gebäuden gehören sie häufig zu den ältesten Bauzeugen einer Gemeinde oder gar einer Region.

Das Pfarrhaus von Wangen beispielsweise, das 2012 für 390 000 Franken vom Kanton an die Kirchgemeinde verkauft wurde, stammt aus dem 13. Jahrhundert und war einst Teil der Stadtbefestigung. Das Pfarrhaus von Erlach in der Unterstadt wurde wie die umliegenden Häuser im 17. Jahrhundert erbaut; grundlegende Umbauten fanden seitdem nicht statt.

Kein Wunder also, war und ist ein historisches Pfarrhaus je länger desto weniger ein Argument, sich für eine Pfarrstelle zu entscheiden – oft ist es im Gegenteil ein Argument, eine Stelle *nicht* anzunehmen. Die Diskussionen darüber, ob und in welchen Fällen eine Pfarrperson zur Wohnsitznahme im Pfarrhaus verpflichtet ist, reisst denn auch bis heute nicht ab.

3. Harziger Verkauf

In den vergangenen hundert Jahren kam es im Kanton Bern immer wieder zu vereinzelten Verkäufen von Pfarrhäusern und anderen Liegenschaften vom Kanton an die Kirchgemeinden. Auf diese Weise wurde die Kirchgemeinde Reichenbach etwa zu einer der grössten Liegenschaftsbesitzerinnen im Dorf.

Die eigentliche Wende kam aber mit der Strategischen Aufgabenüberprüfung (SAR) im Kanton Bern Anfang der 2000er Jahre. Dabei wurde systematisch überprüft, welche Aufgaben der Kanton zu erfüllen hat, und welche Aufgaben überflüssig sind bzw. durch andere Organisationen besser und günstiger erfüllt werden können.

Im Gefolge von SAR reichten die Grossräte Bichsel und Bieri 2002 eine Motion ein, die den Kanton verpflichtete, die Pfarrhäuser an die Kirchgemeinden zu verkaufen. Ihr Ziel war es, den Staat von Liegenschaften zu entlasten, die nicht in sein Kerngeschäft gehört, und ihn obendrein viel Geld für den Unterhalt kosteten. 2005 ging ein entsprechender Auftrag ans Amt für Grundstücke und Gebäude. Anfangs zeigten sich die Kirchgemeinden nicht sehr kauffreudig, denn weiterhin galt die Auflage, dass die Gebäude als Pfarrhäuser zu dienen hatten, ausserdem waren sie häufig sanierungsbedürftig; hohe Folgekosten waren absehbar. Erst als die Pfarrhäuser zu einem relativ günstigen Preis angeboten wurden, sofern sie weiterhin als Dienstwohnung genutzt wurden, konnten viele Häuser verkauft werden. Mitte 2013 besitzt der Kanton Bern von ursprünglich 107 nur noch 20 Dienstwohnungen.

4. Neues Gesetz macht vieles möglich

Seit 2012 sind die Änderungen des bernischen Kirchengesetzes in Kraft. Diese lockern die Residenzpflicht von Pfarrpersonen: Nur noch eine Pfarrperson pro Kirchgemeinde ist zur Wohnsitznahme in einer Amtswohnung verpflichtet[12]. Diese Änderungen ermöglichten flexiblere, neue Lösungen.

Nicht alle der verkauften Pfarrhäuser werden als Dienstwohnung genutzt. Einige Kirchgemeinden sind inzwischen dazu übergegangen, ihre Pfarrpersonen nicht mehr in den historischen Pfarrhäusern, sondern in anderen, moderneren und praktischeren Gebäuden unterzubringen. Pfarrhäuser hingegen nutzen sie beispielsweise für die Kirchgemeindeverwaltung. In Lyss wurden im historischen Pfarrhaus neben der grossen Kirche das «Caféglise» und weitere Räumlichkeiten eingerichtet. In Ostermundigen hat die Kirchgemeinde gemeinsam mit dem Altersheim im Pfarrhaus eine Seniorentagesstätte eröffnet.

Einen kleineren Teil der Pfarrhäuser konnte der Kanton an Privatpersonen oder politische Gemeinden verkaufen, ohne die Nutzung vorher zu definieren. Einige der Liegenschaften schliesslich wurden von Stiftungen übernommen, die sie den Kirchgemeinden wiederum als Pfarrhäuser vermieten.

Im Kanton Zürich befanden sich 2007 noch zehn Pfarrhäuser in dessen Besitz. Eine Pfarrliegenschaft (Wohnung im Schloss Grüningen) verbleibt aufgrund der komplexen Raumverhältnisse beim Kanton. Bei zwei Pfarrliegenschaften (Kappel am Albis und Knonau) ist die Höhe der vom Kanton zu leistenden Ablösesumme zurzeit noch streitig. Das Interesse der Kirchgemeinden an den Pfarrliegenschaften ist auch deshalb vorhanden, weil die Wohnsitzpflicht in der Zürcher Landeskirche strenger gehandhabt wird als im Kanton Bern. Alle gewählten Pfarrpersonen mit einem Pensum über 50 Prozent unterstehen der Wohnsitz- und der Residenzpflicht; ihnen muss eine Pfarrwohnung zur Verfügung gestellt werden. Für Pfarrpersonen mit kleineren Pensen gilt nur die Wohnsitzpflicht, sie müssen also innerhalb der Kirchgemeinde wohnen, wobei Ausnahmen grosszügig gehandhabt werden.

---

12   Gesetz über die Bernischen Landeskirchen, Art. 54a, Abs.1: Jede Kirchgemeinde stellt innerhalb des Gemeindegebietes für mindestens eine Inhaberin oder einen Inhaber einer Pfarrstelle eine Dienstwohnung (Wohn- und Amtsräume im gleichen Gebäude) gegen eine entsprechende Entschädigung zur Verfügung. Abs. 2: Ist der Kanton Eigentümer des Pfarrhauses, übernimmt er die Verpflichtungen der Kirchgemeinde gemäss Absatz 1.

5. Politikum Mietzins

Dort, wo Pfarrhäuser weiterhin als solche genutzt werden, gibt auch immer wieder der Mietwert zu reden. Tatsächlich wohnen Pfarrpersonen ausserordentlich günstig. Im Kanton Zürich unterliegen Pfarrerinnen und Pfarrer, die eine Pfarrliegenschaft bewohnen, einen einheitlichen Mietwertabzug von 1700 Franken pro Monat. Hinzu kommen die Kosten für Heizung, Wasser, Entsorgung und den kleinen Unterhalt. Dafür wohnen Pfarrerinnen und Pfarrer oftmals in geräumigen Häusern, meist mit Garten, an privilegierter Lage und mit einem minimen Arbeitsweg.

Vielen Mitbürgerinnen und Mitbürgern war dieses scheinbare Privileg schon längst ein Dorn im Auge. Was dabei vergessen ging: Einige der vielen Zimmer dienen einzig der Amtsausübung. Vielfach sind in den Pfarrhäusern auch Unterrichts- und Veranstaltungsräume sowie das Kirchgemeindesekretariat untergebracht. Und der niedrige Mietwert ist auch ein Ausgleich für die Wohnsitzpflicht; nicht jede Pfarrperson ist schliesslich erpicht darauf, in einem grossen Haus wohnen und dazu noch den Umschwung im Schuss halten zu müssen.

Seit der Einführung des neuen Lohnausweises 2009 sind Naturalleistungen des Arbeitgebers auf dem Lohnausweis auszuweisen und als Einkommen zu versteuern. Nach langen Verhandlungen mit dem kantonalen Steueramt gelang es dem Kirchenrat, eine praktikable Lösung zu finden. Danach ist die Differenz zwischen dem Mietwert von 1700 Franken pro Monat bzw. 20 400 Franken pro Jahr und dem nach den Grundsätzen der Eigenmietwertberechnung ermittelten Mietzins als Einkommen im Lohnausweis aufzuführen und zu versteuern. Allerdings wurde im Blick auf die Wohnsitz- und Residenzpflicht sowie den dienstlichen Charakter der Liegenschaften eine Obergrenze von 40 000 Franken pro Jahr festgelegt. Somit müssen Pfarrerinnen und Pfarrer pro Jahr höchstens 19 600 Franken zusätzlich als Naturallohn versteuern.

Ähnlich ist das System auch im Kanton Bern, allerdings in der Ausgestaltung weit moderater, wie Andreas Stalder, kantonaler Beauftragter für kirchliche Angelegenheiten, betont. Dabei habe sich der Kanton an die Regelung angelehnt, wie sie auch für Diplomaten gilt. Von den rund 400 dienstwohnungspflichtigen Pfarrpersonen im Kanton sind nur knapp 70 von der Regelung überhaupt betroffen, alle anderen wohnen in Pfarrhäusern, deren Mietwert unter den Freibetrag fällt. Die grösste Differenz zwischen Dienstwohnungswert und Steuerwert bei einem bernischen Pfarrhaus beträgt 7000 Franken. Dieser Betrag ist als Einkommen zu versteuern. Was auch nicht ohne ist, denn dies kann auf der Steuerrechnung schnell einmal eine Differenz in vierstelliger Höhe ausmachen.

6. Pfarrhausverkauf ist Herzenssache

Wo Pfarrhäuser auf dem freien Markt verkauft werden können, finden auch historische Liegenschaften durchaus neue Besitzende. Wer über das nötige Kleingeld verfügt, kann sich so eine zwar meist sanierungsbedürftige, aber geräumige Liegenschaft mit viel Cachet und Umschwung erstehen. Meist gehen solche Verkäufe jedoch nicht ohne weiteres über die Bühne. Denn ein Pfarrhaus ist nicht irgendeine Liegenschaft. Es ist verbunden mit Emotionen, es ist gewissermassen die Stein gewordene Sehnsucht nach einer Zeit, in der die Kirche noch im Dorf und der Pfarrer eine Respektsperson war.

Allerdings beschränken sich solche Diskussionen nicht allein auf den Verkauf von Pfarrhäusern. Generell gehen in der Bevölkerung die Wogen hoch, wenn ein altes Gebäude verkauft werden soll. Häufig wird befürchtet – zu Recht oder zu Unrecht –, dass eine historische Liegenschaft nur durch die öffentliche Hand erhalten bleibe, dass Privatpersonen das Gebäude entweder zerfallen lassen oder «kaputtsanieren» würden. Da alte Gebäude immer auch mit Heimatgefühlen verbunden sind, gilt das Engagement der Gegnerschaft eines Verkaufs nicht allein dem Gebäude an sich, sondern auch den damit verbundenen Gefühlen.

So pflegen Kirchgemeindeversammlungen, bei denen der Verkauf eines Pfarrhauses traktandiert ist, meist viele Stimmbürgerinnen und -bürger anzuziehen. In der Diskussion geht es häufig hoch her, und die Teilnehmenden lassen sich – etwas vereinfacht ausgedrückt – in zwei Lager einteilen: Die Pragmatiker, die einigermassen nüchtern Kosten und Nutzen eines Verkaufs überschlagen auf der einen Seite; die Emotionalen, die mit ihrem Herzen an dem Gebäude hängen, welches «schon immer» im Dorf stand, auf der anderen. Und damit soll in keiner Weise gewertet werden, welche Sicht nun die «richtige» sei!

Etwas versöhnlich möchte man sagen: Gut, dass es jene gibt, die nüchtern an einer Kirche arbeiten, die sich auf ihr Kerngeschäft besinnt. Gut, dass es jene gibt, die auch immer wieder Traditionen anmahnen. Und gut, dass mal diese Seite und mal jene Seite zum Zug kommt.

Johannes Stückelberger

Sichtbares Pfarramt

Kriterien für die Umnutzung von Pfarrhäusern

Als Kunsthistoriker soll ich aus denkmalpflegerischer Sicht Kriterien für die Umnutzung von Pfarrhäusern nennen. Die Frage ist schnell beantwortet. Es gelten dafür die gleichen Kriterien, die die Denkmalpflege auch an andere, unter Denkmalschutz stehende, historische Bauten anwendet: Das Gebäude soll in seiner originalen Bausubstanz sowie in seinem äusseren wie inneren Erscheinungsbild erhalten werden. Kleinere Eingriffe, die reversibel sind, und die die Bausubstanz nicht tangieren, sind möglich.[1] Mehr kann die Denkmalpflege dazu nicht sagen. Über die Zukunft der Pfarrhäuser zu entscheiden, ist Sache der Verantwortungsträger der Kirchgemeinden.

Ich möchte die an mich gerichtete Frage deshalb umformulieren und als Kirchenästhetiker über Kriterien für die Umnutzung von Pfarrhäusern nachdenken. Unter Kirchenästhetik verstehe ich die Disziplin, die im Kontext der Kirche Themen wie Sichtbarkeit beziehungsweise Präsenz im öffentlichen Raum sowie Elemente wie Bilder und Symbole im Blick hat.[2] Meiner Fragestellung liegt die Prämisse zugrunde, dass die Kirche im öffentlichen Raum auch optisch als solche wahrnehmbar, das heisst sichtbar sein muss, wenn sie ihrem Auftrag nachkommen will. Im Titel meines Beitrags deute ich an, dass ich das Kriterium der Sichtbarkeit jedoch nicht primär am Pfarrhaus oder der Pfarrwohnung festmachen

---

1   Die rechtlichen Grundlagen, auf die die Denkmalpflege ihre Entscheide abstützt, sind internationale Vereinbarungen sowie Erlasse auf Bundesebene und auf kantonaler Ebene. Die noch immer wichtigste internationale Vereinbarung ist die Charta von Venedig von 1964. Online verfügbar sind die wichtigsten Abkommen u. a. auf der Webseite der Berner Denkmalpflege: www.erz.be.ch/erz/de/index/kultur/denkmalpflege/rechtliche_grundlagen0/internationale_vereinbarungen.html [11.7.2013]. Auf Bundesebene gilt bei der Erfüllung der Bundesaufgaben das Bundesgesetz über den Natur- und Heimatschutz: www.admin.ch/opc/de/classified-compilation/19660144/201201010000/451.pdf [11.7.2013]. Und schliesslich hat jeder Kanton zusätzlich eigene Denkmalpflegegesetze, Denkmalpflegeverordnungen, Baugesetze und Bauverordnungen, die online auf den Webseiten der jeweiligen Denkmalämter eingesehen werden können.

2   Vgl. www.liturgik.unibe.ch/kirchenaesthetik.html [11.7.2013].

möchte, sondern am Pfarramt. Das heisst, ich unterscheide zwischen Pfarrhaus, Pfarrwohnung und Pfarramt.

In einem ersten Schritt skizziere ich ganz knapp eine Typologie der Pfarrhäuser, da das Thema der Sichtbarkeit und der Präsenz im öffentlichen Raum sich bei diesen je nach Zeit und Ort unterschiedlich stellt. In einem zweiten Abschnitt begründe ich meine Unterscheidung von Pfarrhaus, Pfarrwohnung und Pfarramt. Und daraus leite ich drittens einige Kriterien für die Umnutzung von Pfarrhäusern ab. Ich argumentiere als Kirchenästhetiker, erlaube mir aber, auch meine als Pfarrerssohn und Pfarrmann gesammelten eigenen Erfahrungen mit Pfarrhäusern in meine Überlegungen einfliessen zu lassen.

1. Pfarrhaustypen

In der Literatur über Pfarrhäuser ist oftmals allein der Typus des Pfarrhauses, das in unmittelbarer Nähe zur Kirche steht und mit dieser eine Einheit bildet, im Blick. Dieser Typus ist sicher der am weitesten verbreitete, aber keineswegs der einzige. Insbesondere im 20. Jahrhundert und in der Gegenwart entstehen auch andere Typen. Der Typus des Pfarrhauses neben der Kirche findet sich vor allem in ländlichen Gebieten.[3] Als stellvertretendes Beispiel nenne ich das Pfarrhaus in Lützelflüh im Kanton Bern, Wirkungsstätte von Albert Bitzius alias Jeremias Gotthelf. Das Pfarrhaus ist ein repräsentativer Bau aus der Mitte des 17. Jahrhunderts, der zusammen mit Pfrundspeicher und Pfrundscheune ein stattliches Anwesen bildet. Das Raumvolumen des Pfarrhauses, das sogar grösser ist als das der Kirche, entspricht demjenigen der Höfe der Grossbauern im Dorf. Der Pfarrer soll nicht hintenan stehen, gleichzeitig wird durch die Lage des Pfarrhauses in unmittelbarer Nähe zur Kirche der besondere Status des Pfarrers hervorgehoben. Ähnliche Bei-

---

3   Eine umfassende Untersuchung zu den protestantischen Pfarrhäusern in der Schweiz existiert noch nicht. An punktuellen Untersuchungen, die vor allem den Typus des neben der Kirche stehenden Pfarrhauses betreffen, seien genannt: Helene von Lerber, Bernische Pfarrhäuser, Bern 1946; Monique Fontannaz, Les cures vaudoises: histoire architecturale, 1536–1845, Lausanne 1986; Verena Stähli-Lüthi/Christoph Schläppi, Kirche und Pfarrhaus von Aeschi BE, Bern 1988 (Schweizerische Kunstführer, 437); Hermann Schöpfer, Guggisberg BE: Kirche und Pfarrhaus, Bern 1984 (Schweizerische Kunstführer, 358); Michael Matile, Kirche und Pfarrhaus von Grindelwald BE, Bern 1990 (Schweizerische Kunstführer, 475); Hermann Schöpfer, Kerzers: Kirche und Pfarrhaus, Bern 1992 (Schweizerische Kunstführer, 520); Jürg Schweizer/Christian Rümelin, Kirche und Pfarrhaus in Wynau, Bern 1995 (Schweizerische Kunstführer, 571); Evangelisch-reformierten Kirche des Kantons Basel-Landschaft (Hg.), Reformierte Kirchen und Pfarrhäuser im Baselbiet, Liestal 2001. Allgemein zum evangelischen Pfarrhaus, unter Berücksichtigung nicht nur architektonischer Aspekte: Martin Greiffenhagen (Hg.), Das evangelische Pfarrhaus. Eine Kultur- und Sozialgeschichte, Stuttgart 1984.

spiele könnten aus der ganzen Schweiz beigebracht werden, ich beschränke mich auf dieses eine.

Anders als auf dem Land verhält sich die Situation in den mittelalterlichen Städten. Die Pfarrhäuser sind hier selten allein gestellt, sondern wurden in die Bebauung der unmittelbaren Umgebung der Kirche integriert. Als Beispiel nenne ich das Pfarrhaus in Neunkirch im Kanton Schaffhausen, in dem ich geboren bin. Das in der Mitte des 18. Jahrhunderts errichtete Haus wurde hier in die streng regelmässige mittelalterliche Anlage des Landstädtchens integriert und befindet sich in einer Häuserreihe entlang der Stadtmauer, mit Blickkontakt zur Stadtkirche. Der Bau unterscheidet sich nicht von anderen Häusern im Städtchen, einzig die Strassenbezeichnung Herrengasse weist darauf hin, dass sich hier der Wohnsitz des Pfarrers befindet. Das unterste Geschoss des Pfarrhauses war als Gemeindesaal ausgebaut, in dem auch der Religions- und Konfirmandenunterricht stattfand. Zwar nicht äusserlich, jedoch als Ort, wo die Bewohner des Städtchens ein- und ausgehen, hat auch dieses Haus öffentlichen Charakter.

Im 19. und beginnenden 20. Jahrhundert baut man – wie auf dem Land – auch in den Städten vermehrt freistehende Pfarrhäuser. Bei der Kirche Fluntern in Zürich, die zwischen 1918 und 1920 gebaut wurde, gehört das Pfarrhaus mit zum Konzept einer Gesamtüberbauung des Viertels, mit dem der Architekt Karl Moser betraut war.[4] Da der Hang unterhalb von Kirche und Pfarrhaus unbebaut blieb, sind diese von der Stadt her gut sichtbar und werden als Einheit wahrgenommen. Das Konzept entspricht der ab der Mitte des 19. Jahrhunderts in den modernen Städten zu beobachtenden allgemeinen Tendenz, die Kirchen an städtebaulich markanten Orten zu errichten und ihnen eine hohe Sichtbarkeit zu verleihen. Wo dies möglich war, sollten auch die Pfarrhäuser Anteil haben an dieser Sichtbarkeit.

Nach dem Zweiten Weltkrieg wurden die Pfarrhäuser in eine fast symbiotische Verbindung zur Kirche gebracht. Die zwischen 1950 und 1980 überall gebauten Kirchgemeindezentren vereinen unter einem Dach den Gottesdienstraum, den Gemeindesaal, Unterrichtsräume, Jugendräume, die Küche und das Pfarrhaus. Dem Konzept des Kirchgemeindezentrums liegt das Anliegen zugrunde, die Kirchen von ihrem Sockel, auf den sie im 19. Jahrhundert gestellt wurden, herunterzuholen und in die Quartiere zu integrieren. Dadurch haben sie zwar an Sichtbarkeit im öffentlichen Raum verloren, jedoch an Präsenz im Quartier gewonnen, woran auch der Pfarrer, als Hausherr des Zentrums, Anteil hat.[5]

---

4   Werner Oechslin/Sonja Hildebrand (Hg.), Karl Moser. Architektur für eine neue Zeit 1880 bis 1936, 2 Bde., Zürich 2010, Bd. 2, 243–248.

5   Vgl. Johannes Stückelberger, Die Kornfeldkirche in Riehen, Bern 2004 (Schweizerische Kunstführer, 760); Johannes Stückelberger, Kirche als funktionaler Raum, in: Ralph Kunz/ Andreas Marti/David Plüss, Reformierte Liturgik – kontrovers, Zürich 2011, 219–228.

Die hier skizzierte Entwicklung ist nicht linear. Zur gleichen Zeit, da in der einen Gemeinde ein Kirchgemeindezentrum gebaut wird, hält man in einer anderen am alten, herkömmlichen Typus des Pfarrhauses fest. Ich selber habe in einem solchen meine Jugend und Schulzeit verbracht, in Unterkulm im Kanton Aargau. Da das alte Pfarrhaus direkt neben der Kirche, das – mit entsprechenden Räumen im Erdgeschoss – gleichzeitig als Kirchgemeindehaus diente, für grössere Familien zu klein wurde, hatte man in den 1950er Jahren ein neues Pfarrhaus errichtet, auf dem alten Pfrundland, das der Kirchgemeinde noch immer gehörte, zwischen Kirche und neuem Friedhof. Das heisst, man hat das Haus nicht in ein bestehendes Quartier integriert, sondern vollkommen freigestellt. In den Zuständigkeitsbereich des Pfarrers gehörte wie früher die Bewirtschaftung des Pfrundlandes, das heisst eines riesigen Obstgartens sowie eines neu angelegten stattlichen Gemüsegartens. Wie viele Tage habe ich in diesem Garten mit Jäten, Umstechen, Beerenpflücken und Äpfelernten verbracht! Und wie hat sich meine Mutter bemüht, einen schönen Rosengarten präsentieren zu können.[6] Und wenn der Rüedeli, das Dorforiginal, in der Nacht von Samstag auf Sonntag nach der Polizeistunde stockbesoffen an unserem Haus vorbei nach Hause schlurfte und wankte, dann konnte er sicher sein, im Pfarrhaus noch Licht brennen zu sehen, in der Studierstube, in der mein Vater an der Predigt sass.[7] Das Haus entsprach durchaus dem Amtsverständnis meines Vaters, oder vielleicht hat es umgekehrt dieses geprägt: Der Pfarrer als Diener Gottes, der nur auf Zeit in einer Gemeinde lebt, und der sich durch eine gewisse – durch die Lage des Pfarrhauses auch räumlich markierte – Distanz zu den Gemeindemitgliedern die ihm vom Evangelium aufgetragene Freiheit und Unabhängigkeit im Urteil auch über weltliche und politische Dinge bewahrt. Ich selber habe unter dieser solitären Stellung unseres Hauses nicht gelitten, ich war eher ein bisschen stolz darauf und machte es zum Zentrum meiner Freundschaften. Es war ein Anderort, herausgehoben aus der Dorfgemeinschaft, etwas Besonderes. Und besonders genoss ich es, mit meinem Cello jederzeit in die benachbarte Kirche gehen zu dürfen – ein Privileg, das niemand anderer in der Gemeinde hatte.

Schliesslich noch ein Blick auf die Situation heute: In den meisten Gemeinden, insbesondere in ländlichen Gebieten, ist das Modell des Pfarrhauses neben der Kirche noch immer das dominante. Doch drängen sich heute – infolge von Stellenteilungen und Gemeindezusammenlegungen – immer öfter andere Lösungen auf. In den Städten wohnen viele Pfarrer schon lange nicht mehr im Haus neben der Kirche. Das gilt auch für Diasporagemeinden. Als Beispiel für eine Dias-

---

6   Vgl. David Gugerli, Zwischen Pfrund und Predigt. Die protestantische Pfarrfamilie auf der
     Zürcher Landschaft im ausgehenden 18. Jahrhundert, Zürich 1988; Martin Greiffenha-
     gen (Hg.), Pfarrerskinder. Autobiographisches zu einem protestantischen Thema, Stuttgart
     1982.
7   Vgl. Günter E. T. Bezzenberger/Günther S. Wegener (Hg.), Im Pfarrhaus brennt noch Licht.
     Geschichten aus deutschen Pfarrhäusern, Kassel 1982.

poragemeinde nenne ich Therwil im Kanton Baselland, wo meine Frau zwanzig Jahre lang Pfarrerin war, und ich – an ihrer Seite – Pfarrmann. Die Gemeinde hat seit den 1960er Jahren eine eigene Kirche. Als Pfarrhaus kaufte man damals ein Reihenhaus in einem Neubauquartier. Als die Stelle mit Stellenantritt meiner Frau geteilt wurde, wurde für ein paar Jahre eine Mietwohnung dazu gemietet, später ein zweites Pfarrhaus gekauft, auch dieses ein Reihenhaus in einer Wohnsiedlung. Wenig später zog die Kollegin meiner Frau aus dem einen Pfarrhaus aus und kaufte sich ein eigenes Haus. Das Pfarrhaus wurde verkauft, doch musste, als die Stelle neu besetzt wurde, wieder ein Haus zur Verfügung gestellt werden. Nach diesem Hin und Her baute die Kirchgemeinde schliesslich neben Kirche und Kirchgemeindehaus – da, wo es eigentlich schon früher sinnvoll gewesen wäre, doch fehlte damals das Geld – ein Haus, in dem sich die Büros der kirchlichen Mitarbeiter (inklusive der Pfarrerinnen) befinden, eine Pfarrwohnung sowie drei Eigentumswohnungen, mit denen das Haus finanziert wurde. Diese Lösung bietet den grossen Vorteil, dass das Seelsorgeteam (zwei Pfarrerinnen, Diakon und Jugendarbeiter) in engem Kontakt zueinander steht und es für die Gemeindemitglieder eine Anlaufstelle gibt, die wesentlich leichter zu finden ist, als es die Pfarrhäuser in den Quartieren sind.

Was lehrt uns dieser Blick in die Geschichte? Es gibt unterschiedliche Typen von Pfarrhäusern. Das Pfarrhaus neben der Kirche ist nur *ein* Modell, dem schon in der Geschichte andere zur Seite stehen, und zu dem es heute immer mehr Alternativen gibt. Wenn man das Amtsverständnis der Pfarrerin am Haus, das sie bewohnt, festmachen will, dann muss man im Blick haben, dass sich diese Häuser gewandelt haben, dass es verschiedene Typen von Pfarrhäusern gibt.

2. Pfarrhaus, Pfarrwohnung, Pfarramt

David Plüss empfiehlt in seinem Beitrag zu diesem Band, die Einheit von Kirche und Pfarrhaus nicht leichtfertig aufzugeben. Seine Begründung: «Sie stellen ein historisch gewachsenes und also nicht zwingendes, aber über Jahrhunderte bewährtes *Modell gebauter Ekklesiologie* dar.»[8] Als Ensemble symbolisieren sie die Kirche als Ortsgemeinde, als Parochie, bilden gleichsam zwei Brennpunkte einer Ellipse, um die herum sich das Gemeindeleben abspielt. Der Kirchenraum repräsentiert den Ort der Gemeinde, an dem diese zum Gottesdienst zusammenkommt, den Ort von Transzendenz und Gebet. Das Pfarrhaus repräsentiert Seelsorge, Pfarramt, Immanenz und Theologie. Auch Matthias Zeindler optiert in seinem Beitrag dafür, am Modell Pfarrhaus im Sinne eines Hauses, das allgemein

---

8   David Plüss, Geist, Fleisch und Stein. Das Pfarrhaus als Brennpunkt einer gebauten Ekklesiologie, in diesem Band.

zugänglich ist, festzuhalten. Sein Argument: Das Pfarrhaus ist Kirche vor Ort, es ist die der volkskirchlich strukturierten Kirche entsprechende Form der Präsenz in der Gesellschaft. Und seine Schlussfolgerung: Das Pfarrhaus garantiert die lokale, temporale und personale Präsenz der Kirche am besten.[9]

Theologisch und ekklesiologisch ist den Überlegungen von Plüss und Zeindler nichts entgegenzuhalten, jedenfalls steht es mir als Nichttheologen nicht an, dies zu tun. Jedoch schiene es mir problematisch, wenn aus den theologischen Überlegungen der beiden Autoren direkte Handlungsanweisungen für den Umgang mit den bestehenden Pfarrhäusern abgeleitet würden, in dem Sinne etwa, dass man aus Plüss' Argument der Einheit von Kirche und Pfarrhaus schliesst, das Pfarrhaus neben der Kirche müsse unbedingt Pfarrwohnung und Pfarramt bleiben. Ich thematisiere dies, weil sich solche direkten Folgerungen in den *Empfehlungen zu Fragen des Pfarrhauses*, die die EKD 2002 veröffentlicht hat, sowie im *Merkblatt zur Ausgestaltung der Dienstwohnungspflicht für Pfarrerinnen und Pfarrer* der Reformierten Kirchen Bern-Jura-Solothurn von 2011 finden.[10] Beide Papiere bezeichnen die Dienstwohnungspflicht als unverzichtbaren Bestandteil des Pfarrerbildes. Das Berner Papier präzisiert: «Dienstwohnungspflicht bedeutet, dass Wohn- und Amtsräume im selben Gebäude untergebracht sind und dass die Pfarrperson verpflichtet ist, diese Dienstwohnung zu bewohnen.»[11]

Diese Folgerungen scheinen mir problematisch.[12] Damit ich nicht missverstanden werde, sei vorausgeschickt, dass auch ich an einem Verständnis des Pfarrdienstes als Profession sowie an der Untrennbarkeit von Amt und Person festhalte. Auch weiss ich als Kirchenästhetiker um die Bedeutung von sichtbaren Zeichen und Symbolen. So kann ich auch dem Passus im Papier der EKD vorbehaltlos zustimmen, wo die Erhaltung des Pfarrhauses empfohlen wird mit dem Argument, damit dieses weiterhin «ein Zeichen für Gegenwart und Anteil der Kirche in der Gesellschaft, ein sichtbarer Ort des gelebten Christ-Seins, ein Ort für den Pfarrdienst als Profession, ein Ort der Hilfe und Zuwendung und eine unverzichtbare Rahmenbedingung für die erforderliche Mobilität der Pfarrerschaft sein kann»[13].

---

9   Matthias Zeindler, Das Pfarrhaus als «Kirche vor Ort». Theologische Überlegungen zur Präsenz der Volkskirche in der Gesellschaft, in diesem Band.

10   Evangelische Kirche in Deutschland (Hg.), Empfehlung zu Fragen des Pfarrhauses, September 2002 (www.ekd.de/EKD-Texte/pfarrhaus_2002.html [11.7.2013]); Reformierte Kirchen Bern-Jura-Solothurn (Hg.), Merkblatt zur Ausgestaltung der Dienstwohnungspflicht für Pfarrerinnen und Pfarrer, September 2011 (www.refbejuso.ch/fileadmin/user_upload/Downloads/Theologie/Publikationen/TH_PUB_Merkblatt-Dienstwohnungspflicht_2011.pdf [11.7.2013]).

11   Reformierte Kirchen Bern-Jura-Solothurn, Merkblatt, 4.

12   Kritisch setzt sich mit den beiden Papieren auch Sabine Scheuter auseinander vgl. Sabine Scheuter, Das Pfarrhaus als sichtbarer Ort gelebten Christ-Seins? Lebensformen und Reglemente mit Genderblick betrachtet, in diesem Band.

13   EKD, Empfehlung (Anm. 10).

Ich halte dem Papier jedoch entgegen, dass es für all diese Funktionen nicht unbedingt eine Dienstwohnung braucht. Das Pfarrhaus ist dort, wo der Pfarrer wohnt, allenfalls auch arbeitet, gleich, ob diese Wohnung eine Dienstwohnung ist oder nicht, gleich ob der Ort von Pfarrer zu Pfarrerin wechselt oder nicht. Woran ich allerdings nicht rütteln möchte, ist die Residenzpflicht, das heisst, dass der Pfarrer im Dorf wohnt. Anders kann die lokale, temporale und personale Präsenz, die Zeindler fordert, nicht gewährleistet werden. Das Argument der Sichtbarkeit, das im EKD-Papier genannt wird, muss – so meine ich – relativiert werden. Dieses mag eine Rolle spielen, wo sich das Pfarrhaus neben der Kirche befindet. Doch was ist mit allen anderen Pfarrhäusern und Pfarrwohnungen, die schon heute überhaupt nicht als solche erkennbar sind? Und was ist mit den Wohnungen von Pfarrern, die nicht Parochialpfarrämter haben, sondern übergemeindliche Funktionspfarrämter wahrnehmen? Auch ihre Pfarrwohnungen sind Pfarrhäuser in dem Sinne, dass darin eine Pfarrerin wohnt. Und macht es da einen Unterschied, ob dies Dienst-, Miet- oder Eigentumswohnungen sind?

Ich möchte beliebt machen, das Verständnis von Pfarramt nicht an der Immobilie des Pfarrhauses als Dienstwohnung festzumachen. Es ist doch zu hoffen, dass die Wahrnehmung der Pfarrerin als Person, die mit der Gemeinde lebt, die Christ-Sein verkörpert, die ihr Amt als Profession und nicht als Beruf versteht, bei der man Hilfe und Zuwendung findet, nicht primär an einer Immobilie, sondern daran festgemacht wird, wie sie ihr Amt in der Gemeinde ausfüllt. Und da scheint mir nicht zwingend nötig, dass der Pfarrer sein Büro zu Hause hat. Nötig ist vielmehr, dass er da ist, wo auch die Leute sind, dass er am Gemeindeleben teilnimmt, dass er das heimische Gewerbe berücksichtigt, dass er natürlich auch da, wo er wohnt, ob Dienstwohnung oder nicht, christliche Werte lebt. In Deutschland erhobene Kirchenmitgliedschaftsuntersuchungen zeigen, dass der Kontakt, den Menschen zur Kirche finden, wesentlich von der Qualität des Kontaktes zur Pfarrerin abhängt.[14] Ich möchte ergänzen: Und nicht von der Sichtbarkeit des Pfarrhauses beziehungsweise davon, dass der Pfarrer in einer Dienstwohnung wohnt. Kontakte kommen doch heute nicht mehr so zustande, dass jemand unangemeldet das Pfarrhaus aufsucht! Die Person, die Hilfe sucht, greift zum Telefon oder schickt eine E-Mail, und da ist es für die Sichtbarkeit der Pfarrperson viel wichtiger, dass sie auf der Webseite der Kirchgemeinde leicht zu finden ist. Und noch leichter entsteht der Kontakt beim Mittagstisch im Kirchgemeindehaus, im Dorf, beim Einkaufen, an Dorffesten, an Elternabenden in der Schule und natürlich im Rahmen von Gottesdienst, Taufe, Beerdigung etc. Ich denke, dass es manchen Gemeindegliedern leichter fällt, sich mit der Pfarrerin in ihrem Pfarrbüro zu treffen als in ihrer Wohnung, in ihrer Privatsphäre.

---

14   Ulrike Wagner-Rau, Auf der Schwelle. Das Pfarramt im Prozess kirchlichen Wandels, Stuttgart 2009, 23.

Kurzes Fazit: Die Sichtbarkeit des Pfarrers ist unabdingbar. Das Pfarramt ist ein öffentliches Amt. Doch soll diese Sichtbarkeit nicht an das Pfarrhaus als Dienstwohnung geknüpft werden. Sie ist auch zu erreichen, wo die Pfarrerin in irgendeiner Pfarrwohnung wohnt.

3. Umnutzung von Pfarrhäusern

Ich vermute, dass das Festhalten an der Dienstwohnungspflicht zum Teil damit zusammenhängt, dass man ratlos ist, was mit den bestehenden Pfarrhäusern geschehen soll. Wenn ich im vorigen Abschnitt für die Lockerung der Dienstwohnungspflicht optiert habe, so heisst das nicht, dass ich unbesehen für die Veräusserung von Pfarrhäusern bin. Die Tendenz, zu gross gewordene Pfarrhäuser abzustossen, ist schon heute gross.[15] Diese Entwicklung muss kritisch hinterfragt werden. Allerdings gilt es zu differenzieren, entsprechend der oben ausgeführten Typologie der Pfarrhäuser. Pfarrhäuser, die in unmittelbarer Beziehung zur Kirche stehen und mit dieser eine Einheit bilden, sollten nicht verkauft werden. Problemlos ist der Verkauf jedoch bei Pfarrhäusern, die nicht als solche gebaut wurden, die man – wegen Stellenteilungen etwa – später dazugekauft hat, oder die in Quartieren stehen, wo sie nicht als solche erkennbar sind.

Warum nun aber meine Zurückhaltung bei Pfarrhäusern, die als solche gebaut wurden, und die in unmittelbarer Beziehung zur Kirche stehen? Mein Argument: Diese Pfarrhäuser sind nicht irgendwelche Immobilien, sie haben einen Symbolwert, sie haben Zeichencharakter. Sie verkörpern mit dem Kirchengebäude zusammen Kirche als Parochie, wie David Plüss es ausführt. Doch heisst das für mich nicht, dass in diesen Pfarrhäusern notwendig auch der Pfarrer und die Pfarrfamilie wohnen müssen. Das ist, insbesondere bei grossen Häusern, verantwortungslos und kann der Öffentlichkeit gegenüber schlecht legitimiert werden. Den genannten Symbolcharakter haben alte Pfarrhäuser – so möchte ich behaupten –, auch ohne dass der Pfarrer darin amtet. Ähnlich hat auch die Kanzel in einer Kirche weiterhin eine Funktion im Sinne eines Symbolwertes, selbst wenn sie nicht mehr als Predigtort benutzt wird, und soll deshalb nicht entfernt werden. Der Symbolwert eines Pfarrhauses kann jedoch nur erhalten werden, wenn es im Besitz der Kirchgemeinde bleibt. Statt sie zu verkaufen, sollte zuerst geprüft werden, ob sie anderen kirchlichen Nutzungen zugeführt werden können, indem man

---

15   Dies bestätigt ein kurzer Blick ins Internet. Stellvertretend zwei Beispiele: Huttwil veräussert sein Pfarrhaus mit neun Zimmern unter dem Slogan: «Dem Himmel ein Stück näher ...» (www.homegate.ch/kaufen/104162564 [11.7.2013]). Die christkatholische Kirchgemeinde Region Olten möchte ihr Pfarrhaus in Starrkirch-Wil an die politische Gemeinde verkaufen.   (www.solothurnerzeitung.ch/solothurn/thal-gaeu-niederamt/die-gemeinde-starr-kirch-wil-hat-kein-interesse-am-pfarrhaus-126405206 [11.7.2013]).

in ihnen zum Beispiel Pfarrbüros, Verwaltung und Sekretariat, kirchliche Dienste oder andere der Kirche nahestehende Institutionen unterbringt.[16] Noch besser ist, sie als Stätten kirchlichen Lebens, als Orte kirchlicher Präsenz[17], als offene Häuser für die Gemeinde[18] zu erhalten. Und noch etwas Letztes: Das Pfarrhaus neben der Kirche soll – auch wenn darin keine Pfarrfamilie mehr wohnt – weiterhin Pfarrhaus heissen.

Die Leitfrage dieses Buches lautet: Welchen Stellenwert hat das Pfarrhaus für die Präsenz der Kirche in der heutigen Gesellschaft? Meine abschliessende Antwort darauf: Die Sichtbarkeit der Pfarrerin und des Pfarrers als öffentliche Person muss gewährleistet sein. Sie soll aber nicht allein an der Immobilie Pfarrhaus festgemacht werden. Damit die Pfarrerin als Amtsperson sichtbar ist, bedarf es keines traditionellen Pfarrhauses, in dem sich Pfarrwohnung und Pfarramt unter einem Dach befinden. Wo ein solches Pfarrhaus existiert und die Pfarrperson gerne darin wohnt, ist es sinnvoll, es weiterhin als solches zu nutzen. Doch sollen andere Nutzungen möglich sein. Die Dienstwohnungspflicht an das traditionelle Pfarrhaus zu knüpfen, ist in vielen Fällen verantwortungslos. Idealerweise ist die Sichtbarkeit und Präsenz der Pfarrperson mit einer Sichtbarkeit und leichten Zugänglichkeit des Pfarramtes verbunden. Doch muss dieses nicht notwendigerweise mit der Pfarrwohnung identisch sein. Die Verankerung der Kirche in der Gesellschaft soll nicht am Ideal des traditionellen Pfarrhauses festgemacht werden. Die Sichtbarkeit des Pfarramtes ist besser als durch eine Immobilie durch eine aktive lokale, temporale und personale Präsenz des Pfarrers an den Orten, an denen das Leben im Dorf stattfindet, gewährleistet. Trotzdem sollen alte Pfarrhäuser nicht verkauft werden. Vielmehr sind Möglichkeiten zu prüfen, wie man sie für andere und neue Formen kirchlicher Präsenz nutzen kann.[19]

---

16 Stellvertretend drei Beispiele: Das Pfarrhaus der katholischen Pfarrei St. Martin in Tafers beherbergt seit 2007 im Erdgeschoss die Pfarreiverwaltung sowie das Sekretariat der Seelsorgeeinheit Sense Mitte. Im Obergeschoss ist eine grosszügige 3½-Zimmer-Wohnung sowie ein Studio eingerichtet worden (www.pfarrei-tafers.ch/?pfarrhaus [11.7.2013]). Im Pfarrhaus an der Unteren Zollgasse in Ostermundigen ist seit 2013 eine Seniorentagesstätte einquartiert (www.bernerzeitung.ch/region/bern/Im-Pfarrhaus-entsteht-Platz-fuer-Senioren/story/20207585 [11.7.2013]).

17 Vgl. Claudia Kohli Reichenbach, Kirchliche Präsenz einmal anders. Alternative Nutzungsmöglichkeiten von Pfarrhäusern, in diesem Band.

18 Vgl. Ralph Kunz, Haus in der Zeit. Das Pfarrhaus unter wissenschaftlicher Beobachtung, in diesem Band.

19 Vgl. Katrin Hildenbrand, Im Pfarrhaus brennt noch Licht …? Das evangelische Pfarrhaus zwischen Mythos und Wirklichkeit. Kurzexposé zum Dissertationsvorhaben (www.uni-marburg.de/fb05/forschung/HvSI/projektskizzehildenbrand.pdf [11.7.2013]); Peter Scherle, Welche Zukunft hat das Pfarrhaus? Thesen für ein notwendiges Gespräch, in: Ders. (Hg.), Haus Halten. Gottes «oikonomia» und die kirchliche Haushalterschaft, (Herborner Beiträge, 5), Berlin 2011, 249–257.

Mitarbeiterinnen und Mitarbeiter

Dr. *Alfred Aeppli* ist Pfarrer in Jegenstorf/BE.

Samuel Buri ist Kunstmaler.

Judith Giovannelli-Blocher war Sozialarbeiterin und ist Schriftstellerin.

Ella de Groot ist Pfarrerin in Muri-Gümligen/BE.

Stefanie Gysel arbeitet auf der Fachstelle Religionspädagogik der Reformierten Landeskirche Zürich.

Stephan Haldemann ist Pfarrer in Signau/BE.

Thea Heieck ist Kantosschülerin.

Hans Hodel war Filmbeauftragter der Reformierten Medien Schweiz.

Dr. *Matthias Krieg* ist Leiter der Abteilung Bildung, eines Gesamtkirchlichen Dienstes der Reformierten Landeskirche Zürich.

Dr. *Claudia Kohli Reichenbach* ist Lehrbeauftragte der Abteilung Seelsorge, Religionspsychologie und Religionspädagogik und Projektleiterin des Frauen-Mentoring-Programms an der Theologischen Fakultät der Universität Bern.

Dr. *Ralph Kunz* ist Professor für Praktische Theologie an der Theologischen Fakultät der Universität Zürich.

Dr. *Michael Mente* ist Historiker und Mitarbeiter des Kirchenratsschreibers der Reformierten Landeskirche Zürich.

Christian Moser ist Nachrichten-Redaktor bei Radio und Fernsehen SRF in Bern.

Vreni Mühlemann-Vogelsang ist Theologin, Journalistin und Pfarrfrau.

Dr. *Friedrike Osthof* ist Hochschulpfarrerin der Reformierten Landeskirche Zürich.

Dr. *David Plüss* ist Professor für Homiletik, Liturgik und Theorie der religiösen Kommunikation an der Theologischen Fakultät der Universität Bern.

Dr. *Adrian Portmann* ist Studienleiter für Erwachsenenbildung im Forum für Zeitfragen der reformierten Kirche Basel-Stadt.

Sabine Scheuter arbeitet auf der Fachstelle Geschlechter und Generationen der Reformierten Landeskirche Zürich.

Lukas Spinner war Pfarrer in Meilen/ZH.

Dr. *Johannes Stückelberger* ist Dozent für Religions- und Kirchenästhetik an der Theologischen Fakultät der Universität Bern.

Thomas Uhland ist Journalist beim Kommunikationsdienst der Reformierten Kirchen Bern-Jura-Solothurn.

Dr. *Matthias Zeindler* ist Leiter des Bereichs Theologie der Reformierten Kirchen Bern-Jura-Solothurn und Titularprofessor für Systematische Theologie an der Theologischen Fakultät der Universität Bern.